Klaus Hurrelmann
Gesundheitssoziologie

Grundlagentexte Soziologie

Herausgegeben von Klaus Hurrelmann

In den sechziger und siebziger Jahren erschien im Juventa Verlag die Reihe „Grundfragen der Soziologie". Sie wurde von Dieter Claessens, Sozialanthropologe und Familienforscher an der Universität Münster, später der Freien Universität Berlin, herausgegeben. Die Reihe hatte einen prägenden Einfluß auf die damals noch in den Anfängen stehende Disziplin Soziologie. Viele Bände der Reihe sind bis in die 80er Jahre hinein Standardlehrbücher geblieben.

Die Reihe „Grundlagentexte Soziologie" knüpft an diese Tradition an. Die Soziologie hat sich seitdem in Deutschland als theoretisch und empirisch reichhaltiges wissenschaftliches Fach etabliert. Es fehlt ihr aber an Einführungstexten und Übersichtsbänden für den Lehrbetrieb in Universitäten, Fachhochschulen, Fachschulen und anderen Bildungseinrichtungen.

Dieser Herausforderung stellt sich die Reihe „Grundlagentexte Soziologie". Von fachlich gut ausgewiesenen Wissenschaftlerinnen und Wissenschaftlern werden Texte vorgelegt, die die wichtigsten theoretischen Ansätze des Faches, methodische Zugänge und gesellschaftswissenschaftliche Analysen präsentieren. Die Bände sind so zugeschnitten, daß sie sich als Basislektüre für Vorlesungen, Seminare und andere Lehrveranstaltungen mit einführendem Charakter eignen.

Die Reihe „Grundlagentexte Soziologie" wird herausgegeben von Klaus Hurrelmann, der als Sozial- und Gesundheitswissenschaftler an der Universität Bielefeld tätig ist.

Klaus Hurrelmann

Gesundheitssoziologie

Eine Einführung in sozialwissenschaftliche Theorien
von Krankheitsprävention und Gesundheitsförderung

4., völlig überarbeitete Auflage von
„Sozialisation und Gesundheit"

Juventa Verlag Weinheim und München 2000

Der Autor

Klaus Hurrelmann, Jg. 1944, Dr. sc. pol., ist Professor an der Fakultät für Gesundheitswissenschaften der Universität Bielefeld und Direktor des Instituts für Bevölkerungsforschung und Sozialpolitik.
Seine Arbeitsschwerpunkte liegen in der Sozialisations- und Gesundheitsforschung sowie der Kindheits- und Jugendforschung.

Die Deutsche Bibliothek - CIP-Einheitsaufnahme

Ein Titeldatensatz für diese Publikation ist bei
Der Deutschen Bibliothek erhältlich.

Das Werk einschließlich aller seiner Teile ist urheberrechtlich geschützt. Jede Verwertung außerhalb der engen Grenzen des Urheberrechtsgesetzes ist ohne Zustimmung des Verlags unzulässig und strafbar. Das gilt insbesondere für Vervielfältigungen, Übersetzungen, Mikroverfilmungen und die Einspeicherung und Verarbeitung in elektronischen Systemen.

© 2000 Juventa Verlag Weinheim und München
Umschlaggestaltung: Atelier Warminski, 63654 Büdingen
Umschlagabbildung: Otto Dix, Blatt 3 aus der Mappe „Zirkus", 1922
Printed in Germany

ISBN 3-7799-1468-9

Inhalt

Vorwort 7

1. Bedingungen für Gesundheit und Krankheit 11
1.1 Personale Bedingungen für Gesundheit und Krankheit 13
1.2 Der Einfluss der ökonomischen und sozialen Lebenslage 25
1.3 Der Einfluss des Gesundheitssystems 36

2. Gesundheit und Krankheit als Gegenstand der wissenschaftlichen Forschung 44
2.1 Lern- und Persönlichkeitstheorien 44
2.2 Stress- und Bewältigungstheorien 52
2.3 Sozialisationstheorien 60
2.4 Interaktions- und Sozialstrukturtheorien 65
2.5 Public-Health-Theorien 75

3. Gesundheitsförderung und Krankheitsprävention 84
3.1 Konzept einer integrativen Theorie von Gesundheit und Krankheit ... 84
3.2 Gesundheitsförderung und Krankheitsprävention als Interventionsstrategien 95

4. Strategien der Veränderung des Gesundheitsverhaltens 102
4.1 Stärkung individueller Kompetenzen durch Gesundheitserziehung . 103
4.2 Stärkung der Kompetenz zur Krankheitsbewältigung 120
4.3 Stärkung der Rolle als Konsument von Gesundheitsleistungen 133

5. Strategien der Veränderung der Gesundheitsbedingungen 140
5.1 Förderung von unterstützenden sozialen Netzwerken 140
5.2 Gesundheitsentwicklung im kommunalen Raum 149
5.3 Gesundheitsentwicklung in sozialen Organisationen 161

6. Gesundheitsförderung als Paradigma der Gesundheitspolitik 177
6.1 Gesundheitspolitik als Erzielen von Gesundheitsgewinn 177
6.2 Aus- und Weiterbildung von Gesundheitsprofessionen 188

Literaturverzeichnis 205

Vorwort

In allen hoch entwickelten westlichen Gesellschaften wächst der Anteil der Bevölkerung mit sozialen Belastungen, psychischen Leiden und körperlichen Krankheiten. Offensichtlich sind die sozialen, wirtschaftlichen und ökologischen Lebensbedingungen für viele Menschen nicht „gesund" zu bewältigen.

In diesem Buch werden sozialwissenschaftliche Theorien vorgestellt, die sich mit Gesundheit und Krankheit beschäftigen. Dabei bemühe ich mich um eine interdisziplinäre Sichtweise. Ich stelle theoretische Ansätze aus Soziologie, Psychologie und den sich neu etablierenden Gesundheitswissenschaften vor. Allen liegt die Annahme zugrunde, dass physiologische, psychische und soziale Faktoren zusammenwirken. Die Theorien konzentrieren sich auf die Wechselbeziehungen zwischen Belastung, Bewältigung und Gesundheit. Aus ihnen lassen sich Strategien ableiten, um das für die Gesundheit relevante Verhalten, die entscheidenden Umweltbedingungen und die Strukturen des Gesundheitssystems zu beeinflussen.

In Herkunftswörterbüchern wird der Begriff „gesund" in seinem Wortstamm auf den Begriff „geschwind" zurückgeführt, was im Mittelhochdeutschen so viel wie schnell, ungestüm und kräftig bedeutet. Der Begriff hat vom Wortstamm her also eine positive Klangfarbe. Das Wort „krank" hat hingegen eine negative Konnotation und bedeutet als „kranc" im Mittelhochdeutschen soviel wie schwach, schmal, schlank, schlecht und leidend. Der Sozialphilosoph Karl Jaspers hat nachdrücklich darauf hingewiesen, dass aus solchen semantischen Gründen eine gesellschaftlich neutrale Verwendung der Begriffe „gesund" und „krank" nicht möglich ist. In jedem Kulturkreis und in jeder historischen Phase könne die Frage, was körperlich, psychisch und sozial normal ist, nur durch gesellschaftliche Konventionen geklärt werden. Jaspers weist auch auf die fließenden Grenzen und die Übergänge zwischen gesund und krank hin (Jaspers 1986).

In diesem Sinne hat die World Health Organisation (Weltgesundheitsorganisation, WHO) schon 1946 „Gesundheit" als den „Zustand des völligen körperlichen, seelischen und sozialen Wohlbefindens und nicht nur das Freisein von Krankheit und Gebrechen" definiert (WHO 1946). Die WHO will mit dieser Definition Gesundheit aus den engen Bezügen des medizinischen Versorgungssystems lösen. Sie verweist auf das enorme Ansteigen der Kosten für die medizinische Versorgung in allen Industrieländern und plädiert dafür, die Gesundheitspotentiale der Bevölkerung zu stärken, statt immer stärker in die „Bekämpfung" von Krankheiten zu investieren.

Ohne die Definition der WHO vorbehaltlos zu übernehmen, soll in diesem Buch die Kernidee dieser Vorstellung von Gesundheit leitend sein. In der ersten

Auflage dieses Bandes hatte ich Gesundheit wie folgt definiert: „Gesundheit bezeichnet den Zustand des objektiven und subjektiven Befindens einer Person, der gegeben ist, wenn diese Person sich in den physischen, psychischen und sozialen Bereichen ihrer Entwicklung in Einklang mit den Möglichkeiten und Zielvorstellungen und den jeweils gegebenen äußeren Lebensbedingungen befindet. Gesundheit ist beeinträchtigt, wenn sich in einem oder mehreren dieser Bereiche Anforderungen ergeben, die von der Person in der jeweiligen Phase im Lebenslauf nicht erfüllt und bewältigt werden können. Die Beeinträchtigung kann sich, muss sich aber nicht, in Symptomen der sozialen, psychischen und physisch-physiologischen Auffälligkeit manifestieren" (S. 16). Diese Definition liegt auch dieser Neuausgabe des Buches zugrunde.

Gesundheit ist nach diesem Verständnis ein Gleichgewichtsstadium, das zu jedem lebensgeschichtlichen Zeitpunkt immer erneut hergestellt werden muss. Voraussetzung hierfür sind sowohl personale als auch soziale Voraussetzungen, vor allem

- die Fähigkeit, dem Leben Freude und Sinn abzugewinnen und Störungen und Beeinträchtigungen des Wohlbefindens früh zu erkennen und vorbeugend abzuwehren;
- die Fähigkeit, sich mit bereits eingetretenen Gesundheitsstörungen und Krankheiten aktiv auseinander zu setzen und unvermeidbare chronische Krankheiten in den eigenen Lebensrhythmus zu integrieren;
- der Zugang zu Arbeits- und Lebensbedingungen, die eine produktive Entfaltung eigener Kompetenzen zulassen und eine soziale Integration mit aktiver Mitgestaltung sichern und
- die Verfügbarkeit von strukturell und qualitativ angemessenen Angeboten der Behandlung und Betreuung von Gesundheitsstörungen und Erkrankungen.

Das vorliegende Buch ist als Neufassung der Publikation „Sozialisation und Gesundheit. Somatische, psychische und soziale Risikofaktoren im Lebenslauf" konzipiert, die 1988 als erster Band in der seinerzeit neu gegründeten Buchreihe „Grundlagentexte Soziologie" erschien. Einige Kapitel und Passagen der Publikation von 1988 wurden in aktualisierter Form übernommen, um neuere Erkenntnisse erweitert und in einen veränderten Gesamtrahmen gestellt. Die meisten Kapitel wurden völlig neu geschrieben, um aus dem Buch eine umfassende Einführung in die sozialwissenschaftlich orientierte Gesundheitstheorie und -forschung zu machen. Der Charakter als orientierender Studientext, der als Basisliteratur für Lehrveranstaltungen und Kurse geeignet ist, wurde dabei gewahrt.

Als neuer Titel für das Buch wurde „Gesundheitssoziologie" gewählt. Der Begriff ist in Analogie zur bereits gut eingeführten Bezeichnung „Gesundheitspsychologie" gebildet. Die Gesundheitspsychologie geht von einem positiven Gesundheitsbegriff aus und konzentriert sich vor allem auf die Verhaltensbestimmtheit von Gesundheitsstörungen. Die Gesundheitssoziologie, so wie sie in diesem Band vorgestellt wird, nimmt einen ähnlichen Ausgangspunkt und erweitert die Perspektive um die Analyse von sozialen und ökologischen Umweltbedingungen von Gesundheit und Krankheit einschließlich des Versorgungssystems für Gesunde und Kranke.

Gegenüber dem Band „Sozialisation und Gesundheit" ist vor allem das theoretische Spektrum der Analyse erweitert worden. Auch sind Strategien der Veränderung des Gesundheitsverhaltens und der Gesundheitsbedingungen neu aufgenommen worden. Durch den neuen Titel wird der Anspruch formuliert, ein zwar noch in der Entwicklung befindliches, sich in seinen Grundstrukturen aber allmählich herausbildendes Teilgebiet der Sozialwissenschaften im Überblick vorzustellen. Der auch in Deutschland immer noch übliche Begriff „Medizinsoziologie" wurde bewusst vermieden, da er sehr spezifisch ist und im engeren Sinne auf die analytischen Leistungen der Soziologie für die medizinische Versorgung der kranken Bevölkerung abstellt. Der gesamte Komplex der „Versorgungsforschung" wird in diesem Buch deshalb auch nur knapp erörtert.

Das Buch ist in folgende Kapitel gegliedert.

- In Kapitel 1 werden die Bedingungen für Gesundheit und Krankheit nach personalen und sozialen Faktoren analysiert. Die Veränderungen im Krankheitsspektrum von entwickelten Gesellschaften werden nachgezeichnet, Ausprägungen des Gesundheits- und Krankheitszustandes der Bevölkerung nach Alter, Geschlecht, ethnischer Herkunft, wirtschaftlicher Lage und Arbeitsbedingungen vorgestellt. Danach wird der Aufbau des Gesundheitssystems erläutert und sein Einfluss auf den Gesundheits- und Krankheitszustand der Bevölkerung abgeschätzt.

- In Kapitel 2 wird eine Übersicht über die wichtigsten Theorien von Gesundheit und Krankheit gegeben. Es werden Lerntheorien, Persönlichkeitstheorien, Stress- und Bewältigungstheorien, salutogenetische Theorien, Sozialisationstheorien, Interaktions- und Sozialstrukturtheorien, sozialepidemiologische und gesundheitswissenschaftliche Ansätze vorgestellt. Diese Theorien stammen aus Psychologie, Soziologie, Gesundheitswissenschaften/Public Health und Sozialmedizin. In ihnen werden mit unterschiedlicher Akzentsetzung die in Kapitel 1 vorgestellten Bedingungsfaktoren auf personaler, interaktiver und sozialstruktureller Ebene analysiert und interpretiert.

- In Kapitel 3 werden Leitvorstellungen für eine interdisziplinäre Theorie von Gesundheit und Krankheit entwickelt, die einen Konsens in den verschiedenen beteiligten Fachgebieten herstellen sollen. Anschließend wird ein Überblick über Theorie und Praxis der beiden vorherrschenden gesundheitsbezogenen Interventionen, nämlich Gesundheitsförderung und Krankheitsprävention, gegeben.

- Kapitel 4 konzentriert sich auf Strategien der Intervention, die auf die Beeinflussung der personalen Ressourcen gerichtet sind. Es werden Konzepte der Gesundheitserziehung behandelt, die eine Stärkung der individuellen Kompetenz zum Gesundheitshandeln vermitteln. Weiterhin werden Strategien von Patientenanleitung und -edukation vorgestellt, die eine selbstgesteuerte

Bewältigung von Gesundheitsstörungen ermöglichen. Abschließend geht es um die Stärkung der Konsumentenrolle im Gesundheitssystem mit dem Ziel einer selbstbewussten Nutzung der Angebote und Leistungen der Krankenversorgung.

- Kapitel 5 behandelt Strategien der Veränderung der Gesundheitsbedingungen. In einem ersten Schritt werden solche Strategien erörtert, die sich auf soziale Netzwerke im unmittelbaren persönlichen Lebensraum beziehen, im zweiten Schritt solche, die sich in kommunalen Strukturen und in sozialen Organisationen umsetzen lassen. In allen Bereichen geht es darum, das Gesundheitsverhalten der Angehörigen und Mitglieder von sozialen Netzwerken und Organisationen positiv zu verändern, indem die strukturellen Rahmenbedingungen für das Verhalten beeinflusst werden. Es handelt sich hierbei um Interventionen mit einer systembezogenen Komponente.

- Im abschließenden Kapitel 6 werden die vorliegenden Erkenntnisse zu Gesundheitsförderung und Krankheitsprävention zusammengefasst und politische Umsetzungsstrategien erörtert. Gesundheitsförderung wird als das leitende Paradigma der Gesundheitspolitik vorgeschlagen, das sich auch in der Ausbildung der Gesundheitsprofessionen niederschlagen soll, für die Vorschläge abgeleitet werden.

Für Anregungen bei der Vorbereitung und Abfassung dieses Buches möchte ich mich bei den Mitarbeiterinnen und Mitarbeitern meiner wissenschaftlichen Arbeitsgruppe „Prävention und Gesundheitsförderung" an der Fakultät für Gesundheitswissenschaften bedanken. An der Universität Bielefeld konnte 1993 der erste Fachbereich mit dieser Ausrichtung im deutschen Sprachraum unter Beteiligung von Soziologen, Pädagogen, Psychologen, Epidemiologen, Medizinern, Biologen und Ökonomen gegründet werden, für deren Aufbau und Entwicklung ich fünf Jahre lang als erster Dekan verantwortlich war. Aus dieser Arbeit haben sich viele Einsichten in das neue Wissenschaftsgebiet und seine Verankerung im Hochschulbereich ergeben. Den Kolleginnen und Kollegen aus der Fakultät bin ich für fachliche Anregungen dankbar, besonders Doris Schaeffer, die den gesamten Text kritisch durchgesehen hat. Wichtige Hinweise habe ich auch von den Mitgliedern der School of Public Health der University of California in Los Angeles erhalten. Dort war ich 1999 auf Einladung von Dean Abdelmonem A. Afifi als Gastprofessor tätig und konnte Einblick in die US-amerikanische Entwicklung der Gesundheitsforschung gewinnen.

Besonders zu Dank verpflichtet bin ich Christof Wiesner, der für die Kapitel 3, 4 und 5 Übersetzungen und Übertragungen aus der internationalen Fachliteratur für mich angefertigt hat. Für redaktionelle und technische Unterstützung möchte ich mich bei Annegret Gudereit, Ursula Ladstätter, Heike Krumbiegel und Susanne Ratzka bedanken.

Klaus Hurrelmann

1. Bedingungen für Gesundheit und Krankheit

Die Mehrheit der Bevölkerung in den hoch entwickelten westlichen Gesellschaften lebt in materiellem Wohlstand und hat verhältnismäßig günstige Lebensbedingungen. Die Bekämpfung massenhaften materiellen Elends, wie es noch vor 100 Jahren weit verbreitet war, ist in einem historisch bisher nicht gekannten Ausmaß gelungen. Die Lebensdauer der Bevölkerung hat sich im 20. Jahrhundert fast verdoppelt, auf 75 Jahre bei Männern und 81 Jahre bei Frauen. Sie wächst weiter an, was auf eine insgesamt zufriedenstellende soziale, wirtschaftliche und gesundheitliche Lebenlage und ein gut funktionierendes Gesundheitssystem schließen lässt (Höpflinger 1997).

Trotz dieser Erfolge bei der Versorgung der Bevölkerung ist aber das körperliche, psychische und soziale Wohlbefinden vieler Bevölkerungsgruppen nicht zufriedenstellend. Industrialisierung und Urbanisierung haben zu Verhaltensanforderungen geführt, die für sozial und wirtschaftlich benachteiligte Menschen erhebliche Belastungen mit sich bringen. Auch wächst die Gefahr, dass ethnische Minderheiten in Randpositionen gedrängt und von den durchschnittlich verfügbaren Ressourcen abgeschnitten werden.

Immer mehr Menschen haben Schwierigkeiten, sich auf die im schnellen Wandel befindlichen Lebens-, Arbeits- und Umweltbedingungen einzustellen. Das Gleichgewicht von Belastungs- und Bewältigungspotentialen, das in jeder Lebenssituation und Lebensphase neu hergestellt werden muss, ist bei ihnen beeinträchtigt. Die meisten Störungen sind auf Fehlanpassungen zwischen körperlichen und psychischen Ressourcen und äußeren Anforderungen zurückzuführen. Durch die Verlängerung der Lebensspanne kommt es darüber hinaus zu Gesundheitsstörungen und Krankheiten, die mit einer altersbedingten Schwächung der Regenerationskräfte zusammenhängen.

Dieses Kapitel gibt einen Überblick über die Bedingungen für den Gesundheits- und Krankheitszustand der Bevölkerung. Er hängt sowohl von personalen als auch von sozialen Faktoren ab:

- Zu den personalen Faktoren zählen Alter, Geschlecht, genetische Disposition, körperliche Konstitution, Persönlichkeitsstruktur, Lebensgewohnheiten, Bildungsgrad und Bewältigungskompetenz.
- Zu den sozialen Faktoren gehören wirtschaftliche Lage, Wohnverhältnisse, Verkehrssicherheit, soziale Integration, Umweltqualität, Versicherungsschutz, Arbeitsumwelt, Arbeitsanforderungen, Betriebsklima und private Le-

bensformen (Partnerwahl, Partnerbeziehung, Familienstand, Familiengröße). Weiterhin lässt sich die Struktur des Gesundheitssystems mit seiner spezifischen medizinischen und psychosozialen Versorgung (die Zugänglichkeit und Erreichbarkeit der Praxen und Krankenhäuser, das medizinische, rehabilitative und pflegerische Leistungsangebot nach Qualität, Bedarfsgerechtigkeit und Bedürfnisorientierung und die Art der Krankenversicherung) dazu rechnen.

In Abbildung 1 sind diese Bedingungsfaktoren des Gesundheitszustandes der Bevölkerung in Übersicht dargestellt, wobei das Gesundheitssystem getrennt aufgeführt wird.

Abb. 1: Bedingungsfaktoren des Gesundheits- und Krankheitszustandes der Bevölkerung

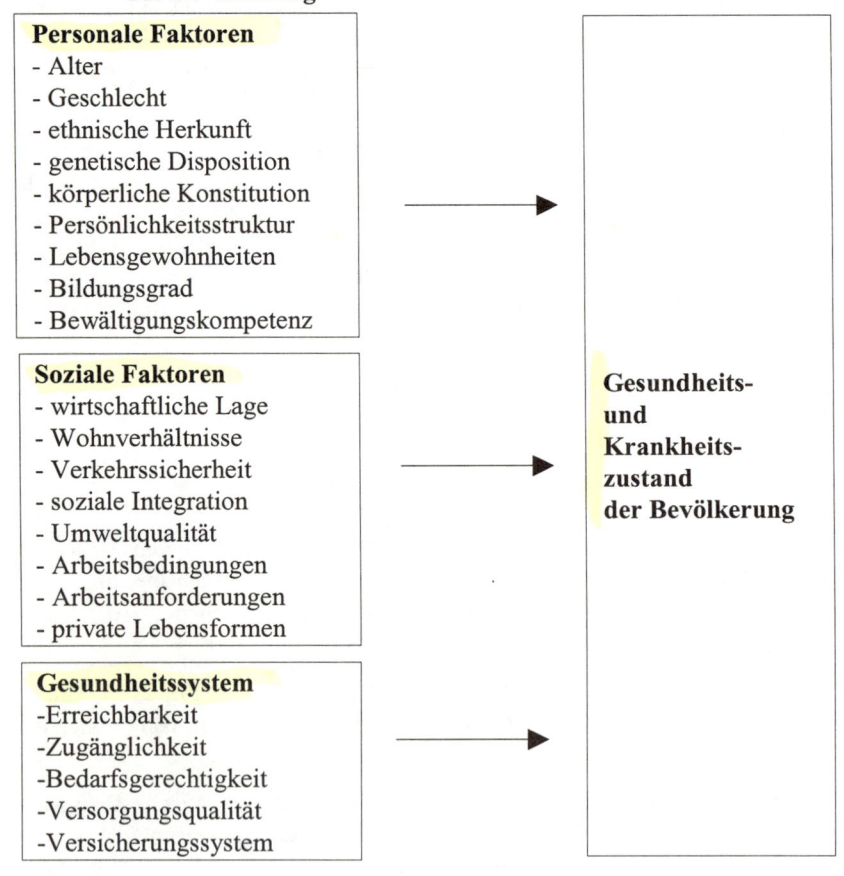

Dieses Kapitel beginnt mit der Darstellung von personalen Bedingungsfaktoren. Zunächst wird ein Überblick über Gesundheitsstörungen in den Altersgruppen Kindheit, Jugend, Erwachsenenalter und Seniorenalter, nach Geschlecht und ethnischer Herkunft gegeben. An diese Darstellung schließt sich eine Auswertung vorliegender Untersuchungen zum Einfluss von sozialen Bedingungsfaktoren und eine Darstellung der Bedeutung des Gesundheitssystems an.

1.1 Personale Bedingungen für Gesundheit und Krankheit

In allen Altersgruppen der Bevölkerung der hoch entwickelten Gesellschaften hat sich das Krankheitsspektrum von den akuten zu den chronischen Krankheiten verschoben. Mit diesen Bezeichnungen wird nach der Art der Entstehung und Ausprägung einer Krankheit unterschieden. Sie kann

- durch mikrobiologische Krankheitserreger wie Viren oder Bakterien erfolgen und zu verschiedenen „akuten" Infektionskrankheiten führen, oder
- durch langandauernde Überlastung der körperlichen, psychischen und sozialen Anpassungskräfte entstehen und in Krankheiten wie Herz-Kreislauf-Erkrankungen, Krebskrankheiten und psychische Krankheiten münden.

Seit der Mitte des 20. Jahrhunderts, also seit gut 50 Jahren, überwiegen in den amtlichen Statistiken die chronischen Krankheiten bei den Todesursachen. Die akuten Krankheiten hingegen befinden sich, vor allem seit 1960, auf einem sehr niedrigen Niveau, obwohl sie seit 1980 wieder etwas ansteigen. Die chronischen Krankheiten können im Unterschied zu den akuten Infektionskrankheiten meist nicht geheilt, sondern nur in ihren Auswirkungen gedämpft und in ihren Folgen erträglich gemacht werden (Schwartz, Kickbusch und Wismar 1998). Das gilt besonders für Herz-Kreislauf-Störungen, bösartige Neubildungen (Krebs), Beeinträchtigungen der Atemwege und der Verdauung und psychosomatische und psychovegetative Befindlichkeitsstörungen.

Die Abbildung 2 zeigt, wie sich nach den offiziellen Statistiken der Weltgesundheitsorganisation die Todesursachen in den Ländern Europas verteilen, und zwar je nach Altersgruppen aufgeteilt. Der relativ hohe Anteil der Todesursachen durch Herz-Kreislauf-Krankheiten im frühen Kindesalter und im späten Erwachsenenalter ist deutlich zu erkennen, ebenso der relativ hohe Anteil der Krebskrankheiten im mittleren Erwachsenenalter und der Todesursachen durch Unfälle im jungen Erwachsenenalter. Infektionen spielen nur im Kindesalter eine signifikante Rolle. Werden alle Todesursachen zusammen in Betracht gezogen, dann zeigt sich, dass Krankheiten des Kreislaufsystems für rund die Hälfte aller Todesfälle verantwortlich sind. An zweiter Stelle stehen bösartige Neubildungen mit einem Anteil von 24 % der Sterbefälle. Krankheiten der Atmungsorgane sind für etwa 6 %, Verletzungen und Unfälle zu 4 % und Krankheiten der Verdauungsorgane zu 5 % an den Sterbefällen beteiligt.

Abbildung 2: Todesursachen nach Alter in Prozent der Sterbefälle

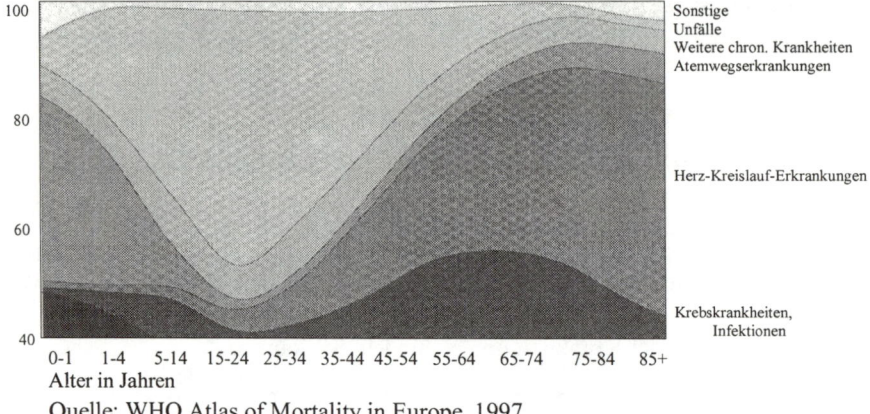

Alter in Jahren
Quelle: WHO Atlas of Mortality in Europe, 1997

Krankheiten bei Kindern und Jugendlichen

Die Vorherrschaft der chronischen Krankheiten zeigt sich schon bei Kindern und Jugendlichen. Einige der gesundheitlichen Belastungen bei ihnen sind entwicklungstypisch und treten nur in dieser Lebensphase auf, die meisten aber werden mit steigendem Lebensalter in die Erwachsenenphase übernommen (Hurrelmann 1997). Insofern ist die gesundheitliche Befindlichkeit der jungen Generation auch ein sensibles Spiegelbild der personalen und sozialen Bedingungsfaktoren und ermöglicht Vorhersagen für künftige Entwicklungen des Gesundheits- und Krankheitsstatus der Gesamtbevölkerung.

Wie Abbildung 2 zeigt, spielen die chronischen Krankheiten nur im Jugendalter vorübergehend eine untergeordnete Rolle für die Sterblichkeit. Umgerechnet auf die Krankheitshäufigkeit aber muss davon ausgegangen werden, dass etwa 10 % aller Kinder und Jugendlichen unter einer oder mehreren der verschiedenen chronischen Krankheiten leiden, mit steigender Tendenz (Petermann 1998, Petermann, Noecker und Bode 1987; Weber et al. 1990).

Die wichtigsten dieser Krankheiten sollen im Anschluss an Hoepner-Stamos (1999) kurz dargestellt werden.

- Allergien. Asthma und Neurodermitis mit einer Verbreitung von jeweils bis zu 8 % pro Jahrgang sind die schwersten Ausprägungen dieser Art, bei Asthma mit teilweise lebensgefährlichen Konsequenzen. Harmlosere Formen sind Heuschnupfen und Bindehautentzündungen. Alle Allergien zusammen belasten bis zu 30 % der Kinder und Jugendlichen. Vermutlich ist ein mangelhaft trainiertes Immunsystem zur Abwehr von Infektionskrankheiten hierfür verantwortlich, was auf eine zu geringe Exposition gegenüber Erregern und unzureichenden Impfschutz zurückzuführen ist. Auch die Belastungen von Wasser, Luft und Nahrungsmitteln mit Schadstoffen scheinen eine Rolle zu spielen. Es handelt sich um eine typische „Zivilisationskrankheit", die diejenigen Kinder und Jugendlichen besonders trifft, die in Großstädten mit versiegeltem Wohnraum, vielen Abgasen und wenig natürlichen Umweltkontakten leben. Damit verlernt ihr Organismus, aus eigener Kraft widerstandsfähig gegenüber den Außenanforderungen der Umwelt zu sein.

- Erkrankungen des Bewegungsapparates und des Binde- und Stützgewebes. Sie greifen stark um sich und belasten schon etwa 5 % aller Kinder und Jugendlichen. Hierzu gehören angeborene Entwicklungsstörungen des Skeletts und fortschreitende Muskelerkrankungen.

- Neuronale Erkrankungen, insbesondere Anfallsleiden (Epilepsie), betreffen in ihrer chronischen Form bis zu 1 % aller Kinder. Einen einzelnen epileptischen Anfall erleben etwa 4 bis 5 % aller Menschen im Laufe ihres Lebens. Durch gute medikamentöse Behandlung und disziplinierte Lebensführung können diese Erkrankungen zwar nicht beseitigt, aber doch gut in den Lebensalltag integriert werden.

- Herz-Kreislauf-Erkrankungen, vor allem angeborene Herzfehler, treten bei bis zu 1 % aller Neugeborenen auf. Dank der verbesserten Diagnose-, Behandlungs- und Operationstechniken können heute die meisten Kinder mit einer angeborenen Fehlbildung des Herzens überleben. Viele dieser Kinder kommen im weiteren Lebenslauf jedoch nicht ohne Medikamente und auch nicht ohne eine dauerhafte psychische Betreuung aus.

- Rheumatische Erkrankungen. Die Häufigkeit, vor allem in der Variante der chronischen juvenilen Arthritis, liegt bei bis zu 0,5 % aller Kinder und Jugendlichen, vor allem in der Altersgruppe über 10 Jahren. Rheumatische Erkrankungen zeichnen sich durch Krankheitsschübe mit schweren Bewegungsbeeinträchtigungen und Schmerzen aus.

- Stoffwechselstörungen, vor allem Diabetes, finden sich bei über 0,2 % aller Kinder, mit deutlich wachsender Tendenz.

- Krebserkrankungen. Nach dem bundesweiten Kinderkrebsregister erkranken 0,05 % aller Kinder an bösartigen Neubildungen. Die Überlebensrate der Kinder steigt seit 1980 für alle Krebserkrankungen. Damit wächst aber auch der Bedarf an dauerhafter, mitunter lebenslanger medizinischer und psychologischer Betreuung.

Psychosomatische Gesundheitsstörungen bei Kindern und Jugendlichen

Neben den überwiegend körperlich verankerten Krankheiten verbreiten sich chronische Gesundheitsstörungen, die eine starke psychische und soziale Komponente haben (Bründel und Hurrelmann 1996; Seiffge-Krenke 1994). Einige der häufigsten Störungen sollen dargestellt werden:

- Übergewicht. Obwohl objektiv ein reichhaltiges Angebot an Nahrungsmitteln zur Verfügung steht, ernähren sich immer mehr Kinder und Jugendliche falsch. Sie essen unregelmäßig und greifen zu den vorgefertigten, leicht verdaulichen, meist sehr kalorien- und fetthaltigen, industriell preiswert zubereiteten Produkten, die einen zu geringen Gehalt an verdauungsfördernden Faser- und Ballaststoffen haben. Diese Produkte sind nicht anregend und vielseitig genug, sie beschäftigen das Verdauungs- und Stoffwechselsystem zu wenig. Durch den Überschuss an Kalorien bei gleichzeitig verbreiteter Bewegungsarmut kommt es deshalb bei immer mehr Kindern und Jugendlichen zu Übergewicht. Bei schweren, krankhaften Formen (Adipositas) liegt meist eine genetische Disposition zugrunde. Mindestens 10 % der Schulkinder sind hiervon betroffen. Ihr Haltungsapparat ist überlastet und ihre Blutfettwerte haben eine ungünstige Zusammensetzung. Weitere 10 % haben eine Übergewichtigkeit, die nur durch eine strenge und langfristig angelegte Diät unter Kontrolle gebracht werden kann. Die mit Übergewicht oft verbundene Behäbigkeit und Antriebsschwäche überträgt sich oft auf andere Lebensbereiche und Aktivitätsfelder. So neigen viele dieser Kinder dazu, etwa durch ausgiebiges Fernsehen, passive Beschäftigungsformen zu wählen.

- Untergewicht. Diese Form der gestörten Regulation des Körpergewichts tritt vor allem bei weiblichen Jugendlichen auf. Bei schon fast 1 % der jungen Frauen im Alter von 13 bis 20 Jahren sind Anorexie und Bulimie verbreitet. Es scheint eine genetische Disposition zugrunde zu liegen, die aber nur bei einer bestimmten Konstellation von persönlichen und Beziehungsproblemen ausgelöst wird.

- Störungen der Sinneskoordination. Bei vielen Kindern und Jugendlichen zeigen sich motorische und sensorische Koordinationsprobleme, vor allem eine schlechte Feinmotorik und die Schwierigkeit, Ideen und Gedanken in Handlungen oder optische und sprachliche Symbole umzusetzen. Insgesamt zeigen etwa 15 % der Kinder auffällige Defizite dieser Art. Ursache scheint die vorherrschende sitzende Beschäftigung in Wohnung und Schule und die einseitige Stimulierung des Hörens und des Sehens zu sein, während andere Sinne vernachlässigt werden. Insgesamt kommt es hiermit zu einer unausgewogenen „Sinneskost", welche die entwicklungsfördernde Reizung und Anregung der Gehirnzentren vernachlässigt und damit die kreative Verbindung und Vernetzung von Impulsen blockiert.

- Depression und Aggression. Viele Kinder und Jugendliche verfügen nicht über die elementaren Fähigkeiten und Kompetenzen, mit alltäglichen sozialen Spannungen und psychischen Konflikten in einer konstruktiven Weise umzugehen. Sie haben nicht gelernt, mit seelischen Enttäuschungen und sozialen Zurücksetzungen zurechtzukommen und reagieren auch bei kleinen Irritationen und Feindseligkeiten in ihrem Umfeld unbeherrscht und unkontrolliert. Dabei kommen sowohl introvertierte (selbstschädigende und teilweise depressive) als auch extrovertierte (gegen andere feindselige und aggressive) Formen vor. Introvertierte Störungen wie Nervosität und Unruhe, Kopfschmerzen und Magenschmerzen, Rückenschmerzen und Verdauungsstörungen und verschiedene Formen von depressiven Störungen (z.B. Suizidgefährdungen) sind insgesamt häufiger bei Mädchen und jungen Frauen, während die extrovertierten wie Hyperaktivität, körperliche Gewalt und dissoziales und abweichendes Verhalten stärker bei Jungen und jungen Männern auftreten. Beide Ausprägungen sind bei jeweils 5 % der Kinder und Jugendlichen verbreitet, mit einem deutlichen Höhepunkt während und nach der Pubertät (Bründel und Hurrelmann 1994). In den Geschlechtsunterschieden spiegeln sich die ungleichen Temperamente von Jungen und Mädchen, ebenso aber auch die in unserem Kulturkreis typischen Erziehungsmuster und Vorstellungen vom sozial angemessenen Verhalten der Geschlechter.

- Konsum psychoaktiver Substanzen. Hierbei handelt es sich um eine „ausweichende", „eskapistische" Variante der Problem- und Belastungsverarbeitung, die ebenfalls in den letzten Jahren an Häufigkeit und Verbreitung gewonnen hat. Durch den Konsum von psychoaktiven Substanzen, vor allem schmerzstillenden Arzneimitteln, Tabak, Alkohol oder anderen Drogen, die das zentrale Nervensystem anregen, betäuben oder dämpfen, werden Probleme des Selbstwertgefühls kompensiert und Handlungsanforderungen verdrängt. Die konsumierten Substanzen haben die psychische Funktion, sich der Alltagswelt zu entziehen, den harten und unangenehmen Realitäten zu entfliehen und damit der Bearbeitung und Bewältigung der Entwicklungsaufgaben auszuweichen (Freitag und Hurrelmann 1999). Schon Kindern stehen diese Stoffe heute in fast unbegrenzter Form zur Verfügung, praktisch unabhängig davon, ob sie als legal oder als illegal klassifiziert sind. Die legalen Substanzen (Arzneimittel mit psychotropen Bestandteilen, Coffein, Tabak, Alkohol) werden von bis zu 30 % der Jugendlichen, die illegalen (Haschisch, Ecstasy, in kleiner Zahl auch Heroin und Kokain) von bis zu 15 % der Jugendlichen regelmäßig konsumiert (Engel und Hurrelmann 1989, 1998; Hurrelmann und Bründel 1997).

- Problemverhalten. Neben den bereits genannten selbst- und fremdaggressiven Formen ist gefährliches Verhalten im Straßenverkehr vor allem im späteren Jugendalter und frühen Erwachsenenalter zur dominanten Todesursache geworden. Eine weitere Variante tritt in sexuellen Beziehungen auf, zum Beispiel Geschlechtsverkehr ohne Verhütung, vor allem bei jungen Männern. Bei jungen Frauen fallen intensive Formen der Körpermanipulation durch Diäten und Konsum von Appetitzüglern auf. Diese Verhaltensweisen kulminieren in der Zeit nach der Pubertät und sind mit der Bewältigung der altersangemessenen Entwicklungsaufgaben verbunden (Franzkowiak 1986, Holler-Nowitzki 1994).

Der Zusammenhang von Entwicklungskrisen und Gesundheitsstörungen

Psychische und körperliche Beeinträchtigungen bei Kindern und Jugendlichen hängen oft mit Entwicklungskrisen und Lebensbelastungen zusammen. Die Zahl der belastenden Lebensereignisse (Tod eines nahen Familienmitglieds, Unfall, schulischer Misserfolg) hat Folgen für psychosomatische Beschwerden, Aggression, soziale Abweichung und Drogenkonsum. Auch das Immunsystem von Kindern wird offensichtlich durch Entwicklungskrisen negativ beeinflusst. Das wirkt sich bei akuten Krankheiten wie Grippe, Mandelentzündung, Lungenentzündung und Bronchitis aus. Schwere Belastungen und vor allem dauerhafte soziale Konflikte und Beziehungsspannungen reduzieren die Abwehrmechanismen des Körpers (Butler und Corner 1984; Chess und Thomas 1986; Seiffge-Krenke 1994).

Jungen sind im ersten Lebensjahrzehnt gesundheitlich störanfälliger als Mädchen. Irritierbarkeit, Reizbarkeit und Unregelmäßigkeit biologischer Rhythmen, Ablenkbarkeit und gestörte Emotionalität treten bei Jungen häufiger auf, sie sind von fast allen akuten und chronischen Krankheiten stärker betroffen. Fehlanpassungen an soziale Anforderungen, Unsicherheiten in der Geschlechtsidentität und Störungen im kognitiven und emotionalen Bereich sind bei Jungen im frühen Kindesalter häufiger als bei Mädchen. Erst im zweiten Lebensjahrzehnt, besonders nach der Pubertät, ändert sich das Bild zu Ungunsten der Mädchen (Hagemann-White 1984).

Der Zeitpunkt der Pubertät hat sich innerhalb von drei Generationen immer weiter vorverlagert und liegt bei Mädchen heute im Durchschnitt schon bei 11-12 und bei Jungen bei 12-13 Jahren. Diese körperliche „Frühreife" geht mit einer schrittweisen emotionalen Ablösung von den Eltern und einer intensiven Orientierung an den Gleichaltrigen mit relativ hohem Selbständigkeitsgrad und zugleich einer Verlängerung der schulischen und beruflichen Ausbildung einher. Für viele Jugendliche ist die Integration in die Rolle des Erwerbstätigen angesichts der hohen Arbeitslosigkeit unsicher geworden. Verbindliche Zukunftsperspektiven und kalkulierbare Realisierungsmöglichkeiten für Berufs- und Lebenspläne, die als typisch für den Erwachsenenstatus gelten, existieren deshalb oft nicht (Chisholm und Hurrelmann 1995). In einer Lebensphase, in der sie sich noch im Aufbau ihrer Persönlichkeit befinden, werden Jugendliche mit einer Fülle von Möglichkeiten, aber auch mit erheblichen existenziellen Unsicherheiten und Irritationen konfrontiert. Mädchen scheinen hierunter im Jugendalter stärker zu leiden als Jungen.

Körperliche und psychische Gesundheitsstörungen hängen im Jugendalter vor allem mit den folgenden sozialen Bedingungsfaktoren zusammen:

- Schwierige schulische Leistungssituationen bei hohem Erwartungsdruck der Eltern. Drohendes Schulversagen geht mit einem erheblichen Anstieg von delinquentem und aggressivem Verhalten, gesundheitlichen Beschwerden und Konsum legaler und illegaler Drogen einher. Der Erwartungsdruck der Eltern an die schulische Leistungsfähigkeit ihrer Kinder ist angesichts der problematischen Lage am Arbeitsmarkt sehr stark. Nur 10 % der Eltern wollen sich mit dem Schulabschluss der Hauptschule zufrieden geben, alle anderen erwarten Realschul- oder Gymnasialabschluss. Zeichnet sich ab, dass die Erwartung der Eltern nicht realisiert werden kann, reagieren viele der betroffenen Jugendlichen mit psychosozialen und psychosomatischen Symptomen (Engel und Hurrelmann 1989).

- **Gespanntes familiales Sozialklima.** Die Belastung und Beanspruchung von Jugendlichen ist dann besonders hoch, wenn emotionale Spannungen mit den Eltern und Konflikten über die langfristigen Perspektiven zum Aufbau eines eigenen Lebensstils zusammentreffen. Diejenigen Jugendlichen, die viele Konflikte mit ihren Eltern angeben, gehören auch zu denen, bei denen die Häufigkeit von delinquentem und aggressivem Verhalten, gesundheitlichen Beschwerden und Drogenkonsum relativ hoch ist. Mädchen sind hierbei stärker betroffen als Jungen, weil sie bei der Definition einer künftigen Rolle als Mutter und Erwerbstätige auf nur wenige kulturelle Vorbilder zurückgreifen können (Engel und Hurrelmann 1998).

- **Schwierige Integration in die Gleichaltrigengruppe.** Gelingt es Jugendlichen nicht, in angemessener Weise von der Gleichaltrigengruppe akzeptiert zu werden und eine unangefochtene soziale Position als Mitglied der Gruppe einzunehmen, leiden sie dort unter mangelnder Beliebtheit und zu wenig Anerkennung, kommt es zu einer erheblichen Verunsicherung der sozialen Orientierungen und der Wertschätzung der eigenen Person. Verhaltensschwierigkeiten und Gesundheitsstörungen können die Folge sein. Besonders das Empfinden, in der Gleichaltrigengruppe nach sozialen oder materiellen Standards nicht „mithalten" zu können, ist ein Auslösefaktor für Gesundheitsbeeinträchtigung. Gesundheitsriskantes Verhalten wie etwa Drogenkonsum und Aggressivität ist darüber hinaus auch als ein „Instrumentarium" anzusehen, um Zugehörigkeit zur Gleichaltrigengruppe zu demonstrieren. Hieran wird deutlich, wie intensiv Verhaltensformen, die objektiv auffällig und gesundheitsschädigend sind, subjektiv mit elementaren Prozessen der alltäglichen Lebensbewältigung im Jugendalter verwoben sind (Mansel und Hurrelmann 1991).

Diese Befunde machen deutlich: Gesundheitsstörungen im Jugendalter, besonders auch die „Risikoverhaltensweisen" Drogenkonsum, Aggression und Gewalt und ungeschützter Sexualverkehr, können Ausdruck und Begleiterscheinung von Entwicklungskrisen sein und den Endpunkt einer langen Kette von Belastungen durch ungünstige Sozialisationsbedingungen in der Familie, geringen Schulerfolg, schlechten Einfluss einer Clique von Gleichaltrigen, mangelhafte oder fehlende Berufsausbildung und Arbeitslosigkeit bilden (Schulenberg, Maggs und Hurrelmann 1997). Der hohe Anteil von Jugendlichen mit Gesundheitsstörungen muss als ein ernster Indikator für die soziale Desintegration und psychische Marginalisierung gewertet und als eine Antwort auf ungünstige Lebensbedingungen verstanden werden. Jugendliche, die zu diesem Risikoverhalten Zuflucht nehmen, finden offenbar keinen anderen Weg, um eine Bewältigung der Handlungsanforderungen in produktiver und sozial anerkannter Form zu erreichen. Vor allem bei Jugendlichen aus wirtschaftlich benachteiligten und sozial randständigen Familien, darunter besonders vielen aus Migrantenfamilien, können diese Reaktionen beobachtet werden (Hurrelmann 1994).

Eine gelungene Erfüllung von Entwicklungsaufgaben im Jugendalter stellt eine Konstellation dar, die subjektiv ein Erfolgserlebnis vermittelt. Die Verhaltensanforderungen erscheinen als Herausforderungen, denen gegenüber man sich in produktiver Weise verhalten hat. Kommt es aber zu Anforderungen, die das aktuell gegebene Verhaltensrepertoire überfordern und die Koordination der verschiedenen Entwicklungsbereiche überbeanspruchen, so wächst die Gefahr einer misslingenden Auseinandersetzung mit der Situation und des Auftretens von auffälligem Verhalten (Seiffge-Krenke 1998).

Gesundheitsstörungen und ernsthafte Krisen der Persönlichkeitsentwicklung im Jugendalter treten vor allem dann auf, wenn Veränderungen in verschiedenen Entwicklungsbereichen nicht in einer berechenbaren Abfolge auftreten, sondern gehäuft zu einem bestimmten Zeitpunkt. Die Vielfalt der Entwicklungsaufgaben im Jugendalter erfordert aktive Anpassung- und Bewältigungsleistungen in verschiedenen Bereichen, um den Aufbau von Verhaltensprogrammen für die Auseinandersetzung mit den jeweiligen Anforderungen vorzunehmen. Dafür ist ein Mindestmaß an Strukturierungs- und Verarbeitungshilfe sowie an Anerkennung und sozialer Unterstützung aus dem sozialen Umfeld notwendig, das für immer mehr Jugendliche nicht ausreichend zur Verfügung steht (Coleman 1989).

Gesundheitsstörungen im Erwachsenenalter

Im Erwachsenenalter rücken die Krankheiten mit einer organischen, körperlichen Komponente immer stärker in den Vordergrund, vor allem Herz-Kreislauf-Krankheiten und Krebs. Diese beiden Krankheitsbilder beherrschen die Morbiditäts- und Mortalitätsstatistiken in allen hoch entwickelten Gesellschaften, neben anderen, ebenfalls chronischen Krankheiten und einer anwachsenden Zahl von psychosomatischen und psychischen Störungen. Ebenso wie im Kindes- und Jugendalter haben Gesundheitsstörungen und Krankheiten auch bei Erwachsenen eine starke geschlechtsspezifische Ausprägung. Frauen leben im Durchschnitt sechs bis sieben Jahre länger als Männer. Diese Unterschiede in der Lebenserwartung bauen sich im gesamten Verlauf der Lebensspanne auf. Schon die Sterblichkeit von männlichen Säuglingen ist deutlich höher als von weiblichen. Während Kindheit und Jugendalter bleibt dieser Unterschied bestehen, im Jugendalter vor allem durch Verkehrsunfälle, Gewalthandlungen und Selbsttötungen. Die beiden Geschlechter haben ganz offensichtlich ein unterschiedliches Aktivitäts- und Aggressionsniveau. Frauen verhalten sich im Vergleich zu Männern insgesamt weniger risikobereit und setzen sich nicht so demonstrativ gesundheitsgefährdenden Ereignissen und Situationen aus (Kolip 1997). Sie sind auch unterschiedlich auffällig für die Herz-Kreislauf- und Krebskrankheiten.

Nach den vorliegenden Studien spielen für diese unterschiedlichen Dispositionen genetische und Temperamentfaktoren eine große Rolle. Noch nicht vollständig erforscht sind die genetischen Unterschiede der „Vulnerabilität" für die verschiedenen organischen Krankheiten. Für die psychosomatischen Gesundheitsstörungen, die bei Frauen stärker verbreitet sind, gibt es bereits gesicherte Befunde. Mädchen erhalten spätestens durch die Regelblutung deutliche Hinweise, vorsichtig und sorgfältig mit ihrem Körper umzugehen. Schon früh stellt sich damit auch eine höhere Sensibilität gegenüber Schmerzen ein (Helfferich 1994; Maschewski-Schneider 1997). Mit der Pubertät kommt es zu einer deutlichen Häufung von Krankheiten und Befindlichkeitsstörungen. Mädchen geben jetzt weit höhere Werte für psychosomatische und psychische Beschwerden an als Jungen, sind mit ihrem Körper und ihrer Gesundheit unzufriedener und bemühen sich, durch Diäten und Arzneimittel ihre körperliche Gestalt zu manipulieren (Bründel und Hurrelmann 1999).

Durch die Menstruation erlernen viele junge Frauen auch den Umgang mit Schmerzen. Vogt (1998) vermutet, dass sich hierbei auch ihr Gesundheitskonzept entwickelt, weil eine schmerzhafte Menstruation nur bedingt als eine Krankheit wahrgenommen wird. Früh lernen junge Frauen, wie eng Gesundheit und Krankheit beieinander liegen und ineinander übergehen können. Sie erfahren, wie stark Wohlgefühle und Missgefühle sich mischen. Diese spezifischen Erfahrungen bleiben Männern wegen ihrer völlig anderen körperlichen Konstitution vorenthalten (Klesse, Sonntag, Brinkmann und Maschewsky-Schneider 1992).

Die starke Sensibilisierung für die eigene Gesundheit, die mit der Pubertät einsetzt, führt zu sozialen Unsicherheiten und unklaren beruflichen Zukunftsperspektiven bei jungen Frauen. Sie sich in diesem Lebensabschnitt einerseits auf die traditionelle Frauenrolle festgelegt, die hohe Anpassungsbereitschaft im Blick auf Haushalt und Kindererziehung von ihnen verlangt, zugleich möchten sie aber auch eine eigene Perspektive in Ausbildung und Beruf aufbauen. Die traditionelle Frauenrolle mit ihrer Familien- und Kinderorientierung steht in einem Spannungsverhältnis, teilweise sogar im offenen Widerspruch zu den beruflichen Orientierungen und führt zu heftigen Rollenkonflikten. Gefühle von Ohnmacht, Hilflosigkeit und Ausgebeutetsein können viele psychosomatische Störungen mit bedingen, über die junge Frauen in dieser Altersspanne klagen (Verbrugge 1985, 1989).

Geschlechtstypische Muster des Gesundheitsverhaltens

Im weiteren Lebensverlauf fällt im Unterschied zu Männern die hohe Bereitschaft der Frauen auf, sich bei Unwohlsein und schlechter Befindlichkeit professionelle Hilfe zu suchen. Aus Sorge vor schwereren Gesundheitsbeeinträchtigungen setzen Frauen im mittleren Alter viel stärker als Männer auf ärztliche und psychologische Unterstützung. Nur ein Teil dieser Bereitschaft steht in Zusammenhang mit der Regulierung von Schwangerschaften und einem Kinderwunsch. Die subjektive Einschätzung der Gesundheit ist bei Frauen erheblich schlechter als bei Männern, besonders in der Altersspanne zwischen 45 und 55 Jahren, der sogenannten „Menopause", in der es vor allem wegen hormoneller Umstellungen zu einem schnellen Anstieg der Befindlichkeitsstörungen bis hin zu starken psychischen Störungen und Depressionen kommt. Die medizinisch feststellbaren Krankheitsraten bleiben hingegen meist unter denen der Männer. Erst im Alter ab 75 Jahren ändert sich die Situation zu Ungunsten der Frauen (Mayer und Baltes 1996).

Frauen gehen im Erwachsenenalter sehr flexibel mit Lebensbelastungen um. So ist zum Beispiel im Vergleich zu Männern die ökonomische und soziale Lage objektiv ungünstiger, zugleich aber scheint sie sich weniger direkt auf Krankheitshäufigkeit auszuwirken als beim männlichen Geschlecht. Frauen sind im statistischen Durchschnitt stärker als Männer von relativer Armut betroffen, vor allem in der Lebensphase mit eigenen Kindern, etwa als Alleinerziehende. Armut zieht meist andere Formen der Benachteiligung nach sich, etwa schlechte Wohnbedingungen, Umweltbelastungen und ungesunde Ernährung. Trotz dieser Anhäufung von Benachteiligungen ist insgesamt die gesundheitliche Lage von Frauen günstiger als die von Männern in vergleichbarer Situation. Frauen verfügen ganz offensichtlich über besondere Kompetenzen der Bewältigung komplizierter Lebenssituationen und schaffen es, auch unter ungünstigen Lebensbedingungen ihre Gesundheit zu erhalten. Das scheint auch einer der Gründe zu sein, weswegen sie eine längere Lebenserwartung haben (Eickenberg und Hurrelmann 1997; Maschewsky-Schneider 1996).

Männer und Frauen gehen mit ihrem Körper und ihrer Psyche sehr unterschiedlich um und entwickeln jeweils eigene Muster des Gesundheitsverhaltens. Im Gesundheitsverhalten spiegeln sich die biographischen und lebensweltlichen Bedingungen des täglichen Lebens. Die geschlechtsspezifische Gesundheitsforschung belegt, dass jede Frau und jeder Mann auf der Basis der biologischen und Temperamentausstattung, die vorgegeben ist, erhebliche Spielräume für die Gestaltung der eigenen Geschlechtsrolle hat. Geschlecht ist zu großen Teilen nicht nur eine biologische, sondern auch eine kulturelle Konstruktion. Viele gesundheitliche Störungen sind in diesem Sinne möglicherweise auf die kulturelle und normative Konstruktion dessen zurückzuführen, was in der Gesellschaft unter „Geschlecht" verstanden wird (Kolip 1998; Maschewsky-Schneider, Babitsch und Ducki 1998).

Frauen neigen stärker als Männer zu neurotischen und psychonervösen Beschwerden. Ihre Belastungen manifestieren sich hauptsächlich im psychosomatischen Bereich. Männer hingegen zeigen mehr psychische Störungen im antisozialen Bereich und haben ein höheres Ausmaß von aggressiven und delinquenten Persönlichkeitsstörungen. An diesen Störungsprofilen lässt sich ablesen, wie die jeweiligen Rollenverhaltensmuster, in denen Vorstellungen vom typisch männlichen und weiblichen Denken, Fühlen und Handeln enthalten sind, auf gesundheitliche Probleme ausstrahlen (Borchert und Collatz 1992).

Von Männern verlangt das traditionelle soziale Rollenbild Härte gegen sich selbst und die Unterdrückung von Schmerz und Empfindsamkeit. Das gilt besonders für den Arbeits- und Berufsbereich, auf den im nächsten Abschnitt ausführlich eingegangen wird. Für Männer sind schwere und oft tödlich verlaufende chronische Erkrankungen typisch, insbesondere Herz- und Kreislauf-Erkrankungen, die oft durch ehrgeiziges Verhalten in Beruf und Karriere verstärkt werden. Je älter Männer werden, umso höher ist ihr Risiko, an einer chronischen Krankheit zu leiden und daran zu sterben (Macran, Clarke und Joshi 1996). Da Männer in unserem Kulturkreis die dominante Rolle im Berufsbereich haben, hängt ihre gesundheitliche Situation eng mit der Erwerbsarbeit zusammen (Siegrist 1996).

Gesundheitsstörungen und Krankheiten im hohen Alter

Wie schon erwähnt, hat sich die Lebenserwartung innerhalb der letzten 100 Jahre fast verdoppelt (Höpflinger 1997). 1900 wurden etwa 5 % der männlichen und 7 % der weiblichen Bevölkerung 80 Jahre alt, heute erreicht mehr als ein Drittel der männlichen und mehr als die Hälfte der weiblichen Bevölkerung dieses Alter. Vor allem die Verbesserung der Arbeits- und Wohnbedingungen, des Ernährungs- und Gesundheitsverhaltens und auch der medizinischen und pflegerischen Versorgung sind hierfür verantwortlich (Laslett 1995).

Das Spektrum der Krankheiten und der Todesursachen hat sich entsprechend gewandelt. Typisch für das hohe Alter ist das Leiden an mehreren gleichzeitig bestehenden chronischen Krankheiten. Treten solche Krankheitsbilder gehäuft auf, wird auch von „Multimorbidität" gesprochen (Mayer und Baltes 1996). Charakteristisch im hohen Alter ist auch eine Vermischung unterschiedlicher Entstehungsgeschichten von Krankheiten. So können „mitalternde" Krankheiten identifiziert werden, die einen Menschen bereits in früheren Lebensabschnitten betreffen und ihn bis ins hohe Alter als chronische Erkrankung begleiten (z.B. Asthma). Daneben gibt es „primäre Alterskrankheiten" wie etwa Demenz, die durch die physiologischen und psychologischen Bedingungen des Älterwerdens neu entstehen (Backes und Clemens 1998).

Walter, Schwartz und Seitler (1997) haben eine Typologie von Krankheiten im Alter entworfen und unterscheiden nach folgenden Gruppen:

- Altersphysiologische Veränderungen mit Krankheitswert, etwa altersbedingte Veränderungen der Sehfähigkeit, vermehrte Koordinationsprobleme und die Abnahme der Knochendichte. Diese Veränderungen können bei fehlender sozialer Unterstützung und starker körperlicher Belastung einen Krankheitswert erhalten.

- Altersbezogene Erkrankungen mit langer Vorlaufzeit, zum Beispiel Krebserkrankungen und arteriosklerotische Gefäßveränderungen mit einem pathologischen Verlauf, die das Herz, das zentrale Nervensystem, den Bewegungsapparat oder die Augen betreffen und zu Herzinfarkt, Schlaganfall oder Erblindung führen können.

- Erkrankungen mit im Alter verändertem physiologischen Verlauf aufgrund verminderter Regulationsmechanismen, wie etwa Infektionskrankheiten und verminderte Anpassungsfähigkeit bei Wundheilung und Immunabwehr, und Krankheiten infolge der mit der Lebenszeit steigenden Exposition gegenüber Schadstoffen aus der materiellen Umwelt und sozialen Stressfaktoren aus der sozialen Umwelt.

Zu besonders auffälligen und stark verbreiteten einzelnen Krankheitsbildern im hohen Alter gehören Demenz und Depression. Demenz kann meist auf Durchblutungsstörungen zurückgeführt werden, die das Nervengewebe im Gehirn schädigen. Zu den Hauptformen gehört die Demenz vom Alzheimer-Typ, die etwa die Hälfte aller Fälle ausmacht, und die sogenannte vaskuläre Demenz, die für ein weiteres Viertel der Fälle verantwortlich ist. Nach Schätzungen muss mit rund 10 % demenzkranken älteren Menschen in Deutschland gerechnet werden. Das Erkrankungsrisiko steigt deutlich mit dem Lebensalter: Während die 65-69jährigen zu etwa 3 % erkranken, sind es unter den über 80jährigen bereits 20 % und den 90jährigen über 30 %. Zu den wichtigsten Symptomen der Alzheimer-Erkrankung gehört der Verlust der Merk- und Erinnerungsfähigkeit, die Schwächung von Aufmerksamkeit und Konzentration, nachlassende Steuerungsfähigkeit von Stimmungen und Affekten und Verlangsamung oder Versagen der Reaktion in komplexen sozialen Situationen. Weitere Störungen betreffen das Sprachvermögen, die Körperpflege und die Fähigkeit zum An- und Auskleiden (Backes und Clemens 1998, S. 98).

Depressionen betreffen mindestens 5 % der über 65 Jahre alten Menschen. Endogene Depressionen sind biologisch begründet, neurotische Depressionen gehen auf prägende Persönlichkeitsstrukturen zurück, reaktive Depressionen treten als Folge belastender Lebensereignisse auf. Die wichtigsten Symptome sind Niedergeschlagenheit und Traurigkeit, Antriebsminderung und Schuldgefühle (Backes und Clemens 1998, S. 98). In der Berliner Altersstudie wurde in einer repräsentativen Untersuchung festgestellt, dass die Verbreitung von Depressionen in den Teilpopulationen ansteigt, die über eine schlechte wirtschaftliche Lebenslage und geringe soziale Unterstützung verfügen (Mayer und Baltes 1996).

Die für das mittlere Lebensalter typischen geschlechtsspezifischen Ausprägungen von Krankheiten setzen sich mit wenigen Veränderungen bis ins hohe Alter fort. Insgesamt befinden sich mehr Frauen als Männer in ärztlicher Behandlung. Die Diagnosen von chronischen Erkrankungen sind bei Frauen ab 75 Jahren eindeutig häufiger. Vor allem bei psychischen Erkrankungen sind Frauen erheblich stärker als Männer betroffen, besonders bei Depressionen, Angst und hysterischen Neurosen, nervösen Erschöpfungen und psychogenen Kopfschmerzen. Bei den chronisch-degenerativen Erkrankungen treten bei Frauen Krankheiten des Muskel-Skelett-Systems und des Herz-Kreislauf-Systems häufiger als bei Männern auf. Demgegenüber sind bei den Männern Krebskrankheiten und vor allem Abhängigkeitskrankheiten, insbesondere Alkoholismus, deutlich stärker verbreitet (Backes und Clemens 1998).

Auffällig ist nach vielen Studien, wie stark sich die subjektive und die objektive Einschätzung der Gesundheit gerade im hohen Alter voneinander unterscheiden. Trotz großer körperlicher Beeinträchtigungen können sich alte Menschen psychisch und sozial sehr wohl fühlen, wenn sie mit ihren alltäglichen Lebenssituationen gut zurecht kommen und sozial sicher eingebunden sind (Baltes 1993). Betreuungs- und Pflegeangebote müssen hierauf angemessen eingehen und eine entmündigende Form der Versorgung vermeiden.

1.2 Der Einfluss der ökonomischen und sozialen Lebenslage

Durch die verlängerte Lebenszeit und die zugleich kontinuierlich sinkende Erwerbsarbeitszeit (späterer Berufseintritt, weniger Wochenstunden, mehr Jahresurlaub, frühere Pensionierung) ist es zu einem Umbruch im Verhältnis von Arbeit und Freizeit gekommen. Betrieb und Arbeitsplatz verlieren einerseits quantitativ als Orte der Lebensorientierung und der Identitätsbildung an Bedeutung, die Gestaltung der privaten Sozialbeziehungen und der außerberuflichen (Freizeit-) Aktivitäten zieht immer mehr Aufmerksamkeit und Energie auf sich. Andererseits kommt es aber qualitativ auch zu einer Aufwertung der beruflichen Arbeit, weil Sozialprestige und finanzieller Status einer Person nach wie vor vom Besitz eines mitunter selten gewordenen Arbeitsplatzes abhängig sind. Vollwertige Arbeitsplätze sind knappe Güter. Unterbeschäftigung in ungesicherten Arbeitsplätzen mit unzureichender Sozialversicherung und auch vollständige Arbeitslosigkeit sind weit verbreitete Existenzbedingungen, mit denen sich je nach Region 15 bis 25 % der potentiell erwerbsfähigen Gesellschaftsmitglieder abfinden müssen (Huster 1998).

Auswirkungen von Arbeitsbedingungen und Berufsanforderungen

Die Stellung im Beruf und damit im gesellschaftlichen Produktionsprozess führt zu einem unterschiedlichen Risiko für Sterblichkeit und Erkrankungshäufigkeit sowie für Grad und Ausmaß psychischer Störungen. Bei den Angehörigen von Arbeiterfamilien wird in vergleichenden Untersuchungen seit Jahrzehnten ein erheblich höheres Maß an Morbidität (Erkrankungshäufigkeit bezogen auf 100 000 Personen, hier der gesamten Arbeiterbevölkerung) und Mortalität (Sterblichkeit bezogen auf 100 000 Personen) festgestellt als in Angestellten-, Beamten- und Selbständigenfamilien (Marmot, Boback und Davey-Smith 1995; Siegrist 1996).

Studien und Statistiken in verschiedenen Industrieländern belegen, dass die Sterblichkeit mit dem Prestige der sozialen Berufsgruppen und der schulischen Bildung zusammenhängt, der die betreffenden Personen angehören. So zeigen Daten aus Großbritannien zweieinhalb mal so große Sterberaten bei den untersten Berufsgruppen im Vergleich zu den obersten (Townsend, Davidson und Whitehead 1988). In deutschen Studien lässt sich ein inverser Zusammenhang zwischen der Höhe der erreichten Schulbildung, gemessen über den Schulabschluss, und der Sterbewahrscheinlichkeit im Alter zwischen dem 35. und 60. Lebensjahr ablesen. Am niedrigsten ist die Sterbewahrscheinlichkeit bei Universitätsabsolventen, am höchsten bei denen, die keinen Schulabschluss erreicht haben (Oppolzer 1986).

Um die Merkmale der Berufstätigkeit zu diagnostizieren, die für die psychische und körperliche Gesundheit förderlich sind, wurden verschiedene Studien durchgeführt.

- Kornhauser (1965) erfasste in einer der ersten Untersuchungen zu dieser Thematik bei Fabrikarbeitern in Detroit die Faktoren Arbeitssicherheit, physische Arbeitsbedingungen, Möglichkeiten des Einsatzes der eigenen Fähigkeiten, Repetitivität, Maschinenrhythmus, Tempo und Intensität der Arbeit, soziale Bedingungen und kommunikative Einbindung, Beförderungsmöglichkeiten, Bezahlungsmodus und Gesamteinkommen. Unter diesen Tätigkeitsmerkmalen erwiesen sich die Möglichkeit des Einsatzes eigener Fähigkeiten und die subjektiv empfundenen Beförderungsmöglichkeiten als entscheidende Faktoren für die Gesundheit der Arbeiter. Auch die Studien von Kohn und Schooler (1983) identifizierten die „substantielle Komplexität der Arbeit", definiert als Grad, in dem Arbeit kreative eigene Fähigkeiten und unabhängige Beurteilungen ermöglicht, als den wichtigsten Bedingungsfaktor für Gesundheit.

- In deutschen Untersuchungen (Benninghaus 1987) wurden die Dimensionen Aufgabenvielfalt, Entscheidungsspielraum, psychische Arbeitsanforderungen und Umgang mit anderen Personen erfasst. Die Aufgabenvielfalt stand mit hoher Arbeitszufriedenheit, gutem Selbst- und Kompetenzgefühl und dem psychischen und physischen Gesamtbefinden in enger Verbindung. Weiterhin erwiesen sich auch die Dimensionen Entscheidungsspielraum und Arbeitsanforderungen als signifikante Prädiktoren für Wohlbefinden. Der Grad, bis zu dem Fachkenntnisse und schöpferische Begabungen und Ideen entwickelt und zugleich Kenntnisse und hohe Qualifikationen eingebracht werden konnten, erwies sich als wesentlich für die Gesundheit der Berufstätigen. Als ungünstig stellen sich hingegen in mehreren Studien neben schlechten ergonomischen Arbeitsbedingungen (hohe Temperaturen, Staub, schlechtes Licht, Lärm), monoton-repetetive, anforderungsarme Arbeitstätigkeiten, mangelnde soziale Anerkennung, hohe Kontrolle und Fehlen von Kooperations- und Kommunikationsbeziehungen am Arbeitsplatz sowie das Gefühl von geringer Gestaltbarkeit der Arbeitssituation heraus. Je mehr diese Merkmale auf einen Arbeitsplatz zutreffen, desto höher ist die allgemeine Belastung der Arbeitstätigen und das Auftreten von psychischen und körperlichen Beeinträchtigungen.

- Eine schlechte Beziehung zwischen Leistung und Belohnung erweist sich als ein erheblicher Risikofaktor für die Gesundheit vor Arbeitenden. Siegrist (1996) spricht anschaulich von einer „Gratifikationskrise". Geringe Belohnungen und Bestätigungen führen demnach zu Störungen im Wohlbefinden und zu andauernden psychischen und körperlichen Beschwerden, zu einem Abbau der intellektuellen Leistungsfähigkeit und der geistigen Beweglichkeit, passivem Freizeitverhalten und geringem Engagement im politischen und gewerkschaftlichen Bereich. Der Zusammenhang zwischen der Arbeitsgestaltung und dem gesamten übrigen Lebensstil ist deutlich. Die Persönlichkeit eines Menschen entwickelt sich nach diesen Studien maßgeblich in Auseinandersetzung mit der Arbeitstätigkeit und strahlt auf die übrigen Lebensbereiche aus (Kohn und Schooler 1983).

- Durch die schnelle technologische Entwicklung kommt es zu neuartigen Risiken. Die elektronisch-technische Innovation (verstärkte Automation, Informationstechnik) und der Trend zu global tätigen Großunternehmen führt bei vielen Berufstätigen zu der Furcht, mit den neuen technischen Gegebenheiten nicht kompetent und flexibel genug umgehen zu können und ihres Arbeitsplatzes nicht sicher zu sein. Daneben bestehen in anderen Branchen die „alten" Risiken der Berufsbelastung weiter: Der Gebrauch verschiedener chemischer und anderer toxischer Stoffe in Bergbau, Industrie und Landwirtschaft kann zu Berufskrankheiten und Arbeitsunfällen, verschiedenen Haut-, Lungen-, Blasen- und Krebskrankheiten führen, der rücksichtslose Gebrauch von neuen Produktionsmethoden zu Angst, Depression und Alkoholismus, der Zwang zur Beschleunigung der Arbeitsvollzüge zur Zunahme der Risiken von Arbeitsunfällen (Waller 1991, S. 53).

Gesundheitsrisiken durch Arbeitslosigkeit

Noch wesentlich belastender als schlechte Arbeitsbedingungen ist der Status „Arbeitslosigkeit". In der Untersuchung von Jahoda, Lazarsfeld und Zeisel aus dem Jahre 1933 („Die Arbeitslosen von Marienthal") wurde zum ersten Mal versucht, die sozialen, psychischen und gesundheitlichen Auswirkungen der existenziell bedrohlichen Arbeitslosigkeit zu analysieren. Die Autoren beschreiben vier „Haltungstypen" als Reaktion auf Arbeitslosigkeit: Ungebrochene, Resignierte, Verzweifelte und Apathische. Diese Haltungstypen stehen in enger Beziehung zur ökonomischen Lage. Die Ungebrochenen haben das höchste noch verfügbare Einkommen nach Eintreten der Arbeitslosigkeit, die Apathischen das geringste.

Die sozialen, psychischen und körperlichen Folgen von Arbeitslosigkeit sind vor allem mit Verlusterlebnissen verbunden (Waller 1991, S. 55):

- Verlust der Struktur des Tages durch die Arbeit;
- Verlust der ökonomischen Sicherheit;
- Verlust der beruflichen Anerkennung;
- Verlust der sozialen Kontakte mit Berufskollegen;
- Verlust der Arbeit als Lebensäußerung;
- Verlust der Befriedigung von produktiven Impulsen;
- Verlust des Gefühls der eigenen Wichtigkeit in der Gesellschaft;
- Verlust der Ernährerrolle in der Familie.

Wie der Überblick von Waller zeigt, erhöht sich im Falle von Arbeitslosigkeit die Belastung der Betroffenen enorm. Bereits die Ankündigung von geplanten Betriebsschließungen kann bei den Beschäftigten und ihren Familien zu massiven psychosomatischen Beschwerden und Gesundheitsbeeinträchtigungen führen, insbesondere zu Kopfschmerzen, Schlafstörungen, Magenbeschwerden und Herzbeschwerden. Kommt es dann zur Arbeitslosigkeit und dauert diese länger an, so erhöht sich das Risiko der Gesundheitsbeeinträchtigungen der Betroffenen erheblich: Herzkrankheiten, Bluthochdruck und Störungen der Verdauungsorgane treten auf, die Häufigkeit von Selbstmord, psychiatrischen Krankheiten und von Aggressivität und Kriminalität steigt spürbar an (Waller 1991, S. 55).

Arbeitslosigkeit kann als ein „kritisches Lebensereignis" gewertet werden, das wegen der Beeinträchtigung des Selbstwertgefühls und des Verlusts von sozialem Status zu erheblichen Beeinträchtigungen der Gesundheit führt. Andere belastende Ereignisse dieser Art sind der Tod des Ehepartners oder eines vertrauten Angehörigen, Trennung und Scheidung und die Konfrontation mit den Folgen eines schweren Unfalls (Filipp 1991; Geyer 1999). In vielen Studien konnte der Zusammenhang zwischen einem kritischen Lebensereignis (oder der Häufung von solchen Ereignissen) mit psychischen und körperlichen Beeinträchtigungen nachgewiesen werden. Die Zusammenhänge sind dann besonders intensiv, wenn das kritische Lebensereignis langanhaltende und einschneidende Veränderungen im persönlichen und wirtschaftlichen Leben nach sich zieht (Brown und Harris 1978; Dohrenwend und Dohrenwend 1974; Pearlin 1987). Bei der Dauerarbeitslosigkeit ist das heute häufig der Fall, weil Menschen in die relative Armut, in persönliche Krisen und in Beziehungsprobleme abrutschen.

Die stigmatisierende Bewertung, Arbeitslosigkeit sei selbstverschuldet, hat im Zusammenhang mit der verbreiteten Massenarbeitslosigkeit seit den 1980er Jahren abgenommen. Dennoch kommt es auch weiterhin zu den erwähnten psychischen Belastungen von arbeitslosen Menschen, und zwar besonders bei lang anhaltender Arbeitslosigkeit. Bei arbeitslosen Jugendlichen treten vermehrt gesundheitlich riskante Lebensweisen wie Zigarettenrauchen, Alkoholkonsum, sozialer Rückzug und Aggressivität auf. Insgesamt erweist sich der Gesundheitszustand von Arbeitslosen als schlechter als der von Berufstätigen, wobei allerdings nicht ausgeschlossen werden kann, dass hierin ein Selektionseffekt liegt: Menschen, die körperlich und psychisch gesund sind, gelingt es besser, aus einer einmal eingetretenen Arbeitslosigkeit wieder herauszukommen als denen, die gesundheitliche Störungen zeigen (Elkeles 1998, S. 522; Kieselbach und Wacker 1991).

Ökonomische Lebenslage und Gesundheit

Eine ungünstige ökonomische Lebenslage beeinträchtigt die körperliche und psychische Gesundheit. In Deutschland hat sich in den letzten 30 Jahren, nicht zuletzt auch nach der politischen Vereinigung der beiden deutschen Staaten im Jahre 1990, das Ausmaß von sozialer und ökonomischer Ungleichheit und damit der Anteil von benachteiligten Bevölkerungsgruppen vergrößert. Rund 10 % der Bevölkerung leben in „relativer Armut", definiert als verfügbares Einkommen, das weniger als 50 % des durchschnittlichen Einkommens der Bevölkerung beträgt. Nach den Angaben des Statistischen Bundesamtes bezogen Ende der 1990er Jahre rund drei Millionen Menschen Sozialhilfe, was einer Verdoppelung der Zahl innerhalb von 20 Jahren entspricht. Vor allem der Anteil der Kinder und Jugendlichen ist stark angewachsen.

Der Zusammenhang zwischen relativer Armut und gesundheitlicher Beeinträchtigung ist durch mehrere Studien belegt:

- Schon bei Kindern und Jugendlichen zeigen sich soziale Diskriminierungsprozesse. Kinder reagieren hierauf mit einer Irritation ihres Selbstvertrauens, und in der Folge treten psychosomatische Beschwerden, gesundheitsschädigende Ernährungs- und Bewegungsmuster, schlechte Körperhygiene, ein intensiver und früher Konsum von psychoaktiven Substanzen (legalen und illegalen Drogen) und eine niedrige Bewertung des eigenen Gesundheitszustandes auf (Klocke und Hurrelmann 1998). Diese Gesundheitsbeeinträchtigungen wirken bis in das beginnende Erwachsenenalter hinein fort.

- Im Rahmen der Deutschen Herz-Kreislauf-Präventionsstudie, die repräsentative Schlussfolgerungen für die gesamte erwachsene Bevölkerung Deutschlands zulässt, konnten enge Zusammenhänge zwischen relativer Armut und Sterberisiko analysiert werden (Kreuter, Klaes, Hoffmeister und Laaser 1995). Diese Studie zeigt ähnlich wie die für Kinder und Jugendliche auch für Erwachsene negative Auswirkungen einer schlechten sozioökonomischen Lebenslage auf das Gesundheitsverhalten und die subjektive Einschätzung des Gesundheitszustandes.

- Studien aus anderen Ländern weisen in die gleiche Richtung (Townsend, Davidson und Whitehead 1988). Auffällig ist auch dort vor allem der Zusammenhang zwischen schlechter wirtschaftlicher Lebenslage und gesundheitsriskanten und -schädigenden Verhaltensweisen wie Zigarettenrauchen, schlechte Ernährung, übermäßiger Alkoholkonsum und mangelnde Körperhygiene. Deutliche Auswirkungen wurden auch für Bluthochdruck und Übergewicht, also zentralen Risikofaktoren für Herzinfarkt oder Schlaganfall, festgestellt. Schließlich zeigen die angelsächsischen Studien, dass Vorsorgeuntersuchungen und Früherkennungsangebote von den Mitgliedern wirtschaftlich benachteiligter Haushalte in sehr viel geringerem Maße als vom Rest der Bevölkerung genutzt werden (Baker und Illsley 1990; Claßen 1994).

Mielck und Helmert (1998) haben die bisherigen Erkenntnisse zum Zusammenhang von sozialer und gesundheitlicher Ungleichheit in einem Modell zusammengefasst. Wie Abbildung 3 zeigt, wirkt sich demnach die soziale Ungleichheit (die nach den Dimensionen Bildung, Macht, Geld und Prestige festgestellt wird) vor allem auf Unterschiede in den gesundheitlichen Belastungen in Arbeit, Freizeit und Wohnen, den Fähigkeiten zur Bewältigung dieser Belastungen und Verfügbarkeit und Zugänglichkeit der gesundheitlichen Versorgung aus und führt zu Ausprägungen im Gesundheits- und Krankheitsverhalten, die langfristig Unterschiede in Krankheitshäufigkeit und Sterblichkeit verursachen.

Abb. 3: Der Zusammenhang von sozialer und gesundheitlicher Ungleichheit

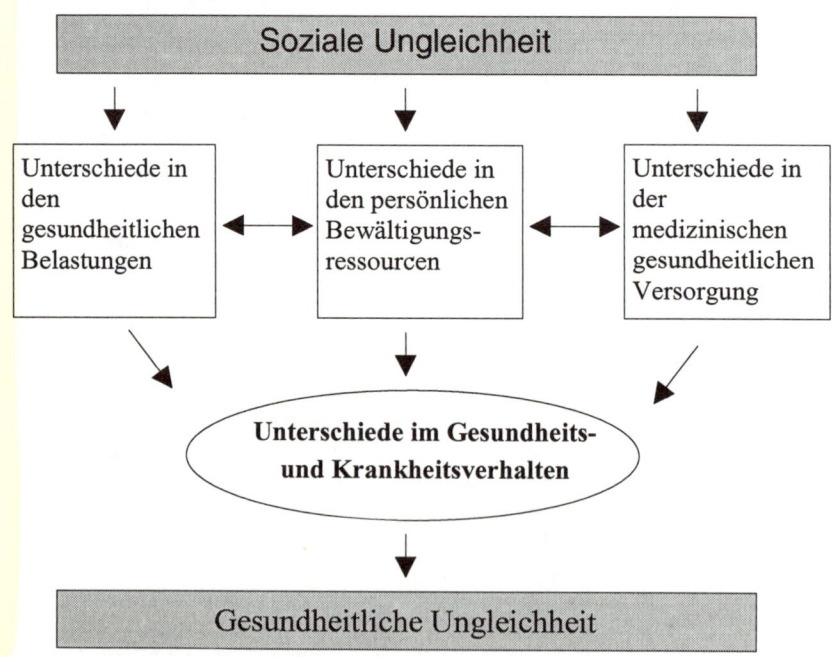

Nach Mielck und Helmert 1998, S. 531

Unterschiede in den persönlichen Bewältigungsressourcen scheinen für die hier skizzierten Zusammenhänge eine Schlüsselrolle zu spielen. Im beruflichen Sektor hat der technologische Wandel die Bedeutung von Routinetätigkeiten absinken lassen. Moderne Arbeitsanforderungen verlangen individuelle Urteilsfähigkeit, hohe Selbständigkeit, Flexibilität und Kreativität, und diese hängen eng mit den persönlichen Kompetenzen und dem Bildungsgrad zusammen (Inglehard 1995). Je höher der Bildungsgrad ist, desto größer ist offenbar das Selbstvertrauen in die Bewältigung der beruflichen und sozialen Lebensanforderungen. Ein niedriger Bildungsgrad führt meist zu einem gering ausgeprägten Selbstbewusstsein, wenig Wissen über die Entstehungs- und Sicherungsbedingungen von Gesundheit und unzureichenden Fähigkeiten der Problem-, Konflikt- und Krankheitsbewältigung. Auch die Kompetenz, sich fachkundige Hilfe zu suchen, sinkt. Die Folge sind falsche Ernährung, zu wenig Bewegung, erhöhter Alkohol- und Drogenkonsum und unzureichendes Vorsorgeverhalten (Klocke und Hurrelmann 1998; Oppolzer 1986). Viele Studien weisen auf die Bedeutung relativ schlechter Wohnungsausstattung und Wohnlage und die ungünstigere Erreichbarkeit von sozialen Infrastruktureinrichtungen wie Kindergärten, Schulen, Arztpraxen, Präventions- und Pflegediensten hin (Klein 1996).

Auffällig ist die höhere Betroffenheit von sozial, kulturell und wirtschaftlich benachteiligten Bevölkerungsgruppen von psychischen und psychosomatischen Krankheiten, depressiven Syndromen und funktionellen Störungen. Offenbar spielt die soziale Diskriminierung hierbei eine große Rolle, die von Menschen mit geringer sozialer Integration und unterentwickelter kommunikativer Kompetenz nur unter hohem psychischem Aufwand verarbeitet werden kann (Schnabel und Hurrelmann 1999; Steinkamp 1993).

Internationale vergleichende Studien zur gesundheitlichen Ungleichheit

Ein Gefälle sozialer und gesundheitlicher Ungleichheit zeigt sich nicht nur innerhalb der westlichen Industrieländer, sondern auch im internationalen Ländervergleich. Mit der Industrialisierung ist in allen westlichen Industriegesellschaften in den letzten 150 Jahren der Anteil der Menschen ständig angewachsen, die an Herz-Kreislauf-Störungen sterben (Karoff 1998). Die berühmt gewordenen empirischen Studien im Bostoner Vorort Framingham in den USA lieferten Hinweise darauf, wie sich die Anforderungsstrukturen hochindustrialisierter Länder in Beruf und Freizeit auf die Gesundheits- und Krankheitsbilanz der Bevölkerung auswirken (Rosenman 1975). Vor allem Arbeitsbedingungen mit hohem Konkurrenzdruck und unbefriedigenden Entscheidungs- und Kontrollmöglichkeiten haben demnach den Nährboden für Herz-Kreislauf-Erkrankungen gelegt (Blaxter 1990; Hajek 1999).

Seit den 1980er Jahren, mit dem beginnenden Umstieg auf die elektronische Informationstechnologie, zeichnet sich erstmals eine leichte Verschiebung der Strukturen in den Krankheits- und Todesstatistiken ab. Zuerst in den Mittel-

und Oberschichten, inzwischen in allen Bevölkerungsgruppen, sinken zum Beispiel in den USA und einigen anderen westlichen Ländern neuerdings die Anteile der Todesfälle an Herz-Kreislauf-Erkrankungen, während der Anteil der Krebserkrankungen ansteigt. Demgegenüber sind in den osteuropäischen Ländern, die jetzt gewissermaßen den Prozess der Vollindustrialisierung seit den 1990er Jahren nachholen, phasenverschoben die Herz-Kreislauf-Erkrankungen in hohem Tempo auf dem Vormarsch (Hajek 1999). Hierin drücken sich „epidemiologische Transitionen" aus, die schon seit Beginn der Industrialisierung beobachtet wurden und eine enge Verbindung von ökonomischen Veränderungen und statistisch messbaren Krankheits- und Sterbequoten nachweisen (Omran 1979).

Die osteuropäischen Länder haben insgesamt eine erheblich schlechtere Gesundheitsbilanz für die Gesamtbevölkerung als die hoch entwickelten westeuropäischen, nordamerikanischen und asiatischen Länder. Die schnelle berufliche, ökonomische, soziale und kulturelle Wandel, der sich gegenwärtig in Osteuropa vollzieht, fordert seinen gesundheitlichen Tribut vor allem bei Herz-Kreislauf-Krankheiten (Benzeval, Judge und Whitehead 1995; Boback und Marmot 1996). Diese Entwicklung macht deutlich, wie stark sich soziale Bedingungsfaktoren wie wirtschaftliche Lage und Arbeitsbedingungen auf den Gesundheitszustand der Bevölkerung auch dann auswirken, wenn - wie in den meisten Ländern Osteuropas der Fall - die Leistungen des Gesundheitssystems unverändert bleiben. Der nur relative Einfluss der Beschaffenheit des Gesundheitssystems auf Lebensdauer und gesundheitliche Lebensqualität der Bevölkerung wird hierdurch deutlich unterstrichen. Viel entscheidender sind offenbar die beruflichen und kulturellen Lebensbedingungen, die sich auf Ernährung, Belastungsbewältigung und gesundheitsgefährdendes Verhalten (insbesondere Zigarettenrauchen und Alkoholkonsum) auswirken (Wilkinson 1996).

Die meisten Studien stimmen darin überein, dass zwar Umweltbelastungen, schlechter Arbeitsschutz und ein ineffizient organisiertes Versorgungssystem für Kranke wichtige Parameter für gesundheitliche Ungleichheit sind, sie aber nicht das Gewicht erlangen, das gesundheitsschädigendes Verhalten infolge ungünstiger Arbeits- und Lebensbedingungen hat. Es sind überwiegend die Parameter der Lebensgewohnheiten („Lebensstil"), die über Ausprägung und Größe der gesundheitlichen Unterschiede entscheiden, und zwar sowohl innerhalb eines Landes als auch im Vergleich der Länder untereinander (Cockerham 1995; Evans, Barer und Marmor 1994). Lebensgewohnheiten sind immer eng mit den tagtäglichen Arbeits-, Wohn- und Kulturgegebenheiten verbunden, sie stellen so etwas wie das subjektive Spiegelbild der objektiven gesellschaftlichen Verhältnisse dar.

Die Schere im Lebensstandard zwischen den gut und schlecht situierten Bevölkerungsgruppen hat sich in den osteuropäischen Ländern nach dem Zusammenbruch der früheren Sowjetunion ab 1990 schnell vergrößert. Durch den turbulenten Umbruch der wirtschaftlichen und sozialen Verhältnisse haben sich die Arbeits- und Lebensbedingungen und in der Folge die gesundheitlichen Befindlichkeiten breiter Schichten der Bevölkerung stark verschlechtert (Boback und Marmot 1996). Diese Entwicklung zeigt, wie stark sich die sozioökonomische Ungleichheit auf das gesundheitliche Wohlbefinden der gesamten Bevölkerung auswirkt. Ist die Kluft zwischen Arm und Reich zu groß, dann fehlt es an der nötigen sozialen Kohäsion, am Gefühl von sozialer Gerechtigkeit und Fairness, was zur Folge hat, dass sich die benachteiligten Menschen sozial ausgegrenzt fühlen. Sie reagieren hierauf mit den körperlichen und psychischen Gesundheitsstörungen, die oben erwähnt wurden (Wilkinson 1996). Nach diesen Studien ist das Ausmaß der Ungleichheit besonders schädlich für den Gesundheitszustand der Bevölkerung, während Länder mit einem vergleichsweise niedrigen Wohlfahrtsniveau, aber relativ geringer sozialer Ungleichheit erheblich besser abschneiden. Vor allem die soziale Ausgrenzung, so zeigen diese Untersuchungen, hat ein zerstörerisches Potential für das gesundheitliche Wohlbefinden der Bevölkerung.

Der Zusammenhang von Migration und Gesundheit

Zu den Menschen, die für sich im privaten, beruflichen und kulturellen Bereich schlechte Zukunftsperspektiven sehen, weil sie randständig und schlecht integriert sind, gehören oft auch Migranten. Viele von ihnen reagieren auf diese Situation mit körperlichen und psychischen Gesundheitsstörungen. Die Störungen intensivieren sich, wenn zugleich auch die informellen Unterstützungen und Hilfen in Nachbarschaft und Gemeinde schwinden, soziale und kulturelle Spannungen im Wohngebiet zunehmen, das Ausmaß von Kriminalität und Gefährdungsgefühlen in der Bevölkerung steigt und damit die soziale Kohäsion, der Zusammenhalt und die Übereinstimmung in zentralen Wertorientierungen sinkt. Als Gegenreaktion kommt es oft zu einer Abschottung der Migrantenbevölkerung von der einheimischen Bevölkerung mit einer demonstrativen Orientierung an Werten und Lebensgewohnheiten der alten Heimat (David, Borde und Kentenich 1999).

In Deutschland lebten Ende der 1990er Jahre über sieben Millionen Migranten, das sind 9 % der Bevölkerung. 28 % von ihnen waren türkischer Herkunft, die Übrigen kamen vor allem aus dem ehemaligen Jugoslawien, Italien und Griechenland. Wie aktuelle Studien zeigen, ist insgesamt die gesundheitliche Situation der Migranten (Arbeitsmigranten, Aussiedler und Flüchtlinge) nur leicht schlechter als die der einheimischen Bevölkerung. Das liegt im Wesentlichen an der erheblich jüngeren Altersschichtung. Bei vergleichbarem Alter und gleichartiger sozialer Lage aber zeigen sich relative Nachteile der Migranten. Sie bestehen in der Wahrnehmung, von vielen Lebensvollzügen ausgeschlossen zu sein, die das Leben in einer wohlhabenden Gesellschaft interessant und anregend machen. Migranten fühlen sich von wichtigen politischen Entscheidungen ausgenommen und haben das Gefühl, in einer ihnen fremden, von anderen beherrschten Gesellschaft zu leben (Berg 1998).

Dieses subjektive Gefühl der Macht- und Sinnlosigkeit führt oft dazu, die eigenen Fähigkeiten und Kompetenzen nicht richtig entfalten zu können. Deshalb kommt es zu unzureichender Verarbeitung und Bewältigung der „kleinen" alltäglichen Herausforderungen und damit zu dem Gefühl des Kontrollverlusts über das eigene Leben. Die Folge sind überdurchschnittlich viele psychische und psychiatrische Störungen wie Ängste, niedriges Selbstwertgefühl und psychosomatische Beeinträchtigungen (vor allem Magen- und Darmbeschwerden), teilweise auch körperliche Gesundheitsstörungen. Die Werte für Säuglingssterblichkeit und Infektionen, für Unfälle im Haushalt und im Straßenverkehr und für Krankenhausaufenthalte sind höher als bei der einheimischem Bevölkerung. Auch fallen negative Gesundheitsmuster wie hoher Zigarettenkonsum und starke Verwendung von illegalen Drogen auf (Klocke und Hurrelmann 1998).

Die Migrantenbevölkerung im Erwerbstätigenalter ist in Deutschland insgesamt ebenfalls in einer relativ guten gesundheitlichen Verfassung, doch zeigen sich in Teilbereichen Schlechterstellungen gegenüber der einheimischen Bevölkerung. Das liegt in erster Linie an der niedrigeren beruflichen Qualifikation der ausländischen Arbeitnehmerinnen und Arbeitnehmer, die zu Beschäftigungsverhältnissen führt, die durch vorwiegend schwere körperliche Tätigkeiten und flexible Arbeitszeiten (Schichtarbeit) gekennzeichnet sind. Entsprechend ist die Häufigkeit des Auftretens von Berufskrankheiten höher als bei der einheimischen Erwerbsbevölkerung. An erster Stelle stehen Hörschäden aufgrund von Lärmexposition, gefolgt von Hautkrankheiten und Lungenerkrankungen durch Schadstoffe. In der Folge werden die Mitglieder der ausländischen Erwerbsbevölkerung auch früher als Deutsche berentet (Berg 1998).

Insgesamt zeigen die vorliegenden Studien, dass die Migrantenbevölkerung in Deutschland ein etwas höheres Ausmaß an Gesundheitsstörungen aufweist als die einheimische Bevölkerung. Die Gesundheitsprobleme sind grundsätzlich identisch mit denen, die in der Aufnahmegesellschaft zu finden sind. Durch schlechte und enge Wohnverhältnisse, belastende und gefährliche Arbeitsplätze und, teilweise hiermit zusammenhängend, schlechte hygienische Bedingungen, verbunden mit der besonderen psychischen Belastung durch den unsicheren Status in einer nur begrenzt aufnahmebereiten Gastgesellschaft, kommt es zu den spezifischen gesundheitlichen Problemen, die in vielen Bereichen an das Belastungsprofil von Angehörigen niedriger sozioökonomischer Schichten in der einheimischen Bevölkerung erinnern.

Das stationäre und ambulante gesundheitliche Versorgungssystem und der öffentliche Gesundheitsdienst sind auf die spezifischen Bedarfe und Anforderungen der Migrantenbevölkerung nur unzureichend eingerichtet. Die Erreichbarkeit von Arztpraxen und Krankenhausversorgung, damit auch die Zugänglichkeit von frühen Hilfen und vorbeugenden Angeboten, ist bei vielen Migranten schwierig. Dabei spielt die absolute Qualität der Krankenversorgung nicht die wichtigste Rolle, sondern es ist die Ansprechbarkeit und Verfügbarkeit der

Versorgungsdienste. Entscheidend ist, ob das Versorgungssystem im Krankheitsfall ohne Umwege und Barrieren erreichbar ist. Bei Migranten sind diese Ausgangsbedingungen solange relativ schlecht, wie das Versorgungssystem ausschließlich durch Personal und Kultur der einheimischen Bevölkerung beherrscht wird (Berg 1998).

Der Einfluss privater Lebensformen auf die Gesundheit

Formen des privaten Zusammenlebens haben zumindest indirekt Auswirkungen auf die gesundheitliche Lage. Traditionell ist in unserem Kulturkreis die Familie die vorherrschende Form. Sie ist durch das dauerhafte Zusammenleben von Menschen unterschiedlicher Generationen charakterisiert, die um eine Ehepartnerbeziehung herum organisiert ist. Die Familie ist nicht nur für die Erziehung der Kinder, sondern auch für die wichtigsten und elementarsten Formen der Betreuung und Pflege zuständig (Jones 1994).

Seit den 1950er Jahren ist dieses traditionelle Familienmuster in allen westeuropäischen Gesellschaften nicht mehr das allein vorherrschende Modell des menschlichen Zusammenlebens. Es ist zu einer Vielfalt unterschiedlicher Formen des Zusammenlebens gekommen, von denen immer mehr von den Vorstellungen der Ehegemeinschaft und der Arbeitsteilung von berufstätigem Mann und haushaltender Frau abweichen. Neben der Kleinfamilie mit Vater, Mutter und Kindern sind Einelternfamilien, Wohngemeinschaften mit Kindern, nichteheliche Lebensgemeinschaften und eheliche Lebensgemeinschaften von geschiedenen und wiederverheirateten Partnern mit Kindern unterschiedlicher Eltern heute weit verbreitet (Burkart 1997; Kolip 1998). Auch homosexuelle Partnerschaften werden häufiger.

Die Auflösung der traditionellen Formen des Zusammenlebens ist eng mit dem Trend zur Individualisierung verbunden. Jeder Mensch entscheidet nach seiner persönlichen und biografischen Situation darüber, ob er eine Ehebeziehung und eine eigene Familie haben möchte oder nicht und welche Gestalt diese Lebensform in verschiedenen Lebensabschnitten erhalten soll.

Untersuchungen zum Zusammenhang von privaten Lebensformen und Gesundheit weisen darauf hin, dass stabile und sichere Bindungen in der Regel positive Auswirkungen haben. Verheiratete haben zum Beispiel im Vergleich zu Ledigen eine höhere Lebenserwartung und eine geringere Sterblichkeit als ledige, geschiedene und verwitwete Personen. Diese Unterschiede sind bei Männern stärker als bei Frauen (Klein 1993; Verbrugge 1979). Für Männer ist auffällig, dass sie als Verheiratete deutlich seltener an psychischen Krankheiten leiden als Nichtverheiratete. Bei Frauen zeigt sich dieser Zusammenhang nicht, vielmehr kann die Ehe mitunter sogar einen negativen Einfluss auf die psychische Befindlichkeit ausüben.

Bei den verschiedenen Familienformen schneiden im Blick auf die gesundheitlichen Belastungen die Einelternfamilien schlechter ab als Familien mit zwei

Eltern. Dies liegt meist daran, dass allein erziehende Frauen, die mit etwa 85 % den größten Anteil dieser Gruppe stellen, nach der Trennung von ihrem Mann oft in eine prekäre wirtschaftliche Situation kommen, die sie entweder durch eigene Erwerbsarbeit oder durch die Inkaufnahme von Sozialhilfe und die damit einhergehenden sozialen Schwierigkeiten kompensieren müssen. Hierdurch sind Organisationsschwierigkeiten unvermeidlich, die zu Überforderungen führen können, wenn niemand aus dem familialen Umfeld oder aus dem Bekanntenkreis unterstützende Hilfestellung leisten kann und Betreuungseinrichtungen wie Kindergärten, Horte oder Ganztagschulen fehlen. Wie schwierig die wirtschaftliche Situation der allein erziehenden Familien ist, zeigt die Tatsache, dass zum Ende der 1990er Jahre über ein Drittel der Einelternfamilien von Sozialhilfe abhängig war, also an der Grenze zur relativen Armut lebte.

Belastungen treten auch bei solchen Familienkonstellationen auf, in denen ein älteres und/oder behindertes Familienmitglied betreut und gepflegt werden muss. In Deutschland sind Ende der 1990er Jahre über eine Millionen Personen in Privathaushalten als pflegebedürftig registriert worden. Davon lebte nur ein Fünftel allein, die Übrigen in Haushalten mit zwei und mehr Personen. Der überwiegende Teil der familialen Pflegeleistungen wird von Frauen (Partnerinnen, Töchtern und Schwiegertöchtern) erbracht. Mit der Pflege von Angehörigen gehen körperliche, psychische und zeitliche Belastungen einher. Angesichts der erwartbaren Zunahme von älteren pflegebedürftigen Personen in deutschen Haushalten wird deshalb die verstärkte Einrichtung von professionellen Hauspflegeangeboten unausweichlich sein (Schaeffer, Moers und Rosenbrock 1994).

1.3 Der Einfluss des Gesundheitssystems

Zu den sozialen Bedingungsfaktoren für Gesundheit und Krankheit gehört auch das medizinische, rehabilitative und pflegerische Versorgungssystem. Es wird allgemein als „Gesundheitssystem" bezeichnet, obwohl sein Arbeitsschwerpunkt auf der Therapie und Betreuung von Kranken liegt. Der Einfluss des Gesundheitssystems auf den Gesundheits- und Krankheitszustand der gesamten Bevölkerung darf angesichts der hohen Bedeutung der Arbeits-, Bildungs- und Wirtschaftsbedingungen nicht überschätzt werden, wie die im vorigen Abschnitt erörterten Auswirkungen der wirtschaftlichen Krise in den osteuropäischen Ländern deutlich demonstrieren. Demnach sind die personalen und sozialen Bedingungsfaktoren für die Erklärung des Gesundheits- und Krankheitszustandes der Bevölkerung dominant. Die Qualität der Versorgungsangebote des Gesundheitssystems und der Zugang zu den therapeutischen, rehabilitativen und pflegerischen Leistungen entscheidet aber über die Möglichkeiten der Krankheitsbewältigung und hat insofern einen Einfluss auf die Gesamtbilanz des Gesundheits- und Krankheitsgeschehens.

Grundkonzepte von Gesundheitssystemen

Das Gesundheitssystem in Deutschland ist durch ein fast die gesamte Bevölkerung einbeziehendes Versicherungssystem auf gesetzlicher Basis charakterisiert. Zugleich wird die Ausgestaltung der Versorgungsleistungen in die Selbstorganisation von Krankenkassen und Ärzteschaft gegeben. Damit hat sich Deutschland für eine „korporatistische" Variante der Organisation von Gesundheits- und Sozialpolitik entschieden.

Rosenbrock (1998) differenziert drei international verbreitete Grundkonzepte der Krankenversicherung und -versorgung, die sich vor allem in der Art der versicherten Risiken, der Einbeziehung unterschiedlicher Bevölkerungsgruppen und der Form der Leistungsgewährung unterscheiden:

- Das wirtschaftsliberale Modell in den USA, Australien und Neuseeland, das von der Grundidee ausgeht, Gesundheitsleistungen seien wie andere Dienstleistungen einer Gesellschaft den Regeln von Angebot und Nachfrage unterworfen, weswegen sich die Steuerungsinstrumente der Gesundheitspolitik aus der Marktwirtschaft ergäben. Dementsprechend spielen individuell abzuschließende Versicherungen, freiwillige Mitgliedschaften, vertraglich vereinbarte Einzelleistungen und privatwirtschaftliche Kostenerstattung eine große Rolle. Der Intervention des Staates in das Gesundheitssystem werden enge Grenzen gesetzt.

- Das sozialstaatliche Modell, das heute vor allem in den skandinavischen Ländern anzutreffen ist, stellt im Gegensatz hierzu das gesamte Versorgungssystem unter staatliche Regie und Aufsicht. Versorgungsleistungen werden als ein durch die politische Gemeinschaft besonders zu schützendes Gut bewertet, das nicht den kommerziellen Marktkräften überlassen werden darf. Dieses Modell setzt an die Spitze der sozialpolitischen Ziele die Gleichheit im Zugang zu den Versorgungsleistungen und die Gleichheit der Qualität der Leistungen für alle Bevölkerungsgruppen. Die gesundheitlichen Leistungen werden weitgehend über den Staat durch Steuermittel finanziert und auch vom Staat organisiert.

- Das korporatistische Modell, das heute in Deutschland, Österreich, Frankreich und Italien vorherrscht, stellt eine Mischung aus sozialstaatlichen und marktorientierten Vorstellungen dar. Typisch ist ein verpflichtendes Versicherungssystem mit Beitragszahlungen nach dem Solidarprinzip, das selbstorganisiert arbeitet, aber unter staatlicher Aufsicht steht, und ein Versorgungssystem, das von Medizinern und anderen Professionellen ebenfalls weitgehend selbstorganisiert betrieben wird. Beide Selbstorganisationen handeln die Ausgestaltung der Behandlungs- und Betreuungsleistungen untereinander aus. Dieses korporatistische Modell geht von der Idee aus, die Gesundheitssicherung sei ein Bürgerrecht, das der Staat garantieren muss, die Ausgestaltung der Versorgung im Einzelnen aber könne am sachgerechtesten durch die direkt beteiligten Nachfrager und Anbieter von Leistungen vorgenommen werden.

Das „Gesundheitssystem" in Deutschland gliedert sich in einen Versorgungs- und einen Versicherungsbereich. Zum Versorgungsbereich gehören die Sektoren, die für die Therapie und Kuration von Menschen aufgebaut wurden, die körperlich oder psychisch vorübergehend oder dauerhaft erkrankt sind. Weiter zählen alle Einrichtungen dazu, die sich um die Vorbeugung von Erkrankungen bemühen (Prävention, Prophylaxe), und solche, die für die vorübergehende oder dauerhafte Betreuung von Wiedergenesenden verantwortlich sind (Rehabilitation) und die vorübergehende oder dauerhafte Betreuung von Menschen übernehmen, die erkrankt, behindert oder in ihren alltäglichen Lebensaktivitäten beeinträchtigt sind (Pflege). Schließlich sind alle Organisationen dazu zu rechnen, die die Versorgung mit technischen Mitteln und Arzneimitteln gewährleisten, allen voran die pharmazeutische und die medizinische Industrie. Der Versicherungsbereich regelt den Zugang zu den genannten Einrichtungen und die Finanzierung der Leistungen. Er besteht aus Krankenversicherung, Pflegeversicherung, Unfallversicherung und - in Grenzen - Arbeitslosenversicherung. Die beiden Teilbereiche des Gesundheitssystems sind in Abbildung 4 dargestellt.

Abbildung 4: Die Teilbereiche des Gesundheitssystems

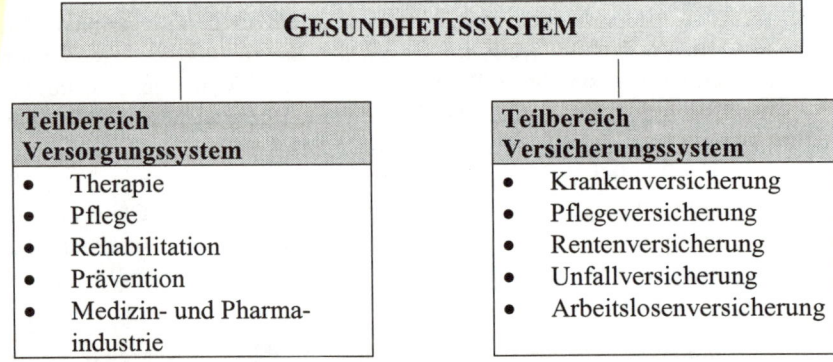

Besondere Merkmale des deutschen Gesundheitssystems

Die international vergleichende Forschung weist darauf hin, dass jedes Gesundheitssystem bestimmte Stärken und Schwächen hat, die sich aus den Grundprinzipien der Regulation des Zugangs zu Versorgungsleistungen, ihrer Inanspruchnahme, Qualität und Effizienz und ihrem Finanzmodus ergeben. Das deutsche Gesundheitssystem ist im internationalen Vergleich leistungsfähig und kostengünstig, es zeigt aber auch eine Reihe von Problemen, die sich aus dem Mischcharakter zwischen staatlicher und marktwirtschaftlicher Strukturierung ergeben (Badura und Feuerstein 1994; Rosenbrock 1998; Schwartz, Kickbusch und Wismar 1998). Durch die korporatistische Organisation ergibt sich eine starke Position der Anbieter, also der medizinischen und psychologischen Therapeuten und der übrigen Gesundheitsprofessionen, während die Position der Patientinnen und Patienten vergleichsweise schwach ist. Das deutsche System hat den Vorteil, dass fast alle Bevölkerungsgruppen eine relativ gute gesundheitliche Versorgung erhalten, weil durch die Solidarstruktur der Versicherung eine weitgehende Gleichbehandlung aller Bevölkerungsgruppen garantiert ist. Als Nachteil erweist sich, dass die Beitragsfinanzierung an Lohn und Gehalt gekoppelt ist und hierdurch nicht nur eine ständig anwachsende Belastung der Kosten des Faktors „Arbeit" entsteht, sondern auch Anreizsysteme fehlen, um gesundheitsbewusstes Verhalten zu stimulieren und zu belohnen.

Im Zentrum des deutschen Versicherungssystems steht die „Gesetzliche Krankenversicherung" (GKV), der 90 % der Bevölkerung als Mitglieder angehören. Die übrigen 10 % der Bevölkerung, zu denen insbesondere Selbständige, leitende Angestellte und Beamte gehören, müssen ebenfalls versichert sein, können ihre Versicherung aber frei auswählen.

Die Merkmale der GKV (Beske, Brecht und Reinkemeier 1993) sind:

- Eine allgemeine, die gesamte Bevölkerung einbeziehende Versicherungspflicht mit einer solidarischen Finanzierung.
- Finanzierung über Beiträge der Pflichtversicherten, und zwar je zur Hälfte von den Versicherten selbst als Abzug vom nominellen Gehalt und den Arbeitgebern als Bestandteil der Lohn- und Gehaltzahlungen.
- Keine direkten Zahlungen der Behandlungs- und Betreuungsleistungen durch die Versicherten. Die Versicherten erhalten vielmehr Sachleistungen und Dienstleistungen, die indirekt von ihrer Versicherung gegenüber den Anbietern vergütet werden.
- Freie Wahl des Arztes durch die Versicherten.

Das Prinzip der solidarischen Versicherung nach dem Muster der GKV wurde 1884 für die Unfallversicherung, 1889 für die Rentenversicherung und 1911 für die Arbeitslosenversicherung übernommen, jeweils mit nur wenigen Variationen im Aufbau. 1995 wurde als ein weiteres Segment die Pflegeversicherung eingeführt, wieder nach dem gleichen Muster der Pflichtversicherung, mit Beitragsfinanzierung aus dem Lohn- und Gehaltsbudget.

Die Krankenversorgung ist auf mehreren organisatorischen Säulen aufgebaut, die den Grundideen der Arbeitsteilung von Versorgungsleistungen folgen (Klein-Lange 1998; Ryll 1998):

- Ein ambulantes Teilsystem, das aus überwiegend kleineren Praxen von insgesamt etwa 130.000 niedergelassenen Ärzten der „Primärversorgung" besteht, davon 20 % Ärzten für Allgemeinmedizin und 80 % spezialisierten Fachärzten. Daneben existieren Angebote von Psychotherapeuten und anderen nichtmedizinischen Heilberufen und von Pflegefachleuten. Dieses Teilsystem ist von der Idee her die erste, wohnortnahe Station, die ein Versicherter mit einem Gesundheitsproblem aufsucht. Der niedergelassene Arzt zum Beispiel soll der „Hausarzt" sein, der die gesamte Krankengeschichte des Versicherten kennt und die Behandlungsabläufe steuert. Vom Hausarzt aus sollen auch die Überweisungen an Spezialärzte und Krankenhäuser erfolgen, wenn dazu der Bedarf festgestellt wird (Abholz 1994).

- Ein stationäres Teilsystem, das überwiegend aus Krankenhäusern der Allgemeinversorgung, aus spezialisierten Krankenhäusern, Rehabilitationseinrichtungen und Pflegeeinrichtungen besteht. Dieses Teilsystem wird von der Idee her von den Versicherten nur auf Anweisung eines Arztes aus dem ambulanten Teilsystem aufgesucht. Es handelt sich gewissermaßen um die „Sekundärversorgung", die dann zuständig wird, wenn die Primärversorgung nicht mehr greift und keine Kompetenz mehr hat, um ein Gesundheitsproblem zu lösen (Blum und Fack-Asmuth 1998).

- Ein „Öffentlicher Gesundheitsdienst" (ÖGD), der nicht durch die Krankenversicherung, sondern durch Steuergelder der Länder und Gemeinden finanziert wird. Dieses Teilsystem übernimmt von der Idee her alle Aufgaben, die mit der Überwachung der Gesundheit der Bevölkerung verbunden sind und die das ambulante und stationäre Teilsystem wegen ihrer auf die individuelle Kuration ausgerichteten Arbeitsweise nicht leisten können. Dazu gehört die Bekämpfung von ansteckenden Krankheiten, die Kontrolle der Einhaltung von Hygienevorschriften in öffentlichen Einrichtungen und die Überprüfung von Nahrungsmitteln und Arzneimitteln. Auch die Durchführung von Reihenuntersuchungen bei Schulkindern und die schulische Gesundheitserziehung sowie die Supervision von Arztpraxen und Apotheken fällt in den Aufgabenbereich des öffentlichen Gesundheitsdienstes (Brand und Schmacke 1998).

- Ein dichtes Netzwerk von mehr oder weniger informellen Selbsthilfegruppen. Sie sind in der Regel als gemeinnützige und private Vereine verfasst und überwiegend durch Beiträge ihrer Mitglieder finanziert. Wegen seiner wachsenden Bedeutung können die Selbsthilfeorganisationen faktisch als die vierte Säule des Versorgungssystems angesehen werden (Engelhardt 1995).

In Abbildung 5 sind die vier Säulen des Systems der Krankenversorgung im Überblick dargestellt.

Abb. 5: Die vier Säulen des Krankenversorgungssystems in Deutschland

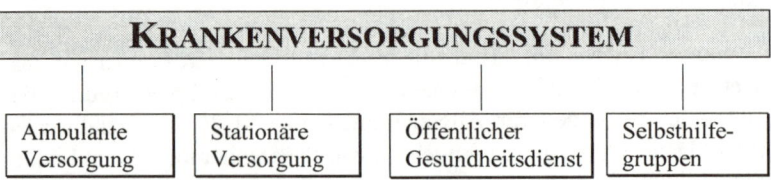

Stärken und Schwächen des deutschen Gesundheitssystems

Charakteristisch für die Steuerung des Gesundheitssystems in Deutschland ist das Modell der „delegierten Selbstverwaltung". Der Staat setzt gesetzliche Rahmenbedingungen, nimmt aber kaum Einfluss auf die eigentliche Leistungserbringung. Diese überlässt er den Selbstverwaltungsorganisationen der Anbieter und Nachfrager von Versorgungsleistungen, also den Kassenärztlichen Vereinigungen und den Krankenkassen. Ziel ist es, die Selbstverwaltungsorgane der Anbieter und der Nachfrager über die Ausgestaltung der Leistungen in eigener Regie sachgerecht entscheiden zu lassen (Neumann und Schaper 1998). Das deutsche Gesundheitssystem ist damit nach dem Prinzip der „Subsidiarität" aufgebaut:

- Nach diesem sozialpolitischen Prinzip soll immer diejenige Institution eine infrastrukturelle Leistung erbringen, die den Leistungsempfängern am nächsten ist (von Ferber 1971; Herder-Dornreich 1994). Solche selbstverwalteten und selbstregulierenden Systeme setzen direkten politischen Steuerungen des Staates Grenzen.

- Direkten Einfluss auf die Gesundheitspolitik haben die staatlichen Instanzen nur im Teilsystem des Öffentlichen Gesundheitsdienstes (ÖGD). Dieses Teilsystem hat aber in den letzten fünfzig Jahren erheblich an Bedeutung verloren. Der Öffentliche Gesundheitsdienst (ÖGD) wurde in Deutschland als einem der ersten Industrieländer der Welt als regional gegliederte staatliche Einrichtung der Überwachung des Versorgungssystems, Beobachtung und Bekämpfung von ansteckenden Krankheiten und Kontrolle von Hygienevorschriften eingerichtet. In den 1920er Jahren hatte der ÖGD großen Einfluss auf die Gestaltung der Gesundheitspolitik in Deutschland und verdiente die Bezeichnung, die „dritte Säule" des Gesundheitssystems zu sein. Das gilt heute nur noch mit Einschränkungen (Gostomzyk 1997; Labisch und Woelk 1998).

- Durch diese Entwicklung ist eine Schwächung der bevölkerungsbezogenen Gesundheitspolitik eingetreten. Die Konsequenz ist, dass in der öffentlichen Wahrnehmung „Gesundheitspolitik" fast ausschließlich auf Therapie und Behandlung von individuellen Krankheiten bezogen wird und Themen wie Hygiene, Verbesserung des Nahrungsmittelangebotes, Nichtraucherschutz und Unfallschutz im Straßenverkehr nicht der Gesundheitspolitik, sondern der Sozial- und Wirtschaftpolitik zugerechnet werden (Krämer 1989).

Eine effiziente und dem Bedarf entsprechende politische Steuerung des Gesundheitssystems darf deshalb nicht allein auf den ÖGD setzen, sondern muss vielmehr in der umfassenden Koordination aller Teilsysteme des Versorgung- und des Versicherungssystems nach klaren Vorgaben und Zielsetzungen bestehen (Birkner, Büchner und Wasem 1999; Cassel, Knapp und Oberender 1997). Diese „intelligente Steuerung" ist notwendig, weil ansonsten die Gefahr besteht, dass die Selbstverwaltungsorganisationen übergeordnete Gesichtspunkte aus den Augen verlieren (Mayntz 1995). So kann bei den Kassenärztlichen Vereinigungen nicht übersehen werden, dass sie ohne politische Supervision dazu neigen, eigennützig die professionellen Interessen ihrer Mitglieder in den Vordergrund zu rücken. Bei den Krankenkassen besteht das analoge Risiko, dass sie nur auf den Erhalt ihrer Organisationsfähigkeit achten und die direkten Bedürfnisse ihrer Versicherten aus dem Auge verlieren.

Reformbedarf im Versicherungs- und Versorgungsbereich

Das solidarische Versicherungssystem baut auf dem gerechten und fairen Prinzip von geteilten und gemeinsam getragenen Risiken auf und schafft grundsätzlich Gleichheit im Zugang und in der Qualität der gesundheitlichen Versorgung (Arnold 1995). Es sichert Gesundheit als ein Grundrecht für jeden einzelnen Bürger. Im Vergleich zu den marktwirtschaftlich verfassten Gesundheitssystemen wird deutlich, wie leistungsfähig dieses Modell ist. In den USA zum Beispiel ist ein Fünftel der Bevölkerung ohne Versicherungsschutz, so dass eine schwere Krankheit entweder sie oder ihre Gemeinde (über die Sozialhilfe) in erhebliche finanzielle und existentielle Schwierigkeiten bringen kann (Behrens, Braun, Morone und Stone 1996).

So überzeugend das Modell ist, so bringt es in seiner gegenwärtigen Ausgestaltung doch erhebliche Probleme mit sich:

- Was in der Gründerzeit der Krankenversicherung sinnvoll war, nämlich der Abzug der Versicherungsbeiträge von Lohn und Gehalt, erweist sich heute angesichts erheblich gestiegener Krankenkosten und zugleich harten internationalen Wettbewerbs am Arbeitsmarkt als fragliches Verfahren. Die Arbeitskosten steigen damit erheblich an. Es stellt sich die Frage, ob Vermögen und Zinsen nicht ebenso als Beitragsquellen für die Gesetzliche Krankenversicherung herangezogen werden sollten wie Löhne und Gehälter. Das würde auch eine Entlastung des Arbeitsmarktes zur Folge haben.

- Die steigenden Beiträge für die Krankenversicherung haben den unerwünschten Nebeneffekt, dass alle Betriebe versuchen müssen, möglichst wenige Mitarbeiter anzustellen, um die Lohnkosten niedrig zu halten. Hierdurch steigt aber die Arbeitslosenquote weiter an, was der Krankenversicherung letztlich die Finanzquelle entzieht, wenn sie allein auf die Lohnbezogenheit der Beiträge abgestellt ist (Henke 1997; Sachverständigenrat 1996).

- Das deutsche Versicherungssystem ist aus den genannten Gründen, aber auch wegen der sinkenden Geburtenziffern und der steigenden Anteile älterer Bevölkerungsmitglieder, an der Grenze seiner Leistungsfähigkeit angelangt. Deswegen müssen Wege erschlossen werden, wie neue Beitragszahler gewonnen werden und zugleich die Kosten für Versorgungsleistungen reduziert werden können (Adam und Henke 1998; Leidl 1998). Ein weiteres reformbedürftiges Charakteristikum des deutschen Gesundheitssystem ist die scharfe Abgrenzung von ambulanter und stationärer Versorgung. Krankenhäuser sind nach den gesetzlichen Vorgaben Einrichtungen, in denen durch ärztliche und pflegerische Hilfeleistungen Krankheiten, Leiden oder Körperschäden festgestellt, geheilt oder gelindert werden. Vorbeugende und rehabilitative Leistungen gehören ausdrücklich nicht zu ihren Aufgaben (Blum und Fack-Asmut 1998). Diese Abgrenzung erweist sich heute als hinderlich für eine flexible Krankenversorgung (Sachverständigenrat 1995; Schwartz und Busse 1998).

- Das deutsche Versorgungssystem ist zu stark auf die Behandlung von akuten Krankheiten ausgerichtet, wie sie zum Beispiel in der organisatorischen Segmentierung von Akutbehandlung und Rehabilitation zum Ausdruck kommt. Das Krankheitsspektrum hat sich aber in Richtung der chronischen Krankheiten verschoben. Entsprechend ist eine Verzahnung von präventiv-gesundheitsfördernden mit behandelnden (therapeutischen, pflegerischen und rehabilitativen) Diensten überfällig (Schaeffer 1995). Die traditionelle Formel „Mehr Medizin gleich mehr Gesundheit" ist falsch (Mishler 1984; Wilkinson 1996).

- Reformen des Gesundheitssystems müssen gut mit anderen Poltikfeldern abgestimmt werden. Die Leistungen der Medizin zur Herstellung der gesundheitlichen Lebensqualität und Lebenserwartung der Bevölkerung sind hoch, dürfen aber auch nicht überschätzt werden. Sie liegen vor allem in der Verbesserung der Diagnose und der Behandlungstechnik, wodurch in manchen Bereichen die medizinische „Machbarkeit" in bislang ungeahnte Zonen vorgestoßen ist (Organtransplantationen, technischer Organersatz bis hin zum Kunstherz) (Gold, Siegel, Russel und Weinstein 1996). Die medizinische Technik ist so weit, dass die Funktionsfähigkeit des menschlichen Körpers weit über das bisher bekannte zeitliche Maß hinaus erhalten werden kann. Allerdings werden hierdurch nicht unbedingt die Gesamtbedingungen für die Gesundheitssituation der Bevölkerung verbessert. Hierfür ist eine koordinierte Gesundheits-, Sozial- und Arbeitsmarktpolitik notwendig (Fox 1989; Rosenbrock 1998; Schmacke 1997).

2. Gesundheit und Krankheit als Gegenstand der wissenschaftlichen Forschung

In diesem Kapitel soll erörtert werden, welche Theorien und Konzepte von Gesundheit und Krankheit in der wissenschaftlichen Forschung in Soziologie, Psychologie und Gesundheitswissenschaften verwendet werden. Innerhalb der drei Disziplinen wurden diejenigen theoretischen Modelle ausgewählt, die sich ausdrücklich mit Gesundheit und Krankheit beschäftigt haben, nämlich

- Lern- und Persönlichkeitstheorien
- Stress- und Bewältigungstheorien
- Sozialisationstheorien
- Interaktions- und Sozialstrukturtheorien
- Public-Health-Theorien.

Die Reihenfolge berücksichtigt die zentralen Erklärungs- und Analyseebenen von der individuellen Ebene (Lern- und Persönlichkeitstheorien) über die interaktive (Stress- und Bewältigungstheorien, Sozialisationstheorien) bis zur sozialstrukturellen Dimension (Interaktions- und Sozialstrukturtheorien), einschließlich der Organisation des Gesundheitswesens (Public-Health-Theorien). Damit wird deutlich, dass die Theorien alle in Kapitel 1 angesprochenen personalen und sozialen Bedingungsfaktoren für Gesundheit und Krankheit berücksichtigen.

2.1 Lern- und Persönlichkeitstheorien

Lern- und Persönlichkeitstheorien sehen ihren Schwerpunkt darin, die innerindividuellen, psychischen Faktoren zu identifizieren, die Gesundheit beeinflussen. Es sollen einige Theorien vorgestellt werden, die einen direkten Zugang zu Gesundheits- und Krankheitsthemen vermitteln.

Verhaltens- und informationsorientierte Lerntheorien

Der Begriff „Lernen" wird in der Regel als Sammelname für alle Vorgänge verwendet, die durch Erfahrungen entstehen und zu Veränderungen des Verhaltens führen. Lernen bezeichnet den Prozess, über den Menschen neues Wissen und neue Fertigkeiten erwerben oder bereits vorhandenes Wissen und verfügbare Fertigkeiten modifizieren und in ihr Verhalten übersetzen. In den ursprünglichen Fassungen der Lerntheorie war von einem „Reiz-Reaktions-Muster" die Rede, womit Lernvorgänge allein durch objektiv beobachtbare Sachverhalte wie Umweltgegebenheiten und die persönliche Reaktion hierauf beschrieben wurden. Lernen wurde als Verknüpfung zwischen Reizen und Reaktionen verstanden, die sich routinemäßig einprägen, wenn eine Verstärkung durch die Befriedigung von grundlegenden Bedürfnissen erfolgt.

Diese einfachen Muster sind im Laufe der Weiterentwicklung der verhaltensorientierten Lerntheorien überwunden worden. Die heutigen Konzepte erweisen sich für die Gesundheitsforschung als interessant. Über Lerntheorien läßt sich erklären, warum Menschen sich in einer bestimmten Weise ernähren, bewegen und mit ihren Alltagsanforderungen auseinander setzen. Das Verhalten hängt von den Umweltgegebenheiten und persönlichen Merkmalen ab, die darüber entscheiden, wie Informationen aufgenommen, eingeschätzt und bewertet, interpretiert und antizipiert werden und wie daraufhin Entscheidungen für Handlungsalternativen durchgespielt und bestimmte Verhaltensweisen ausgeübt werden (Ulich 1991).

Ein zweiter Strang der Lerntheorie war von Anfang an nicht verhaltensorientiert („behavioristisch"), sondern informationsorientiert. Diese „kognitive Lerntheorie" sieht im Unterschied zur behavioristischen den Menschen als einen aktiven Informationsverarbeiter und betrachtet Lernen insofern als den Prozeß der Auseinandersetzung mit der Umwelt. Vorgänge des Lernens werden mit Wahrnehmungs-, Aufmerksamkeits-, Gedächtnis- und Denkprozessen in Verbindung gebracht. Der entsprechende Wissensstand eines Menschen, seine Einstellungen und seine Zielvorstellungen entscheiden demnach darüber, welche Informationen aufgenommen und wie sie verarbeitet werden. Hiermit lassen sich der aktuell erreichte Wissens- und Informationsstand, die Einstellungen und die Zielvorstellungen eines Menschen erklären (Ulich 1991).

In neuen lerntheoretischen Positionen wird versucht, die kognitivistischen und die behavioristischen Ansätze zusammenzuführen. Hierdurch ist ein umfassendes Verständnis der Persönlichkeitsentwicklung von Menschen möglich. Persönlichkeitskonstrukte wie „erlernte Hilflosigkeit", „Aggression", „Hilfeverhalten" und „Sozialverhalten" sind neu eingeführt worden.

Als besonders leistungsfähig hat sich die soziale Lerntheorie von Albert Bandura (1977) erwiesen. Bandura entwickelt ein Konzept des Modelllernens, das auf der Überzeugung aufbaut, menschliches Handeln sei weitgehend durch soziale Vorbilder angeregt, gesteuert, ausgelöst oder auch gehemmt. Lernen wird von ihm als aktiver Aneignungsprozess verstanden, in dem (a) Merkmale des Beobachters als Lerner, (b) der Beziehung zwischen Vorbild und Beobachter sowie (c) subjektiv wahrgenommene Faktoren der Situation eine Rolle spielen. Für Bandura ist menschliches Lernen letztlich ein komplexer Prozess der Auseinandersetzung mit der Umwelt, der immer zugleich Einwirkung und Aneignung, Anpassung und Veränderung einschließt. Lernen hängt von sozialen Einflüssen und Beziehungen ab, wobei der Lerner immer auch seine eigenen Impulse und Aktivitäten einbringt.

Das „Lernen am Modell" geschieht nach dieser Vorstellung zunächst durch Nachahmung oder Identifikation des Lerners mit dem vorgeführten Verhalten. Damit die beobachtend gelernten Verhaltensmöglichkeiten in aktives Handeln umgesetzt werden, müssen bestimmte Verstärkungsbedingungen gegeben sein. Nehmen wir das Beispiel des Zigarettenrauchens und den Versuch eines Menschen, sich das Rauchen abzugewöhnen. Nach der Beobachtung von sozialen Modellen (Nichtrauchern, die vorher einmal Raucher waren) muss die Erwartung einer eindeutigen Belohnung und Bekräftigung gegeben sein, um das beobachtete Verhalten, dessen Muster gespeichert wurden, tatsächlich umzusetzen. Diese Belohnung und Verstärkung kann von außen kommen, etwa durch Lob und Bestätigung aus der sozialen Umwelt, und von innen, durch die positive Bedeutung, die die neue Verhaltensweise hat (etwa eine Verbesserung der Kondition und des Wohlbefindens) (Ulich 1991).

Lerntheorien in diesem Zuschnitt können die paradoxe Situation aufklären, dass Menschen sich nach objektiven Maßstäben gesundheitsschädlich verhalten und dabei dennoch das Gefühl haben, sich selbst zu belohnen. So kann das Zigarettenrauchen trotz der einem Menschen bekannten krankmachenden Folgen deswegen eingeleitet und aufrechterhalten werden, weil psychische Vorteile und Annehmlichkeiten wie etwa soziale Aufmerksamkeit und Anerkennung und auch kurzfristige körperliche Vorteile wie etwa Entspannungs- und Anregungswirkungen damit verbunden sind (Bandura 1977).

Impulse für das Gesundheitsverhalten

Die soziale Lerntheorie kann Hinweise geben, welche Schritte unternommen werden müssen, damit ein Mensch gesundheitsschädigende Verhaltensweisen wie das Zigarettenrauchen gar nicht erst aufnimmt oder wieder einstellt. Im Wesentlichen kommt es darauf an, diesem Menschen alternative Möglichkeiten der sozialen Anerkennung und der psychischen und körperlichen Entspannung nahezulegen, die mindestens das gleiche Belohnungspotential wie das Zigarettenrauchen haben. Am wirkungsvollsten sind in der Regel diejenigen Impulse, die Genuss und Lustgewinn versprechen, während furchtauslösende Impulse und Zwang häufig das Gegenteil der erwünschten Verhaltensweisen erreichen. Weiterhin ist wichtig, dass Menschen das Erlebnis haben, ihr eigenes Verhalten auch tatsächlich effektiv kontrollieren zu können. Als die entscheidenden Größen für die Bestimmung des sozialen und damit auch des gesundheitlichen Verhaltens eines Menschen werden in der Theorie von Bandura Ergebniserwartung und Selbstwirksamkeit gesehen (Bandura 1986):

- Ergebniserwartung. Sie ist die Überzeugung eines Menschen, dass bestimmte Ereignisse in bestimmten Situationen mit einer gewissen Wahrscheinlichkeit als Folge des eigenen Verhaltens auftreten. Diese Ereignisse, etwa soziale Anerkennung beim Zigarettenrauchen, Konzentrationsfähigkeit nach einer Ruhepause und Entspannung nach einer Meditation, erwarten sie daraufhin erneut in einer anderen Situation. Auf diese Weise bilden sie Erwartungen hinsichtlich einer Situation und der Folgen ihres Verhaltens in dieser Situation, bevor sie sich tatsächlich in diese Situation begeben. Dieses antizipatorische Verhalten kann die gesundheitsbezogene Handlungsfähigkeit eines Menschen beeinflussen, zum Beispiel durch die Erwartungen der Effekte, die durch das Zigarettenrauchen oder -nichtrauchen entstehen.

- Selbstwirksamkeit. Sie ist die Überzeugung eines Menschen, ein bestimmtes Verhalten ausführen und dabei auftretende Hindernisse oder Schwierigkeiten überwinden zu können. Selbstwirksamkeit ist eine wichtige Bedingung für Verhaltensänderung, weil sie Einfluss darauf hat, wieviel Anstrengung in ein bestimmtes Vorhaben investiert und inwieweit das gewünschte Ziel erreicht wird. Das wiederholte Ausführen einer einzelnen Aufgabe kann helfen, Selbstwirksamkeit aufzubauen, indem die Ergebniserwartung schrittweise verändert wird. So ist es bei einem Training zur Raucherentwöhnung ratsam, den Ablauf in viele kleine Schritte zu zerlegen, die durch Wiederholung erlernt werden können. Viele Schritte und die Möglichkeit, jeden Schritt einzeln mit Wiederholungen zu üben, erlauben es schließlich, Sicherheit zu entwickeln, die Stufen zusammensetzen und so Selbstwirksamkeit über das angestrebte Entwöhnungsverhalten zu erlangen (Bandura 1977).

In einer umfassenden Übersicht hat Schwarzer (1992) verschiedene Theorien des „Gesundheitsverhaltens" vorgestellt und miteinander verglichen, die sich teilweise eng an die hier vorgestellten Lerntheorien anlehnen. Dazu gehört die Theorie der gesundheitlichen Überzeugungen (Health Belief Model) und die Theorie der Handlungsveranlassung (Theory of Reasoned Action), die eng mit der Theorie des geplanten Verhaltens (Theory of Planned Behavior) verbunden ist. Alle diese Theorien untersuchen den Zusammenhang von persönlichen Einstellungen und Bewertungen, Absichten der Verhaltensänderung und tatsächlichem Gesundheitsverhalten (Ajzen 1991; Becker 1974). In Kapitel 4 werden im Zusammenhang mit Modellen der Gesundheitserziehung einige dieser Ansätze vorgestellt.

In seinem integrierenden „sozial-kognitiven Prozessmodell gesundheitlichen Handelns" fasst Schwarzer die verschiedenen Modellvorstellungen zusammen. Neben der Ergebniserwartung und der Selbstwirksamkeit (bei ihm „Kompetenzerwartung" genannt), geht er auf die Handlungsabsicht und die Handlungsplanung ein, die er als Zwischenstadium zur eigentlichen Handlung analysiert. Mit Handlung ist ein bestimmtes Gesundheitsverhalten (z.B. Zähneputzen) gemeint, ebenso das Unterlassen eines Risikoverhaltens (z.B. Rauchen). Um auf etwas Reizvolles oder Gewohntes im eigenen Verhalten zu verzichten, muss demnach eine entsprechende Motivation und willentliche Anstrengung (Volitionsstärke) vorliegen, die durch eine eigene Festlegung der beabsichtigten Handlung (öffentliche Willensbekundung) oder auch andere Formen der sozialen Kontrolle und Verstärkung gesichert werden kann. Durch dieses Modell von Schwarzer wird eine Vielzahl von gesundheitsbezogenen Bedingungen, Handlungen und

Wahrnehmungen konzeptionell integriert und für die konkrete Forschung nutzbar gemacht (Schwarzer 1992, S. 74).

Theorien von „verletzlichen" und „unverletzlichen" Persönlichkeiten

Die Verarbeitung von Informationen und Verhaltensimpulsen hängt von bestimmten Persönlichkeitsmerkmalen ab. Ihre Erforschung spielt in entwicklungsorientierten Persönlichkeitstheorien eine große Rolle. Sie gehen von der Annahme aus, die Gesundheit eines Menschen sei von seiner meist angeborenen persönlichen Disposition und seinem „Temperament" abhängig, die im Laufe der Entwicklung weiter gefestigt werden. Durch übergroße Zurückhaltung gegenüber anderen oder Ängstlichkeit in ungewohnten Situationen kann es demnach zu einer besonderen Anfälligkeit („Verletzlichkeit") gegenüber gesundheitlichen Störungen kommen. Verletzliche Personen haben eine hohe und oft übertriebene Sensibilität für die Wahrnehmung von Belastungen innerhalb ihres sozialen Lebensraums. In Analogie zu den verletzlichen wird auch von den „unverletzlichen" Persönlichkeiten gesprochen. Diejenigen, die Risiken ohne psychopathologische Auffälligkeiten meistern, sind „stress-resistent" (Garmezy und Rutter 1983) und zeigen eine große Widerstandskraft gegenüber Konflikten und Belastungen, denen sie mit hoher psychischer Flexibilität begegnen (Rutter, Giller und Hagell 1998).

Eine überzeugende und durch anspruchsvolle empirische Untersuchungen abgesicherte Konzeption von „Unverletzlichkeit" haben Werner und Smith (1982) vorgelegt. Ihre Untersuchung stützt sich auf eine Altersgruppe von Kindern, die im Zeitraum von über 20 Jahren wiederholt beobachtet und befragt wurden. Auch Eltern und Lehrer wurden in diese Untersuchung einbezogen. In einer frühen Untersuchungsphase wurden aus der Studie die Kindern ausgewählt, die durch eine starke Häufung von gravierenden Risikofaktoren wie finanzielle Probleme, Geburtsschäden, genetische Beeinträchtigung und Krankheit der Mutter gekennzeichnet waren, aber in den ersten Lebensjahren keine ernsthaften Symptome von psychischer Auffälligkeit aufwiesen. Diese Kinder mobilisierten durch spezifische körperliche, psychische und sozialen Merkmale „Widerstandskräfte" gegen ihre ungünstigen Lebensbedingungen, die sie vor Krankheit bewahrten.

Gravierende Risikofaktoren wie lang andauernde Armut, Entwicklungsverzögerungen und -störungen, psychopathologische Erkrankungen der Eltern und niedriges Schulbildungsniveau der Mutter führten bei einem Teil der Kinder im weiteren Lebenslauf nicht, wie eigentlich zu erwarten gewesen wäre, zu Verhaltensauffälligkeiten, sondern mündeten in eine offensichtlich psychisch und sozial gesunde Entwicklung. Die Kinder erwiesen sich psychisch als „widerstandsfähig" und „unverletzlich", weil sie zum Beispiel in der Lage waren, stark belastende Situationen effektiv zu verarbeiten, aktiv und produktiv mit ihnen umzugehen und gute Beziehungen mit ausgleichendem Charakter zu anderen Personen in Verwandtschaft und Nachbarschaft aufzubauen, was insgesamt zu positiven Rückmeldungen für ihr Selbstwertgefühl führte. Auf die objektiv gleiche Ausgangsbelastung reagierten in dieser Studie also die Kinder je nach persönlichen und Sozialisationsbedingungen in unterschiedlicher Weise.

Abb. 6: Risiko- und Schutzfaktoren für die Gesundheitsentwicklung

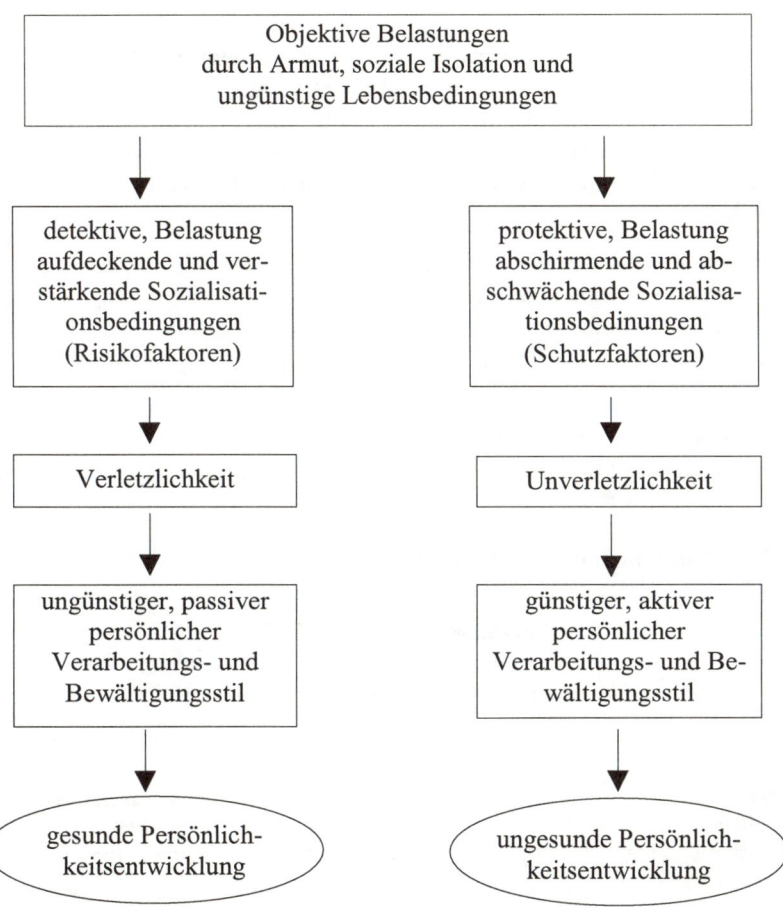

Nach Werner und Smith 1982

In Abbildung 6 ist der Zusammenhang von Risiko- und Schutzfaktoren bei der Verarbeitung von Belastungen durch ungünstige Lebenssituationen in allgemeiner Form dargestellt. Je nach dem Grad der „Verletzlichkeit" kommt es nach dieser Vorstellung zu einem eher passiven oder aktiven Bewältigungsstil, der zu einer eher gesunden oder eher ungesunden Persönlichkeitsentwicklung führen kann.

Detektive und protektive Sozialisationsbedingungen bilden nach diesem Modell zusammen mit individuellen Persönlichkeitsmerkmalen, spezifischen Verarbeitungs- und Bewältigungsstilen sowie Temperamentmerkmalen den Filter, durch den die objektiven Belastungen entweder verstärkt oder neutralisiert oder zurückgedrängt werden.

Theorien der psychischen Gesundheit

Peter Becker (1982) hat diese und andere Theorietraditionen aufgegriffen und den Versuch der Entwicklung einer „integrativen Persönlichkeitstheorie" unternommen. Seine Absicht ist es, die wichtigsten Eigenschaften eines Menschen zu identifizieren, die über die Fähigkeiten zum Umgang mit gesundheitsriskanten kritischen Lebensanforderungen entscheiden. Er identifiziert auf der Basis umfangreicher Studien zwei übergreifende Faktoren zur Beschreibung von Persönlichkeiten, nämlich „seelische Gesundheit" und „Verhaltenskontrolle":

- „Seelische Gesundheit" bezeichnet die Fähigkeit zur Bewältigung externer und interner Anforderungen, die sich in optimistischer Stimmung, seelisch-körperlichem Wohlbefinden, Selbstaktualisierung und selbst- und fremdbezogener Wertschätzung ausdrücken.

- „Verhaltenskontrolle" bezeichnet die Zuverlässigkeit, mit der die eigenen Handlungen reguliert werden können, und zwar im Ausmaß von starkem oder schwachem Pflichtbewusstsein und starker oder schwacher Risikofreude (Becker 1995, S. 224).

Abb. 7: Bedingungen der seelischen Gesundheit

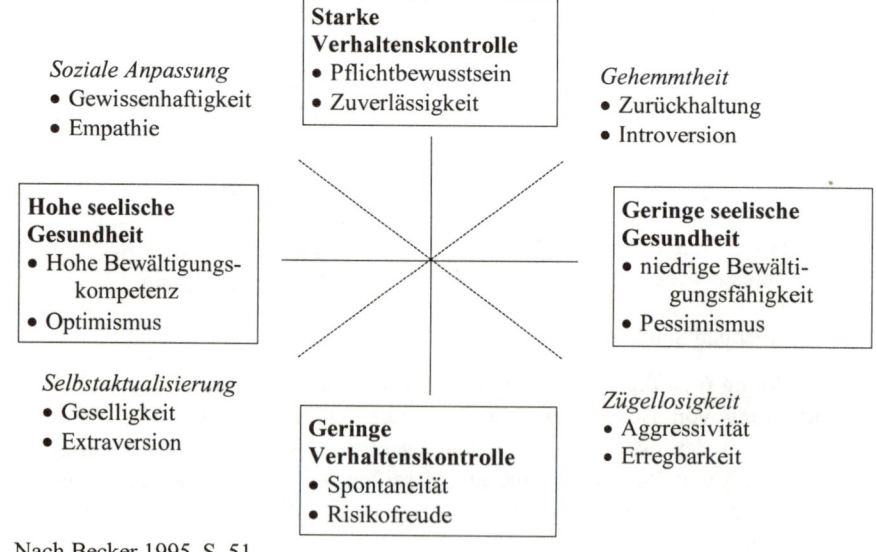

Nach Becker 1995, S. 51

In einem „Circumplexmodell" (Abbildung 7) hat Becker die jeweiligen Ausprägungen der genannten Eigenschaften aufgeführt. In der linken Hälfte der Darstellung finden sich die Ausprägungen für hohe seelische Gesundheit, die durch hohe Bewältigungskompetenz, Optimismus, Flexibilität, körperliches und seelisches Wohlbefinden, Sinnerfülltheit, hohes Selbstwertgefühl und eine große Selbständigkeit und Autonomie in der Gefühlsregulation gekennzeichnet ist. Eng assoziiert mit hoher seelischer Gesundheit ist soziale Anpassung, die durch Gewissenhaftigkeit, Empathie, Leistungsorientierung, Arbeitsorientierung und Ehrlichkeit gekennzeichnet ist, und Selbstaktualisierung, ausgedrückt durch Geselligkeit, Unternehmungsfreude, Ausgelassenheit, positive Emotionen und Extraversion. In der rechten Hälfte des Modells finden sich die Ausprägungen geringer seelischer Gesundheit und die damit verbundenen Assoziationen von Gehemmtheit oder Zügellosigkeit.

Eine stabile und überdauernde Form der seelischen Gesundheit wird von Bekker als „habituelles Wohlbefinden" und „Lebensfreude" bezeichnet. Psychische Gesundheit zeigt sich demnach auch in der Fähigkeit, die Aufmerksamkeit von der eigenen Person auf die Umwelt zu richten. Psychisch Gesunde engagieren sich in konkreten Vorhaben, sind außengerichtet und liebesfähig. Sie haben ein gutes Selbstwertgefühl, Selbstachtung und Selbstsicherheit. Besonders Gefühle des Glücks, der Erfüllung und der Ergriffenheit treten in Verbindung mit Gefühlen der Erregung und der Entspannung auf.

Das hier entwickelte Indikatorenmodell für Gesundheit hat sich als nützlich und anregend erwiesen. Zunehmend werden auch im medizinischen Bereich solche Modelle verwendet (Bowling 1991; Mechanic 1984). Die entsprechende Forschung konzentriert sich darauf, Indikatoren für körperliche Gesundheit zu identifizieren. Diese Indikatoren müssen den jeweiligen körperlichen Entwicklungsstand in der Lebensspanne berücksichtigen. So werden für die Lebensabschnitte Säuglingsalter, Kleinkindalter, Kindesalter, Schulkindalter, Jugendalter, frühes und spätes Erwachsenenalter, Pensionsalter, hohes Alter und höchstes Alter jeweils spezifische Erfahrungswerte für körperliche Merkmale und (Balance-) Zustände erarbeitet, die Hilfsgrößen für die Einschätzung von körperlichen Risikozuständen sind (Gerber, Basler und Tewes 1994).

Kriterien für subjektiv empfundenes körperliches Wohlbefinden haben sich als wertvolle Indikatoren für die objektive körperliche Gesundheit erwiesen. Franke (1993) konnte sieben spezifische Grunddimensionen identifizieren:

- Zufriedenheit mit dem momentanen Körperzustand;
- Gefühl von Ruhe und Muße;
- Vitalität und Lebensfreude;
- Entspannung;
- Genussfreude und Lustempfinden;
- Konzentrations- und Reaktionsfähigkeit und
- Angenehmes Körperempfinden.

„Subjektive Theorien" von Gesundheit bestehen aus den im Alltag vorherrschenden Annahmen darüber, was das körperliche und psychische Wohlbefinden beeinflusst (Faltermaier 1994; Flick 1998). Die subjektiven Theorien bilden sich aus einem Gefüge von individuellen Vorstellungen von der eigenen Gesundheit, in die kognitive, emotionale und motivationale Faktoren ebenso eingehen wie Vorstellungen von der eigenen Person und vom Körper sowie vom Verhältnis zur sozialen und materiellen Umwelt (Gerhardt 1991; Herzlich 1991).

2.2 Stress- und Bewältigungstheorien

Stress- und Bewältigungstheorien stellen sich der Frage, wie sich ein Mensch mit alltäglichen, normalen und kritisch-ungewöhnlichen Anforderungen an die eigene Persönlichkeit auseinandersetzt, wie die Verarbeitung dieser Anforderungen gelingt und welche gesundheitlichen Folgen sich ergeben. Ein wichtiger Ausgangspunkt ist das Stresskonzept von Selye (1984) mit einem zuerst bei Tieren entdeckten und später auch beim Menschen nachgewiesenen Verarbeitungsmechanismus von Reizen. In Bedrohungssituationen reagiert demnach der Körper unter Mobilisierung aller Ressourcen (Adrenalinausschüttung, Erhöhung des Muskeltonus, Produktion von Enzymen), um einer Gefahr zu entgehen. Die Außenanforderungen führen zu einer seelisch-körperlichen Reaktion, die das Ziel hat, die Herausforderung und Bedrohung zu meistern und zu bewältigen.

Die Theorie geht also von der Annahme aus, Stress sei eine grundsätzlich positive Erfahrung des Menschen als aktivem Lebewesen und gehöre zur Überlebensausstattung. Wenn sich ein Mensch allerdings ständig in Alarmbereitschaft befindet und eine Entspannung und Regeneration seiner psychischen Kräfte nicht mehr möglich ist, dann wird Stress zum „Distress" und hat negative, krankheitsauslösende Wirkungen.

Die Stresstheorie postuliert, dass auch in hoch zivilisierten Gesellschaften Menschen wegen ihrer vererbten Grundausstattung an Körper und Psyche noch immer mit der gleichen archaischen Spontanität wie in den Frühstadien der menschlichen Entwicklung reagieren, und zwar überwiegend mit Mechanismen, die sich der direkten Kontrolle des Individuums entziehen (Nitsch 1981). Typisch für hoch organisierte und effizient strukturierte Kulturen ist aber, dass an eine urtümliche, spontane Spannungsabfuhr in Form von offener Flucht oder Kampf meist nicht zu denken ist. Risiken, die in ihrer Entstehung vom Einzelnen immer weniger durchschaut oder in ihren Auswirkungen kontrolliert werden können, sind allgegenwärtig. Oft genügt nur die bloße Furcht vor ihnen, um die gleichen hormonalen Reaktionen in Gang zu setzen, die sich in archaischen Gesellschaften im Anblick konkreter Gefahr ereigneten. Viele Menschen geraten heute leicht in einen Zustand permanenter Alarmiertheit, der die Anpassungsfähigkeit des Organismus auf Dauer überfordert und im lebenslangen Zusammenwirken mit anderen, aus der modernen Lebensweise resultierenden körperlichen Risiken (falsche Ernährung, Konsum psychoaktiver Substanzen,

Bewegungsmangel, Übergewicht), zur Entstehung chronischer Krankheiten führen kann (Schnabel und Hurrelmann 1999).

Transaktionale und soziale Stressmodelle

In der transaktionalen Stresstheorie von Lazarus (1991) wird besonderer Wert auf die subjektive Einschätzung und Bewertung von belastenden Ereignissen gelegt. Stress als Anpassungsaktivität wird als „transaktional" aufgefasst, also als abhängig von der Bedeutung des Stimulus für den Empfänger. Nach dieser Theorie wird jedes Ereignis von verschiedenen Menschen auf unterschiedliche Weise wahrgenommen. Die Schwere oder Bedeutung einer externen Belastung hängt davon ab, wie ein Mensch diese individuell einschätzt und welche psychologischen, sozialen und kulturellen Ressourcen ihm für die Bearbeitung der Belastung zur Verfügung stehen. Tritt ein Stressor auf, wird vom Individuum dessen Bedrohung eingeschätzt („erste Einschätzung"), zusätzlich werden die eigenen Fähigkeiten überdacht, die Situation zu verändern oder mit negativen Emotionen umzugehen („zweite Einschätzung"). Die tatsächlich eingesetzten Bewältigungsstrategien führen dann zum Ergebnis, im positiven Fall zur Aufrechterhaltung oder Wiederherstellung der seelischen und körperlichen Gesundheit (Lazarus und Folkman 1984).

In mehreren Studien konnte ein positiver Zusammenhang zwischen aktiven Bewältigungsstrategien und einer relativ guten psychischen Bewältigung von schweren Krankheiten nachgewiesen werden, zum Beispiel für Krebs (Marks, Richardson, Graham und Levine 1986) und HIV/Aids (Taylor 1992). Die wahrgenommene Kontrolle über die Krankheit kann demnach auch die physische Befindlichkeit verbessern, weil die Patienten ihr Gesundheitsverhalten flexibel auf die Anforderungen der Krankheit abstellen (Thompson und Spacapan 1991). Ausweichenden und vermeidende Verarbeitungsstrategien (Verdrängen, Verleugnen, passives Erdulden) erwiesen sich als nachteilig.

Besonders günstige Effekte werden erzielt, wenn die Bewältigungskompetenzen auf mehreren Ebenen ineinandergreifen (Jessor und Jessor 1977).

- Körperlich-physische Bewältigung ist dadurch gekennzeichnet, dass ein Mensch in der Lage ist, mit den innerkörperlichen Konditionen und den physiologischen Regulationssystemen des Körpers kompetent umzugehen und - sofern möglich - sie gezielt zu steuern.

- Kognitiv-intellektuelle Bewältigung ist durch Lernfähigkeit, umweltangepasstes Verhalten und die Fähigkeit zu klaren Orientierungen des eigenen Verhaltens gekennzeichnet.

- Seelisch-emotionale Bewältigung lässt sich als die Fähigkeit beschreiben, die eigenen Bedürfnisse und Gefühle zu erkennen und auszudrücken und sie in angemessener Weise in das soziale Verhalten zu übersetzen.

- Soziale Bewältigung schließlich ist dadurch charakterisiert, dass ein Mensch Beziehungen zu Anderen herstellen und aufrecht erhalten kann, sie in unterschiedlichen sozialen Kontexten fortzuentwickeln und dabei auch auf die Bedürfnisse und Interessen anderer Menschen einzugehen vermag.

Leonard I. Pearlin (1987) hat verschiedene medizinische und psychologische Ansätze des Stresskonzeptes in ein umfassendes Modell von Belastungs-Überforderungs-Prozessen integriert. Das Modell geht von den sozialen und ökonomischen Rahmenbedingungen aus, die durch Alter, Geschlecht, soziale Schichtzugehörigkeit, berufliche Position, ethnische Zugehörigkeit und Rollenkontexte (Familie, Betrieb, Nachbarschaft) gegeben sind. Über Belastungsfaktoren (Stressoren) und Überforderungen („strain") kann es zu Manifestationen von Stress-Symptomen kommen. Ob sie auftreten, entscheiden soziale Mediatoren (Aktivitäten im politischen Bereich, die die sozialen Rahmenbedingungen berühren, kollektive Aktionen und Handlungen, die von den betroffenen Individuen ausgehen) und personale Mediatoren wie Temperament, Bewältigungskompetenzen und Selbstwertgefühl (siehe Abbildung 8).

Abb. 8: Ein Modell des Belastungs-Überforderungs-Prozesses

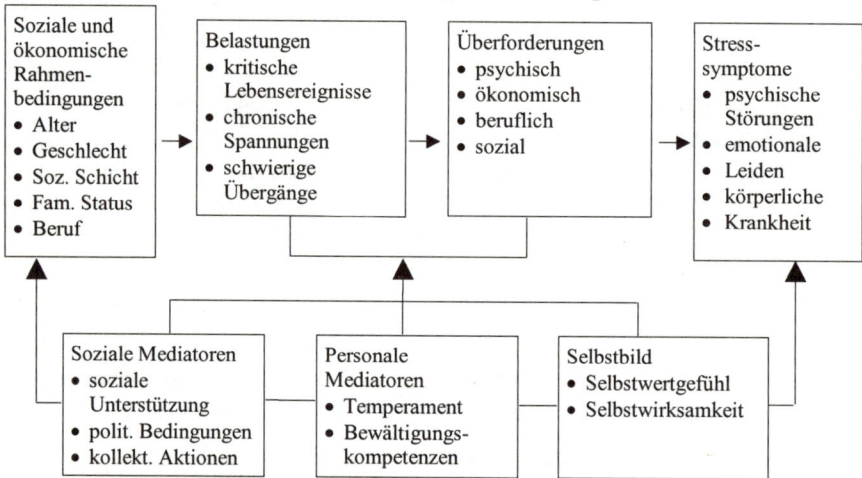

Nach Pearlin 1987, S. 60.

Als Belastungen (Stressoren) werden in diesem Modell die Bedingungen verstanden, die zur Wahrnehmung einer Verunsicherung, Bedrohung oder Überforderung beim Individuum führen und aus diesem Grunde Auslöser für Stress-Symptome sein können. Die Konzeption der Belastungen ist absichtlich breit gehalten und umfasst ein Spektrum von drei Ereignissen:

- Kritische Lebensereignisse, zum Beispiel der unerwartete Verlust einer wichtigen Bezugsperson, Trennung oder Scheidung, das plötzliche Eintreten einer schweren Krankheit, Arbeitsplatzwechsel oder Verlust des Arbeitsplatzes;

- Chronische Spannungen, zum Beispiel Rollenkonflikte wegen Doppelbelastung durch Arbeit und Haushalt, körperliche und nervliche Belastungen in der Arbeitswelt, langandauernde Arbeitsüberlastungen, enttäuschte Karriereerwartungen, andauernde Konflikte mit dem (Ehe-) Partner, emotionale Spannungen mit den Kindern, langandauernde Krankheiten;
- Schwierige Übergänge (Transitionen) im Lebenslauf, zum Beispiel vom Jugend- in das Erwachsenenalter, von der Schule in die Arbeitswelt, von der Arbeitswelt in das Rentnerleben.

Besonders den chronischen Anspannungen und permanenten Belastungen ist in der bisherigen Forschung wenig Aufmerksamkeit gewidmet worden, obwohl sie nach den Untersuchungen von Pearlin und Schooler (1978) den Gesundheitszustand längerfristig erheblich beeinflussen. Der Einfluss solcher Belastungen wurde bisher unterschätzt, weil sich die Forschung zu sehr auf die psychischen und somatischen Folgen von akuter Arbeitsplatzunsicherheit, Leistungsdruck und riskanten Arbeitsbedingungen konzentrierte und langfristige Belastungen wie ungünstige Arbeitsumgebung, monotone oder fragmentierte Arbeitsinhalte, wenig Kontaktmöglichkeiten mit Arbeitskollegen und geringe Handlungsspielräume und Aufstiegschancen eher vernachlässigte. Diese Dauerbelastungen fördern aber ganz offensichtlich gesundheitsgefährdende Lebensweisen wie Alkohol- und Nikotinkonsum und psychische und körperliche Beeinträchtigung (Aneshensel 1992; Badura und Pfaff 1996; Katschnig 1981)

Das salutogenetische Modell

Der amerikanisch-israelische Medizinsoziologe Aaron Antonovsky (1979/1997) hat eine Theorie von Gesundheit und Krankheit vorgelegt, die sich in die Tradition der Stress- und Bewältigungstheorien einordnen lässt und die er mit dem von ihm geprägten Begriff „Salutogenese" bezeichnet. Dieser Begriff setzt sich aus dem lateinischen Wort „Salus" für Unverletztheit, Heil und Glück und dem griechischen Wort „Genese" für Entstehung zusammen. Der Begriff „Salutogenese" soll ein Gegenbegriff zu „Pathogenese" sein. Hiermit möchte Antonovsky programmatisch zum Ausdruck bringen, dass die zentrale Fragestellung seines theoretischen Modells nicht ist, wie Krankheiten zustande kommen und sich entwickeln, sondern vielmehr, warum Menschen trotz einer Vielzahl von gefährdenden und belastenden Faktoren im mikrobiologischen, biochemischen, physikalischen, psychologischen, sozialen, kulturellen und ökologischen Bereich gesund bleiben und Störungen der Gesundheit positiv ausgleichen können.

Für Antonovsky ist Gesundheit eine dynamische Interaktion zwischen zahlreichen belastenden und entlastenden, schützenden und unterstützenden Faktoren. Gesundheit ist Resultat der jeweils aktuellen Balance zwischen Risiko- und Schutzfaktoren innerhalb wie außerhalb der Person.

Das Problem der objektiven Definition von „Krankheit" durch Experten ist nach Antonovsky, dass sie wenig über die subjektive Interpretation des eigenen

Zustandes durch eine Person aussagt. Außerdem täuschen die Krankheitsstatistiken eine klare Grenzlinie zwischen Gesundheit und Krankheit vor, die in der Realität nicht existiert. Gesundheit und Krankheit, Normalität und Abweichung sind nach Antonovsky auf einem Kontinuum zu sehen. Als Kriterium dafür, wo auf dem Kontinuum von Gesundheit und Krankheit eine Person eingestuft wird, müssen mehrere Dimensionen herangezogen werden: der subjektiv empfundene Schmerz, die funktionalen Einschränkungen von Sinnen und Bewegungen und die Spielräume des sozialen Handelns (Antonovsky 1987).

Die Ressourcen, die ein Mensch als „Widerstand" gegenüber Belastungen hat, entscheiden nach Antonovsky darüber, ob sich diese Belastungen in Symptomen von Beeinträchtigung des Wohlbefindens und Gesundheitsstörungen niederschlagen oder nicht. Widerstandsressourcen stützen die Fähigkeit eines Individuums, zum eigenen Nutzen und zur Förderung der weiteren Entwicklung mit den gegebenen sozialen und biologischen Belastungen zurechtzukommen.

Zu den Widerstandsressourcen rechnet Antonovsky physische, biochemische, materielle, kognitive, emotionale, motivationale, soziale und makrostrukturelle Faktoren, die bewirken, dass krankmachende Belastungsfaktoren gar nicht erst auftreten oder erfolgreich bekämpft werden:

- Im physikalischen und biochemischen Bereich sind es die medizinisch relevanten Potentiale des Körpers, die gegen Krankheitserreger und Stressoren immun machen.

- Im materiellen Bereich sind es vor allem finanzielle Möglichkeiten, mit denen sich physische Sicherheit, Schutz und gute Ernährung als für das körperliche und seelische Wohlbefinden wichtige Ressourcen erwerben lassen.

- Zu den kognitiven und emotionalen Widerstandsressourcen zählt vor allem Intelligenz im Sinne von Flexibilität und Rationalität der Anpassung an Lebensbedingungen.

- Motivationale und soziale Ressourcen werden vor allem durch soziale Unterstützung aus der Umwelt geliefert, die das Netzwerk einer Person zur Verfügung stellt.

- Makrostrukturelle Widerstandsressourcen ergeben sich aus dem Grad der kulturellen Integration, die einer Person eine bestimmte Position im sozialen Gefüge und das Gefühl von Sinnhaftigkeit des eigenen Handelns vermittelt.

Im salutogenetischen Modell wird Gesundheit als ein labiles, aktives und sich dynamisch regulierendes Geschehen verstanden. „Das Grundprinzip menschlicher Existenz ist nach dieser Vorstellung nicht Gleichgewicht, sondern Ungleichgewicht. Bezogen auf den Gesundheitszustand bedeutet dies, dass Gesundheit immer wieder neu aufgebaut werden muss, und dass gleichzeitig Verlust von Gesundheit ein natürlicher und allgegenwärtiger Prozess ist. Der salutogenetische Ansatz betrachtet den Kampf in Richtung Gesundheit als permanent und nie ganz erfolgreich" (Bengel, Strittmatter und Willmann 1998, S. 26).

Stresstheoretische Elemente werden im salutogenetischen Modell aufgenommen, indem implizit mit einem Belastungs-Bewältigungs-Konzept gearbeitet und nach den Ressourcen gesucht wird, die den Organismus gegen schwächende Einflüsse widerstandsfähig machen.

Der Gesundheits- und Krankheitszustand eines Menschen wird nach Antonovsky wesentlich durch eine psychologische Grundhaltung eines Menschen gegenüber der Welt und dem eigenen Leben bestimmt, die er als „Sense of Coherence" bezeichnet. Dieses Kohärenz-Gefühl wird definiert als „eine globale Orientierung, die das Ausmaß ausdrückt, in dem jemand ein durchdringendes, überdauerndes und dennoch dynamisches Gefühl des Vertrauens hat, dass erstens die Anforderungen aus der inneren oder äußeren Erfahrenswelt im Verlauf des Lebens strukturiert, vorhersagbar und erklärbar sind, zweitens die Ressourcen verfügbar sind, die nötig sind, um den Anforderungen gerecht zu werden, und drittens, dass diese Anforderungen Herausforderungen sind, die Investition und Engagement verdienen" (Antonovsky 1997, S. 36).

Die Grundhaltung, die Welt als zusammenhängend, in sich stimmig und sinnvoll zu erleben, setzt sich demnach aus drei Komponenten zusammen:

1. Dem Gefühl von Verstehbarkeit (sense of comprehensibility). Diese Komponente beschreibt die Erwartung eines Menschen, Anregungen und Anforderungen als geordnete, strukturierte Information verarbeiten zu können, die nachvollziehbar und erklärlich sind.

2. Dem Gefühl von Bewältigbarkeit (sense of manageability). Diese Komponente beschreibt die Überzeugung eines Menschen, dass Anforderungen und Herausforderungen lösbar sind, weil geeignete Ressourcen zur Verfügung stehen, um ihnen zu begegnen. Hierzu kann auch der Glaube gehören, im entscheidenden Moment von anderen Menschen Hilfe und Unterstützung zur Bewältigung eines Problems zu erhalten.

3. Dem Gefühl von Sinnhaftigkeit (sense of meaningfulness). Diese Komponente beschreibt das Ausmaß, in dem das eigene Leben als sinnvoll und wertvoll wahrgenommen wird, so dass man Energie in die weitere Gestaltung von Biographie und Lebenslauf investiert (Antonovsky 1997, S. 35).

Stärken und Schwächen des salutogenetischen Modells

In Abbildung 9 wird das „salutogenetische Modell" von Antonovsky in vereinfachter Form dargestellt. Die Darstellung macht deutlich, wie sich Antonovsky die Reaktion auf Stressoren im psychosozialen und biochemischen Bereich über die „Widerstandsressourcen" und die moderierenden Faktoren (Art der Lebenserfahrungen, Kohärenzsinn, Spannungsmanagement, Stresszustand) vorstellt, die zusammen die Position eines Menschen auf dem „Gesundheits-Krankheits-Kontinuum" bestimmen.

Das Konzept von Antonovsky hat wegen seines interdisziplinären Zuschnitts große Aufmerksamkeit in der theoretischen und der praktischen Diskussion gefunden. Häufig wird gegenüber dem Konzept aber die Kritik vorgetragen, es verbinde nur theoretische Elemente, die bereits in der Stresstheorie und teilweise auch der Lerntheorie vertreten werden. Das Konzept des „Kohärenz-Sinns" sei darüber hinaus nicht neu gegenüber anderen psychologischen Konzepten (wie etwa Kontrollüberzeugungen, Ergebniserwartung und Selbstwirksamkeit), die zu erklären versuchen, wie individuelle Eigenschaften Einfluss auf die Entstehung und Veränderung von Gesundheit und Krankheit nehmen. Richtig an dieser Kritik ist, dass das salutogenetische Modell mit seinem zentralen Begriff des Kohärenz-Sinns sich als ein integrierendes Konstrukt versteht, in das bisherige theoretische und begriffliche Überlegungen eingehen. Angesichts des Bedarfs an umfassenden theoretischen Modellen, die unterschiedliche Vorstellungen und Strömungen miteinander verbinden und Strukturierungsangebote machen, ist diese Syntheseleistung insgesamt aber eindeutig positiv einzuschätzen (Bengel, Strittmatter und Willmann 1998, S. 55).

Abb. 9: Das salutogenetische Modell

```
┌─────────────┐      ┌──────────────────────────┐
│ Wider-      │ ───► │ Stressoren im            │
│ stands-     │ ◄─── │ • psychosozialen Bereich │
│ ressourcen  │      │ • physischen Bereich     │
│             │      │ • biochemischen Bereich  │
│ • psychisch │      └──────────────────────────┘
│ • genetisch │            │   │   │   │
│ • organisch │            ▼   ▼   ▼   ▼
│             │   ┌──────┐ ┌──────┐ ┌──────────────┐ ┌────────┐
│             │►  │ Art  │►│Kohä- │►│ Spannungs-   │►│ Stress-│
│             │   │ der  │ │renz- │ │ management   │ │ zustand│
│             │   │Lebens│ │sinn..│ │ erf. │ nicht  │ │        │
│             │   │erfah.│ │      │ │      │ erf.   │ │        │
│             │   └──────┘ └──────┘ └──────────────┘ └────────┘
└─────────────┘                          ▼
                 ┌────────────────────────────────────┐
                 │ Position auf dem Kontinuum von     │
                 │ Gesundheit und Krankheit           │
                 └────────────────────────────────────┘
```

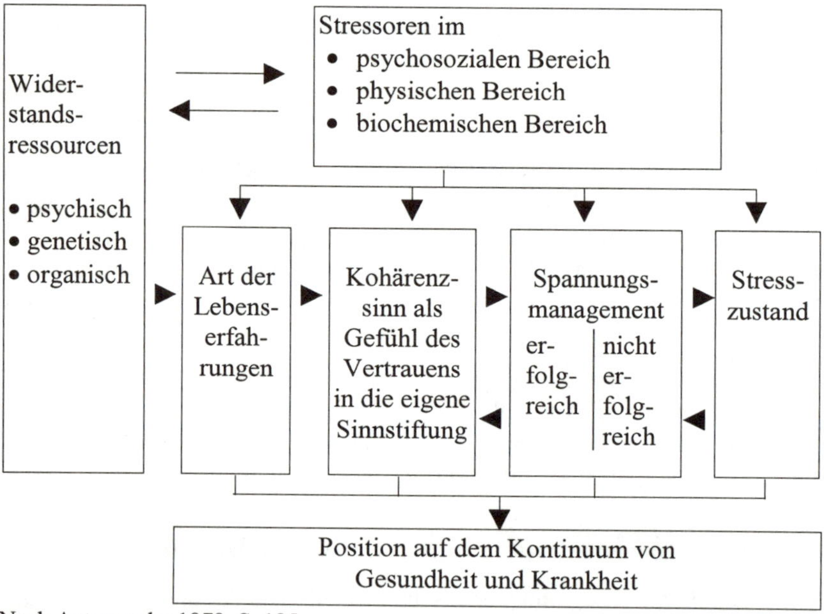

Nach Antonovsky 1979, S. 185.

Kritisch lässt sich allerdings sagen, dass Antonovsky kein in sich geschlossenes Konzept von psychischer und körperlicher Gesundheit und ihren Wechselwirkungen vorlegt. Auch die empirische Überprüfung und Absicherung des salutogenetischen Modells erweist sich als unzureichend und schwierig. Das Kohärenz-Gefühl zeigt in verschiedenen Studien einen negativen Zusammenhang zu Maßen der psychischen Gesundheit, insbesondere zu Ängstlichkeit und Depressivität. Menschen mit einem hohen Kohärenz-Gefühl sind ganz offensichtlich weniger ängstlich und depressiv als andere. Das Kohärenz-Gefühl scheint demnach Einfluss auf die Stresswahrnehmung und Stressbewältigung zu haben und kann die Anpassung an schwierige Lebenssituationen erleichtern. Menschen mit hohem Kohärenz-Gefühl nehmen Ereignisse oder Anforderungen eher als Herausforderung und weniger als Belastung wahr. Wenn sie dennoch Stress erleben, können sie ihn schneller wieder abbauen (Bengel, Strittmatter und Willmann 1998, S. 87).

Insgesamt ist das Modell für die interdisziplinäre Theoriebildung und die pragmatische Entwicklung von Arbeitskonzepten in Gesundheitsförderung, Prävention, Psychotherapie und Rehabilitation von anregender Kraft. Das Konzept „Gesundheitsförderung" der Weltgesundheitsorganisation zum Beispiel, das im nächsten Kapitel vorgestellt wird, ist stark vom salutogenetischen Modell beeinflusst.

Psychosomatische und soziosomatische Modelle

In der „psychosomatischen" Forschung wird dem Einfluss des Psychischen und Seelischen auf das Körperliche große Bedeutung zugemessen. Körperliche Beschwerden geben demnach Auskunft über die aktuelle Befindlichkeit und die ihr zugrundeliegenden Konflikte (Bräutigam und Christian 1986; Engel 1979). In psychoanalytischer Sichtweise wird eine unbewusste und verdrängte libidinöse Energie in somatische Störung umgewandelt, was sich zum Beispiel in Magen- und Darmgeschwüren, Bluthochdruck und Hauterkrankungen niederschlagen kann. In der Konzeption von Alexander (1951) spielen Minderwertigkeitsgefühle, Angst- und Schuldgefühle, Aggressionen und Konkurrenzgefühle beim Auslösen von verschiedenen psychischen und körperlichen Störungen die entscheidende Rolle.

Nach von Uexküll (1981) können Erkrankungen nicht ausreichend verstanden werden, solange die Reaktionen des Organismus unabhängig von der kulturellen und sozialen Umwelt analysiert werden, in der sich ein Mensch jeweils befindet. Damit wird die traditionelle individualistisch orientierte Psychoanalyse um soziale und kulturelle Unweltaspekte ergänzt. „Wir können bisher nur getrennt die Ergebnisse physiologischer, psychologischer und soziologischer Methoden nebeneinander stellen. Wir brauchen aber zur Erfassung des kranken Menschen als somato-psycho-soziales Phänomen Modelle, mit deren Hilfe sich die Zusammenhänge zwischen diesen drei Bereichen interpretieren lassen" (von Uexküll 1981, S. 9).

Von Uexküll sieht Krankheit allgemein als Versagen von Anpassungsmechanismen, wobei die verschiedenen spezifischen Krankheiten nur einzelne Ausprägungen und Episoden darstellen, in denen sich ein gleichartiges bio-psychosoziales Grundgeschehen auf verschiedene Weise manifestiert. Der Ausgangspunkt für Ausbruch und Entwicklung einer Krankheit ist in dieser Theorie die Überbeanspruchung sozialer, psychischer und somatischer Anpassungsfähigkeiten des Menschen als bio-psycho-soziales „System". Sowohl akute als vor allem auch chronische Krankheiten richten an die Regulationsfähigkeit des Organismus sehr hohe Anforderungen. Überforderungen, die sich zunächst hauptsächlich auf der körperlichen Ebene abspielen, können sich im Laufe der Zeit auch im psychischen und sozialen Verhalten eines erkrankten Menschen niederschlagen und umgekehrt. Gesundheitsbeeinträchtigungen sind in dieser Sichtweise als Unfähigkeit des Organismus zu verstehen, bestimmten inner- und außerorganischen Anforderungen gerecht zu werden und sie zu bewältigen (Uexküll und Wesiack 1991).

Entscheidend ist demnach das Ausmaß des Adaptiertseins an die Umgebung, also der Vorgang, in dem sich die Beziehungen zwischen Individuum und Umgebung herstellen und verändern. Dieser Vorgang wird als ein dynamischer Prozess verstanden, der die Innen- und Außenwelt des Menschen lebenslang aufeinander abstimmt. Auch ein voll entwickeltes Individuum muss sich an die Veränderungen seiner Umgebung ständig neu anpassen. Gesundsein vollzieht sich nach dieser Vorstellung als ein ständiger Auf- und Umbau der konkreten Beziehungen zwischen Mensch und Umgebung mit dem Ziel, die Befriedigung der vitalen Bedürfnisse und psychisches und körperliches Wohlbefinden zu ermöglichen. Unter „Kranksein" wird gestörte Umweltbildung verstanden, die im positiven Fall über Alarmreaktionen zur Adaption und damit zur Überwindung der Störung oder im negativen Fall durch Erschöpfung der Adaptationsreserven zu chronischen Krankheiten führen kann.

2.3 Sozialisationstheorien

Sozialisationstheorien bemühen sich um eine Integration von Elementen der bisher vorgestellten Theorien und legen ihren Schwerpunkt auf die Beziehung zwischen Persönlichkeitsentwicklung und Gesundheit im gesamten Lebenslauf. Entsprechend betonen sie die biografische Perspektive.

Den theoretischen Ansätzen der Sozialisationsforschung liegt ähnlich dem salutogenetischen Modell die Annahme zugrunde, dass gesellschaftliche und natürliche (Umwelt-)Bedingungen und bio-psychische (Personen-)Merkmale gemeinsam die Persönlichkeitsbildung in allen Lebensphasen beeinflussen. Die Beziehungen zwischen Person und Umwelt werden als komplexe Wechselwirkung gesehen (Bronfenbrenner 1981; Dippelhofer-Stiem 1995). Sozialisation bezeichnet den Prozess der lebenslang anhaltenden Konstituierung der Persönlichkeit in wechselseitiger Abhängigkeit von und in kontinuierlicher Auseinandersetzung mit der gesellschaftlich vermittelten sozialen und materiellen Umwelt und der biophysischen Struktur des Organismus (Hurrelmann 1998; Hurrelmann und Ulich 1999).

Das Modell der produktiven Realitätsverarbeitung

Zentrale These der Sozialisationstheorie ist, dass das menschliche Individuum sich in der gesamten Lebensspanne in einer ständigen intensiven Auseinandersetzung und im Austausch mit inneren und äußeren Ressourcen befindet, um die eigene Persönlichkeit aufzubauen und weiterzuentwickeln (Hurrelmann 1998). Mit „Persönlichkeit" wird das für einen Menschen charakteristische Gefüge von Merkmalen, Eigenschaften, Einstellungen, Fertigkeiten und Handlungskompetenzen bezeichnet, das sich auf der Grundlage der biologischen und psychischen Ausstattung als Ergebnis der Bewältigung von Lebensaufgaben ergibt. Als „Persönlichkeitsentwicklung" wird die Veränderung wesentlicher Elemente dieses Gefüges im Verlauf des Lebens bezeichnet.

Eine erkenntnisleitende Modellvorstellung der Sozialisationstheorie ist die „produktive Realitätsverarbeitung". Persönlichkeitsentwicklung wird damit als ein weitgehend selbstgesteuerter Prozess verstanden, der in einer komplexen Beziehung zu organismusinternen und organismusexternen Ressourcen steht und sich ständig um den aktiven Austausch zwischen innerer und äußerer Lebenswelt („Realität") bemüht. Das Modell der produktiven Realitätsverarbeitung charakterisiert einen Menschen als lebenslang suchend und sondierend, konstruktiv in die Entwicklung der eigenen Persönlichkeit eingreifend, zugleich die soziale und dingliche Umwelt beobachtend und potentiell gestaltend. Persönlichkeitsentwicklung ist demnach eine ständige Abstimmung zwischen den eigenen körperlichen und psychischen Bedürfnissen und Möglichkeiten und den Vorgaben und Angeboten der sozialen und materiellen Umwelt (Hurrelmann 1989, S. 96).

Abb. 10: Sozialisationstheoretisches Modell der Belastungs-Bewältigungs-Prozesse

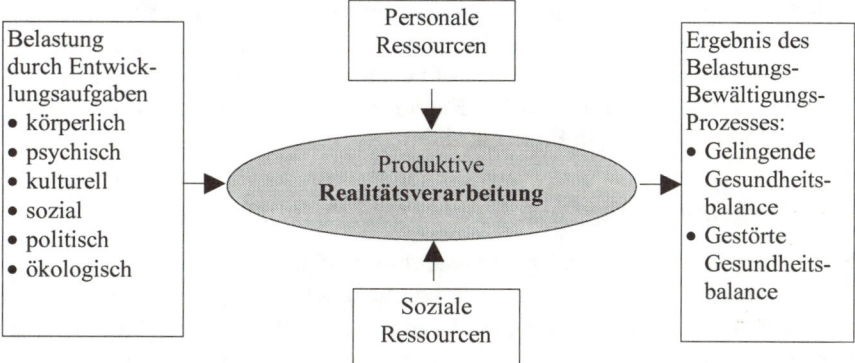

Eine produktive Realitätsverarbeitung gelingt dann, wenn zwischen Belastungen und Ressourcen ein Gleichgewicht hergestellt werden kann. Die Verfügbarkeit von angemessenen personalen und sozialen (einschließlich ökologischen) Ressourcen entscheidet darüber, ob das Auftreten von belastenden Lebenssituationen und krisenhaften Störungen in einer für die weitere Persönlichkeitsentwicklung förderlichen Form bewältigt werden kann oder nicht (Hornung und Gutscher 1994). Stehen ausreichende innere und äußere Ressourcen zur Verfügung, kommt es zu einem gesundheitsförderlichen weiteren Verlauf der Persönlichkeitsentwicklung. Sind die Ressourcen nicht ausreichend, kann es zu vorübergehenden oder dauerhaften Störungen der Gesundheitsbalance und damit der Persönlichkeitsentwicklung kommen (Abbildung 10).

Die sozialen Ressourcen ergeben sich aus dem unterstützenden Potential des sozialen Netzwerkes und der gesamten Umwelt einschließlich der ökologischen Bedingungen. So sind in sozialisationstheoretischer Sicht Symptome der Beeinträchtigung der normalen sozialen, psychischen und körperlichen Entwicklung eines Menschen zum Beispiel in der Regel auch Indikatoren für Störungen der Interaktions- und Kommunikationsprozesse in den wichtigsten Sozialisationsinstanzen Familie, Schule und Gleichaltrigengruppe und den persönlichkeitsprägenden Einrichtungen der Berufs- und Freizeitorganisation. Die Sozialisationsinstanzen sind in diesem Fall nicht in der Lage, effektive Impulse und Unterstützungen zu geben, um die Handlungsanforderungen der Umwelt mit den Handlungskapazitäten des Individuums in Einklang zu bringen. Damit sind die „sozialen Ressourcen" für die Realitätsverarbeitung und Problembewältigung eingeschränkt.

Die personalen Ressourcen ergeben sich aus Persönlichkeits- und Temperamentmerkmalen. Dazu gehören der persönliche Verarbeitungsstil von Lebensrealität und Lebensbelastung und die individuell zur Verfügung stehenden Handlungskapazitäten der Bewältigung von Lebenssituationen. Um die Verarbeitung von innerer und äußerer Realität vornehmen zu können, sind bestimmte grundlegende Fertigkeiten und Fähigkeiten notwendig. Jeder Vorgang der Aneignung und Auseinandersetzung mit der inneren und der äußeren Realität verändert diese Fertigkeiten und Fähigkeiten und entwickelt sie weiter. Mit dem Begriff „Bewältigung", der aus der Stresstheorie übernommen wird, ist also auch immer eine „Arbeit an sich selbst" gemeint, wobei die Eindrücke und Erfahrungen mit den zurückliegenden Kenntnis- und Wissensbeständen, Erlebnissen und Beobachtungen in Einklang zu bringen sind.

Prozessdynamisches Modell für Gesundheitsstörungen

Statusübergänge und neuartige Entwicklungsaufgaben im Lebenslauf stellen jeweils Stadien einer intensiven und beschleunigten Veränderung der an das Individuum gestellten Lebensanforderungen dar. Die Entwicklung in einer Übergangsphase ist dann bewältigbar, wenn das Individuum in einem dosierten Maße mit Veränderungen und situativen Anforderungen konfrontiert wird. Die Übergangssituation kann in diesem Fall zur notwendigen Umprogrammierung und Weiterschreibung des vorhandenen Verhaltensrepertoires genutzt werden. Die gelungene Erfüllung der Anforderungen stellt eine Konstellation dar, die subjektiv wahrgenommen und als erfolgreich klassifiziert wird. Die Verhaltensanforderungen erscheinen dem Individuum als Herausforderungen, denen gegenüber es sich erfolgreich bewährt hat.

Abb. 11: Prozessdynamisches Modell der Entstehung sozialer Abweichungen und Gesundheitsstörungen

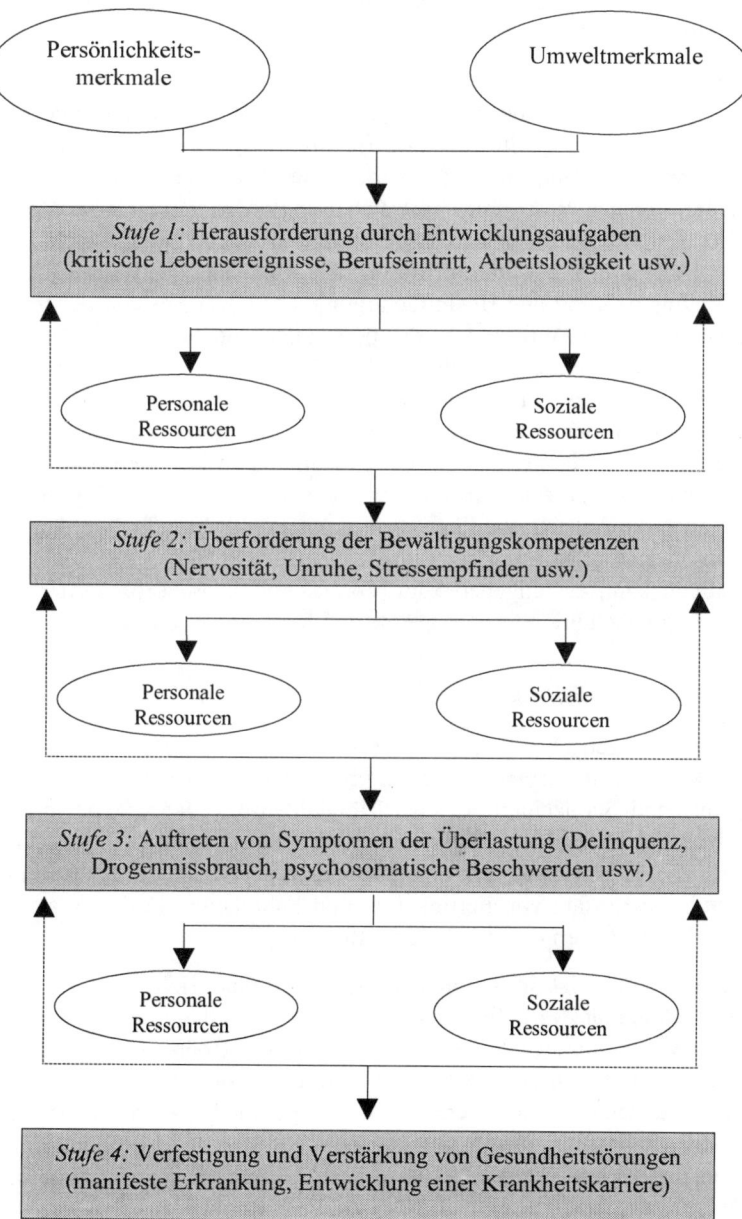

Kommt es aber zu Anforderungen, die das jeweilige Verhaltensrepertoire überfordern und Koordination der verschiedenen Verhaltensprogramme in den unterschiedlichen Entwicklungsbereichen überbeanspruchen, so ist die Gefahr einer misslingenden Bewältigung der Situation gegeben. Abwehr-, Ausweich-, Rückzugs-, Konflikt- und Aggressionstendenzen sind die Mechanismen, die in solchen Situationen einsetzen und zur Störung und Beeinträchtigung bis hin zur psychischen und körperlichen Krankheit führen können.

In Abbildung 11 wird ein Ablaufmodell vorgestellt, das diesen prozessdynamischen Überlegungen Rechnung trägt. In jeder Stufe der Entstehung und Entwicklung von Abweichung, Störung und Beeinträchtigung setzt ein dynamischer Such- und Sondierungsprozess ein, der eine Neuorganisation der personalen und der sozialen Ressourcen mit sich bringt. Ob es zu einem Voranschreiten der Entwicklung von den Lebensanforderungen und Entwicklungsaufgaben in Stufe 1 in die weiteren Stufen der Entstehung und Verfestigung von Abweichung, Störung und Beeinträchtigung kommt, hängt von der moderierenden Kraft und der Wirksamkeit der personalen und sozialen Ressourcen ab, die bei jedem Entwicklungsschritt zur Verfügung stehen. Nach jeder Stufe der Entwicklung kann es bei effektivem Einsatz der personalen und sozialen Ressourcen zu einem positiven Ausgang, also zu einer normalen, befriedigenden und gesunden Weiterentwicklung der Persönlichkeit kommen. Die Rückschleifen sollen zum Ausdruck bringen, wie bei jeweils effektiv eingesetzten Ressourcen auch die Ausgangsbedingungen rückwirkend verändert werden. Bei ineffektivem oder nichtgelingendem Einsatz der Bewältigungs- und Unterstützungsressourcen kann es hingegen zum Voranschreiten im Prozess der Entwicklung von Abweichung, Störung und Beeinträchtigung kommen.

Die Konzepte Selbstbild und Identität

In sozialisationstheoretischer Perspektive setzt erfolgreiches Bewältigungsverhalten die Verarbeitung selbstbezogener Informationen voraus, die durch Wahrnehmung und Beobachtung eigener Tätigkeiten das „Selbstbild" formen. Das Selbstbild (oft auch als „Selbstkonzept" bezeichnet) spiegelt die individuelle Bewertung der Merkmale der eigenen Person sowie die zurückliegenden Erfahrungen beim Einsatz von Fertigkeiten und Fähigkeiten in der Auseinandersetzung mit der inneren und der äußeren Realität wider.

Bewältigungsverhalten ist in sozialisationstheoretischer Sicht nur bei einer subjektiven Kontinuität des Selbsterlebens auf der Grundlage des Selbstbildes möglich. Diese Kontinuität des Selbsterlebens, das Erleben des Sich-Selbst-Gleich-Seins, kann als „Identität" bezeichnet werden. Sie bezieht sich sowohl auf die verschiedenen Stadien der eigenen Lebensgeschichte als auch auf die in den verschiedenen Stadien jeweils unterschiedlichen sozialen Handlungsanforderungen aus den verschiedenen Handlungsbereichen und Handlungsfeldern, in denen eine Person agiert (Hurrelmann 1998, S. 169).

Identität kann als ein Koordinationsprozess des Individuums verstanden werden, der sich nach zwei Seiten richtet: Sie ist dann hergestellt, wenn die Auseinandersetzung mit der äußeren und der inneren Lebenswelt zu Lösungen geführt hat, die miteinander vereinbar sind. Die Bedürfnis- und Interessenstruktur eines Menschen und die Handlungskompetenzen müssen dabei nicht in voller Übereinstimmung mit den jeweils institutionell und organisatorisch definierten sozialen Erwartungen der Umwelt stehen. Die eigentliche Koordinierungsleistung, die das Spezifikum von Identitätswahrnehmung ist, liegt darin, die notwendigerweise verbleibenden Spannungen auszuhalten, auszugleichen oder aktiv zu bearbeiten, die sich aus der Diskrepanz zwischen eigenen Bedürfnissen und Kompetenzen (inneren Anforderungen) und den Anforderungen der sozialen und materiellen Umwelt ergeben.

In einer offen und „individualisierten" Gesellschaft strukturieren sich die Lebensphasen neu, es kommt zu einer „Entstandardisierung" von Lebensübergängen bei gleichzeitiger Relativierung traditioneller Werte und Normen und Entsinnlichung von alltäglichen Lebenserfahrungen durch Massenmedien und EDV. Hierdurch sind erhebliche Herausforderungen für die Koordination und Steuerung des individuellen Handelns gegeben. Zusätzlich bergen die voneinander abgegrenzten sozialen Teilsysteme (Arbeit, Freizeit, Partnerschaft) die Gefahr, sich in verschiedenen Lebenswelten jeweils anders wahrzunehmen, zu bewerten und zu erleben, was die Identitätsbildung schwierig macht (Beck 1986; Elias 1987; von Ferber 1971).

Die Bildung und Aufrechterhaltung einer Kontinuität des Selbsterlebens ist zu jedem einzelnen Zeitpunkt der Lebensgeschichte aktuell (Elias 1987, S. 196). Identität ist eine der Voraussetzungen für Gesundheit. Vollständige Gesundheit ist in sozialisationstheoretischer Sicht nur möglich, wenn ein Individuum einen befriedigenden Gleichgewichtszustand der Koordination von inneren und äußeren Anforderungen und eine zufriedenstellende Kontinuität des Selbsterlebens (also Identität) erreicht. Körperliche, seelische und soziale Gesundheit ist gegeben, wenn ein Mensch konstruktive Sozialbeziehungen aufbauen kann, sozial integriert ist, eine angemessene Befriedigung der Grundbedürfnisse durch die ökologische Umwelt erfährt, die eigene Lebensgestaltung an die wechselhaften Belastungen des Lebensumfeldes anpassen und dabei die persönlichen Bedürfnisse ausdrücken und Sinnerfüllung finden kann, und wenn dieses im Einklang mit den biogenetischen und physiologischen Potentialen und den körperlichen Möglichkeiten geschieht. Gesundheit ist demnach kein statisch-stabiler Dauerzustand, sondern ein Gleichgewichtsstadium zwischen verschiedenen Kräften und Anforderungen, das auf der Basis der bisherigen lebensgeschichtlichen Kontinuität immer erneut hergestellt werden muss.

2.4 Interaktions- und Sozialstrukturtheorien

Die im vorigen Abschnitt vorgestellten Sozialisationstheorien bilden eine Brücke zwischen psychologischen, auf personale Bedingungen von Gesundheit und Krankheit ausgerichteten und soziologischen, an sozialen Strukturen und Umweltgegebenheiten orientierten Modellen. Einige dieser Theorien aus der soziologischen Tradition sollen jetzt vorgestellt werden, und zwar die strukturfunktionalistische Theorie und ihre Fortentwicklung in der Systemtheorie sowie die Handlungs- und Interaktionstheorie und ihre Weiterentwicklung in der Rollen- und Organisationstheorie.

Die strukturfunktionalistische Theorie von Gesundheit und Krankheit

Der Begründer der strukturfunktionalistischen Theorie, der amerikanische Sozialwissenschaftler Talcott Parsons, hat eine systematische Konzeption der Beziehungen zwischen der Persönlichkeits- und der Gesellschaftsstruktur entwickelt. Die Persönlichkeit wird als ein „Spiegelbild" der Sozialstruktur verstanden, weil in ihr die Verinnerlichung von gesellschaftlichen Macht- und Rollenstrukturen abgebildet ist. Die gesellschaftlichen Strukturen bilden nach dieser Theorie eine fast übermächtige Umwelt für das Individuum und bestimmen auch darüber, ob ein Mensch gesund oder krank ist. Das biologische und das psychische System, die zusammen maßgeblich die Persönlichkeit eines Menschen konstituieren, werden durch das „soziale System Gesellschaft" in ihre Schranken verwiesen. Das biologisch-organische System versorgt die Persönlichkeit mit Energie für physiologische und psychische Grundfunktionen. Das psychische System hat die Aufgabe, diese Antriebsenergien zu kontrollieren und in gesellschaftlich erlaubte und vorgeschriebene Bahnen zu lenken. Die Persönlichkeit eines Menschen ist in dieser Sichtweise wesentlich durch die Struktur der kontrollieren Bedürfnisdispositionen charakterisiert, die sich durch eine Verinnerlichung der gesellschaftlichen Kontrollen zu stabilen Merkmalen und Antriebskräften herausbilden. Das soziale System der Gesellschaft definiert die normativen Erwartungen an jeden Menschen, denen sich der Einzelne nur unter größten Mühen entziehen kann.

In seinen theoretischen Überlegungen zur Entstehung und Entwicklung von Krankheit spitzt Parsons diese Annahmen zu. Er geht davon aus, dass in den heutigen hoch entwickelten Gesellschaften nur derjenige Mensch körperlich und psychisch gesund sein und bleiben kann, der mit den Anforderungen der Gesellschaft reibungslos zurecht kommt. Die Anforderungen aus dem Berufs- und Wirtschaftsbereich, kombiniert mit denen aus dem kulturellen Sektor der Gesellschaft, müssen vom Individuum erfüllt werden. Gelingt es dem Individuum nicht, sie in den biologisch-organischen und psychisch-seelischen Grundstrukturen der Persönlichkeit aufzunehmen und abzubilden, dann wird das Gleichgewicht zwischen diesem inneren System und dem sozialen System Gesellschaft gestört, und es kommt zu einer körperlichen oder psychischen Störung. Nur der Mensch, der seine inneren Bedürfnisse und Empfindungen so strukturiert und konstelliert, dass sie mit den Außenanforderungen aus der gesellschaftlichen Umwelt übereinstimmen, kann gesund bleiben (Parsons 1981).

Parsons stellt damit auf die hohen Anforderungen an jedes erwachsene Individuum ab, im Rahmen vorgegebener beruflicher und sozialer Rollen und unter Konkurrenzbedingungen einen Beitrag zum „Funktionieren des gesellschaftlichen Systems" zu erbringen. Der gesellschaftliche Wert eines Individuums werde in heutigen Gesellschaften nach verwertbaren Leistungen bestimmt. Je freier verfügbar und einsetzbar das menschliche Leistungsvermögen ist, desto wichtiger werde ein Mensch für die Gesellschaft (Parsons 1981, S. 345).

Krankheit wird definiert als eine generalisierte Störung der Leistungsfähigkeit des Individuums für die normalerweise zu erwartende Erfüllung von Aufgaben. Krankheit ist in dieser Konzeption eine spezifische Form von „abweichendem Verhalten". Sie kann legitim nur in der gesellschaftlich geduldeten Rolle des „Kranken" (des Patienten) bewältigt werden, dem die Krankheit „zugestoßen" ist und der sich mit allen Kräften bemüht, wieder gesund zu werden und sich ärztliche Hilfe sucht, um den Zustand der Gesundheit wieder zu erreichen:

- Der Patient ist vorübergehend von seinen gesellschaftlichen Rollenverpflichtungen befreit.
- Der Patient wird für seine Krankheit nicht moralisch verantwortlich gemacht.
- Der Patient hat die Verpflichtung, gesund zu werden und hierzu fachkundige Hilfe aufzusuchen.

An dieser Konzeption ist zu kritisieren, dass sie nur auf akute, voll heilbare Krankheiten abstellt, die heute nur einen kleinen Teil des Krankheitsspektrums ausmachen. Dennoch ist die theoretische Sichtweise interessant, wonach sich Gesundheit und Krankheit aus dem Gleichgewicht oder Ungleichgewicht des körperlichen, psychischen und sozialen Systems ergeben. Dieses „Balancemodell" stellt auf die Fähigkeit des Menschen ab, mit kritischen Gegebenheiten sowohl des inneren Zustandes als auch der Umwelt fertig zu werden, um ein Gleichgewicht des Verhältnisses von organischen, seelischen und gesellschaftlichen Kräften herzustellen. Krankheit wird dadurch definiert, dass eine Fehlregulation der zielorientierten Verhaltensweisen und Fähigkeiten eingetreten ist. Gesundheit hingegen ist durch die Kompetenz eines Menschen gekennzeichnet, organische, psychische und gesellschaftliche Parameter in einen produktiven Austausch und eine fruchtbare wechselseitige Beziehung zu bringen (Parsons 1951).

Systemtheoretische Modelle von Gesundheit und Krankheit

Die soziologische Systemtheorie hat diese Impulse weitergeführt (Luhmann 1984; Maturana 1985; Udris, Kraft und Muheim 1992). Sie betont die Fähigkeit der Selbstorganisation und Selbststeuerung von sozialen Institutionen und Organisationen. Dadurch wird der einseitige anpassungsmechanische Akzent der Theorie von Parsons überwunden. Die internen physiologischen und psychologischen und die externen ökonomischen und sozialen Anforderungen und Belastungen müssen demnach von allen beteiligten Systemen verarbeitet werden und nicht nur einseitig durch Anpassungsleistungen des organischen und psychischen Systems. „Wirksame Verarbeitung von Anforderungen und Belastungen heißt, dass Individuen ihre körperliche, psychische und soziale Integrität und ihre Funktions- und Leistungsfähigkeit bewahren und/oder stärken. Dadurch können sie ihr Selbst, ihre Lebenssituation und ihre Lebenschancen positiv erleben und sich in diesem Sinne weiterentwickeln" (Noack 1996, S. 37).

Zu den Bemühungen der Systemtheorie gehört es, soziale Bestimmungsfaktoren in der Lebens- und Arbeitswelt zu identifizieren, die günstige Voraussetzungen für die Sicherung der Gesundheit in der Bevölkerung schaffen (Noack 1996, S. 38). Auf gesellschaftlicher Seite sind demnach strukturelle Bedingungen zu erfüllen, wenn Menschen in die Lage versetzt werden sollen, ihre Gesundheitsbalance herzustellen. Zu diesen Bedingungen zählt die Befriedigung grundlegender Bedürfnisse im sozioökonomischen, kulturellen und politischen Bereich:

- Im sozioökonomischen Bereich gehören vor allem wirtschaftliche und soziale Sicherheit und Wohlstand, ausreichende Berufs- und Arbeitsangebote, Integrationsangebote, Chancengleichheit, soziale Gerechtigkeit und Unterstützung durch Hilfen im Notfall dazu.
- Im kulturellen Bereich sind sinnstiftende Werte, klare soziale Normen, lebbare Weltbilder, Verfügbarkeit von Bildung und Leistungstraining sowie die Chance zur Selbstbestimmung und Selbstverantwortung zentrale Bedingungen.
- Im politischen Bereich sind Stabilität und Transparenz, Frieden, angemessene Wohnbedingungen und intakte Umwelt Voraussetzung für die Gesundheit der Bevölkerung.

Im systemtheoretischen Denken werden Gesundheitsstörungen und Krankheiten als Ausdruck gesellschaftlicher Verhältnisse verstanden, insbesondere der sozialen Machtstrukturen und ökonomischen Lebenslagen. Psychische und körperliche Störungen werden letztlich auf den Mangel an Kontrolle der Menschen über ihre Arbeits-, Wohn und Freizeitbedingungen zurückgeführt. Auch die ökologischen Bedingungen werden in Verbindung mit Krankheiten der Bevölkerung gebracht. In den gesellschaftskritischen Varianten der Theorie wird darauf verwiesen, dass die Vorherrschaft von kapitalistischen Produktionsweisen zwangsläufig auf ein hohes Ausmaß von psychischen und körperlichen Gesundheitsstörungen hinauslaufen, weil sie keine Rücksicht auf menschliche Bedürfnisse, sondern nur auf Gewinnerzielung nehmen (Navarro 1986).

Die Aufgabe des Krankenversorgungssystems moderner Gesellschaften sieht die Systemtheorie vor allem darin, die verloren gegangene Leistungs- und Funktionsfähigkeit eines Menschen wieder herzustellen. Hierzu werden therapeutische Fachleute ausgebildet und mit der Autorität ausgestattet, bestimmte Menschen als „krank" zu definieren und sie damit als Patienten in Arztpraxen,

Krankenhäusern und psychotherapeutischen Einrichtungen aufzunehmen. Die Medizin hat demnach einen eigenen, klar definierten Arbeitsbereich, nämlich die Krankenbehandlung. Die medizinische Profession nimmt die Kodierung der Mitglieder der Gesellschaft nach den beiden Eigenschaften „gesund" oder „krank" vor. Sie hat das Definitionsmonopol hierfür und kennt keine Zwischenkategorien zwischen gesund und krank. Für sie ist, so Luhmann, Krankheit ein Positivwert und Gesundheit ein Negativwert, denn nur Krankheiten sind für den medizinischen Professionellen von Bedeutung, nur hierfür ist er als Fachperson ausgebildet. Der Status „Gesundheit" gibt dem medizinischen Fachpersonal keine Aufgaben und keinen Anlass zum fachlichen Handeln. Gesunde sind für dieses System medizinisch gesehen nicht krank oder nicht mehr krank oder sie leiden an noch unentdeckten Krankheiten, sind aber im Grunde „uninteressant", weil die Zuständigkeit des Systems für diese Gruppe von Menschen nicht gegeben ist (Luhmann 1984).

Interaktionstheoretische Modelle der Krankheitsentwicklung

In kritischer Absetzung von strukturfunktionalistischen und systemtheoretischen Positionen haben Gesundheits- und Krankheitstheorien der interaktionistischen Tradition (Interaktions- und Handlungstheorien) auf die Dauerhaftigkeit und teilweise lebenslange Präsenz von Gesundheitsstörungen und Krankheitszuständen hingewiesen. Die enge Begrenzung der strukturfunktionalistischen und systemtheoretischen Ansätze auf akute Krankheiten und das entsprechende verkürzte Verständnis der Rolle des Patienten in der Gesellschaft werden zurückgewiesen.

Ist ein Mensch einmal in die soziale Position des Patienten gekommen, dann verändert er nach den Postulaten der Interaktionstheorie auch seine Selbstdefinition und Identität, zugleich wird er von seiner sozialen Umwelt anders als bisher wahrgenommen. Bei chronischen Krankheiten und auch bei auffälligen psychischen Störungen (z.B. Schizophrenie) lässt sich teilweise nicht mehr unterscheiden, worin die eigentliche Störung besteht und wo sie in eine von der Umwelt vorgenommene Zuschreibung als „psychische und soziale Abweichung" übergeht. Die „Theorie des Symbolischen Interaktionismus" (Blumer 1973) und die „Grounded Theory" (Strauss 1978) setzen sich mit dieser Wechselwirkung von Selbstdefinition und gesellschaftlicher, teilweise stigmatisierende Fremddefinition intensiv auseinander und analysieren, was sie für den Verlauf der Bewältigung der Krankheit bedeuten.

Die Definition eines Menschen als „krank" wird im Unterschied zu Parsons in ihrer Diffusität und Doppelbödigkeit gesehen. Sie dient zwar einerseits dazu, gezielt zu helfen und zu heilen, andererseits aber stellt sie immer auch eine Aussonderung und soziale Zurückweisung dar. Der Patient, der Alkoholiker, Drogensüchtiger, körperlich Behinderter oder Schizophrener ist, wird aus dem alltäglichen Lebenszusammenhang ausgegliedert, spezifischen Dienstleistungen der Therapie, Kuration, Rehabilitation und Pflege zugewiesen und kann hierdurch nicht, wie Parsons unterstellt, ohne weiteres wieder in die beruflichen und gesellschaftlichen Prozesse zurückintegriert werden, weil möglicherweise die als normal angesehene Gleichgewichtskonstellation von inneren und äußeren Anforderungen nicht wieder hergestellt werden kann. Mit anderen Worten: Wer einmal in die Rolle des Patienten hineingerutscht ist, kann möglicherweise durch die mit der Rolle verbundenen veränderte Selbst- und Fremddefinitionen aus diesem Stadium nicht wieder herausfinden.

Im Zentrum der interaktionistischen Theorien von Gesundheit und Krankheit steht das Aushandeln der Definitionen zwischen den Professionellen (Ärzten, Psychologen, Sozialtherapeuten) und dem Patienten. Sowohl der professionelle Therapeut als auch der Patient müssen sich dabei in der Regel durch drei Stadien bewegen (Gerhardt 1981):

1. Das Unsicherheitsstadium, gekennzeichnet durch die Diskrepanz zwischen den typischerweise für eine Krankheit anzunehmenden und den im konkreten Fall vorfindlichen Symptomen;

2. das Diagnose-Stadium, in dem die verschiedenen Interpretationen eingeengt und auf eine Möglichkeit zugespitzt werden und

3. das Stadium der Krankenkarriere als Folge der Diagnose, nachdem der Definitionsprozess beendet ist.

Die diagnostische Phase ist besonders intensiv untersucht und theoretisch analysiert worden, weil in ihr zwei Akteure mit divergierenden Perspektiven und Motivationen zusammentreffen, wobei der Therapeut in der Regel die mächtigere und einflussreichere Position hat und der Patient sich der professionellen Definition des Therapeuten nicht vollständig entziehen kann. Die Diagnose wird in jedem Fall zu einem Wendepunkt in der Biographie des Patienten. Sie erscheint in den Augen des Professionellen wie eine bloße Einordnung der Krankheitssymptome in eine Krankheitstheorie, für den Patienten ist sie aber der Umschlagpunkt in eine neue berufliche, private, soziale und persönliche Existenzform und unter Umständen die Vorbereitung auf eine langfristige Behinderung oder sogar den Tod (Gerhardt 1981, S. 35).

Die interaktionistischen Theorien beschäftigen sich mit den Beziehungen zwischen Therapeuten und Patienten in verschieden organisatorischen Konstellationen, so auch in Großorganisationen psychiatrischer und medizinischer Krankenhäuser. Alle Beteiligten im Krankenhaus, also medizinisches und paramedizinisches Personal, Hilfskräfte und Patienten, gelten als auf ein gemeinsames Ziel orientiert, nämlich die Genesung des Patienten. Entsprechend wird die Therapie definiert als die Tätigkeit, die im Krankenhaus verrichtet wird und dem Zweck dient, den Patienten einer Genesung näherzubringen. Mit unterschiedlichen Definitionen und Bedürfnissen gehen die verschiedenen Interaktionspartner an diese Problemlösung heran. Dabei bestehen für Patienten und Personal unterschiedliche Freiheitsspielräume bei der Durchsetzung ihrer eigenen Sichtweisen und Realitätsdefinitionen. Für das Krankenhauspersonal ist die soziale Situation vertraut, es handelt sich um den täglichen Arbeitsplatz. Für die Patienten aber ist die Aufnahme in das Krankenhaus der Eintritt in eine fremde und unvertraute Umwelt, die schwer durchschaubare Regeln und Voraussetzungen folgt.

Die verschiedenen sozialen Kommunikations- und Interaktionsprozesse, die bei einem meist krisenhaften Ablauf von schweren Krankheiten oft zu erheblichen Konflikten führen, werden in der Interaktionstheorie thematisiert. Die Spannungen zwischen den verschiedenen Behandlungsberufen (z.B. zwischen Ärzten und Pflegepersonal) und Bemühungen, Patientinnen und Patienten durch Überredung, Belohnung oder Einschüchterung auf eine Mithilfe bei der Therapie einzuschwören, stehen dabei im Vordergrund. Für den Patienten wird die „Krankenhauskarriere" nachgezeichnet, die als Ereigniskurve nach zeitliche Dauer und Variabilität untersucht wird (Gerhardt 1981, S. 39). Welche Möglichkeiten der strukturell in der unterlegenen Position befindliche Patient gegenüber dem medizinischen und paramedizinischen Personal hat, spielt hierbei eine große Rolle.

Die „Grounded Theory" analysiert, wie chronisch kranke Menschen ihr Leben und ihren Lebensstil nach einer einschneidenden Krise, etwa einem Herzinfarkt oder einem akuten Schub einer psychischen Krankheit, neu aufnehmen und reorganisieren. Dabei spielen die vitalen Ressourcen, die eine Person (noch) zur Verfügung hat, und auch die sozialen Unterstützungen eine entscheidende Rolle. Ob die Reorganisation des Lebensstils und damit die mögliche Rückintegration in den Status des Gesunden gelingt, hängt von der Bewältigung der medizinischen Behandlung, der Neuordnung von Zeitperspektiven und der Wiederaufnahme von bisher als normal angesehenen Vorkehrungen und Kontakten ab (Strauss 1964).

Modelle konfliktreicher Handlungs- und Rollenerwartungen

Zu den kulturellen Umweltbedingungen für Gesundheit in der Bevölkerung gehören klare soziale Normen, die das Alltagsverhalten steuern. Hierzu rechnen auch die sozialen Erwartungen, die an den Inhaber einer gesellschaftlichen Position („Rolle") gestellt werden. Der Positionsinhaber kann sich diesen Anforderungen nur in geringem Ausmaß entziehen. Er muss als Familienmitglied, Berufstätiger, Freund, Konkurrent, Arzt oder Patient nach den an ihn herangetragenen Erwartungen handeln (Joas 1991).

Stehen diese Rollenerwartungen in Spannung zu den individuellen Bedürfnissen, sind negative Folgen programmiert. Der „Zwangscharakter" der von der Gesellschaft vorgeschriebenen Rollenerwartungen wird als einer der größten Risikofaktoren für die psychische und körperliche Gesundheit angesehen. Im „Terror des Rollenhandelns" in einer anonymen, arbeitsteiligen und hoch komplexen Gesellschaft sehen kritische Interaktions- und Handlungstheoretiker wie Jürgen Habermas (1981) den Grund dafür, dass immer mehr Menschen psychosomatisch krank werden. Die Vielzahl, Unvereinbarkeit und persönliche Unbeeinflussbarkeit der verschiedenen Rollenerwartungen überfordert demnach die Anpassungsfähigkeit vieler Menschen. Die Interaktionstheorie geht hier in die „Rollentheorie" über.

Habermas (1981) erklärt diese Entwicklung damit, dass in modernen Gesellschaften die überwiegende Mehrzahl der zwischenmenschlichen Kommunikationsprozesse rein zweckrational bestimmt ist. Sie werden zunehmend von Motiven beherrscht, die eigentlich für den Warenaustausch zwischen Wirtschaftspartnern typisch sind, nicht aber die Bedürfnisse nach Anerkennung und Bindung in den privaten Lebensbereichen erfüllen können. Für Habermas geht damit eine generelle Qualitätsminderung der zwischenmenschlichen Beziehungen einher. Befriedigend können nach dieser Theorie nur solche Kontakte sein, in die neben rein zweckbezogenen auch emotionale und expressive Verhaltensanteile eingehen. Wenn Menschen ein Leben lang ausschließlich nach der Logik einer Geld- und Tauschwirtschaft miteinander umgehen, dann bleiben tief verankerte gefühlsmäßige Bedürfnisse unbefriedigt. Die Folge sind gestörte Persönlichkeiten, die in einer gefühlskalten sozialen Atmosphäre anfällig für seelische und körperliche Krankheiten werden.

Habermas hat den Versuch einer Systematisierung von „Krisenerscheinungen" in den Lebenswelten von Kultur, Gesellschaft und Person unternommen und damit deutlich gemacht, in welchen Bereichen er die sozial strukturell verankerten Gefahren für die Gesundheitsbalance in hoch entwickelten Gesellschaften sieht. In Abbildung 12 sind als strukturelle Komponenten Kultur, Gesellschaft und Person aufgeführt. Die Störungen beziehen sich auf die Bereiche der kulturellen Reproduktion, der sozialen Integration und der Sozialisation. Wie die Darstellung zeigt, sieht Habermas im Bereich der kulturellen Reproduktion die vorherrschende Krisenerscheinung im Sinnverlust, auf der gesellschaftlichen Ebene identifiziert er Legitimationsentzug und auf der personalen Ebene Orientierungs- und Erziehungskrisen. Im Bereich der sozialen Integration sind die entsprechenden Krisenerscheinungen Verunsicherungen der kollektiven Identität, Anomie (Verunsicherung und Wertverlust mit Orientierungsproblemen) und Entfremdung. Auf der Ebene der Sozialisation werden Traditionsbruch, Motivationsentzug und Psychopathologie als die vorherrschenden Krisenerscheinungen wahrgenommen.

Um den nach Habermas in den Sozialstrukturen der modernen Gesellschaften angelegten Risiken für die gesundheitliche Entwicklung zu entgehen, müssen sowohl auf der gesellschaftlichen wie auf der individuellen Ebene alle Potentiale erschlossen werden, um Menschen nicht nur rational, sondern auch emotional und expressiv kommunikations- und handlungsfähig zu machen. Eine kompetente Persönlichkeit unterscheidet sich demnach von der auf gesellschaftliche Zwänge bloß reagierenden und nur auf Zwecke ausgerichteten Persönlichkeit dadurch, dass sie über die eigene Situation bewusst reflektieren und sie aktiv steuern kann. Eine kompetente Persönlichkeit ist in der Lage, auch gegen gesellschaftliche Widerstände die eigenen Bedürfnisse und Interessen durchzusetzen, um die körperliche und seelische Gesundheit aufrecht zu erhalten.

Abb. 12: Krisenerscheinungen bei gesellschaftlichen Reproduktionsstörungen

Störungen im Bereich der ...	Strukturelle Kompenenten		
	Kultur	Gesellschaft	Person
... kulturellen Reproduktion	Sinnverlust	Legitimationsentzug	Orientierungs- und Erziehungskrise
... sozialen Integration	Verunsicherung der kollektiven Identität	Anomie	Entfremdung
... Sozialisation	Traditionsbruch	Motivationsentzug	Psychopathologie

Nach Habermas 1981, S. 215

Zu den Rollenkompetenzen gehört auch die Fähigkeit, die Patientenrolle aktiv wahrzunehmen (von Ferber 1975; Freidson 1979). Arzt und Patient müssen sich über Diagnosestellung und Therapie, anschließend auch der Rehabilitation und gesellschaftlichen Wiedereingliederung verständigen. Diese Verständigung ist dann erfolgreich, wenn die Erwartungen in Einklang zu bringen sind. Nach dieser Theorie gelingt es im gesundheitlichen Versorgungssystem den sozial weniger kompetenten Menschen erheblich schlechter als anderen, ihre eigenen Interessen und Bedürfnisse für die Wiederherstellung ihrer Gesundheit durchzusetzen (Siegrist 1995).

Analysen zum Organisationscharakter von Versorgungseinrichtungen

Soziologische Handlungs- und Rollentheorien gehen auch der Frage nach, welche Anforderungen und Dynamiken es sind, die Institutionen und Organisationen von den ihnen handelnden Menschen verlangen. Unternehmen, Behörden, Schulen, Verbände und Vereine führen jeweils ein Eigenleben, gewissermaßen über die Köpfe der in ihnen eingebundenen Individuen hinweg. Die überwiegende Zahl ihrer organisatorischen Entscheidungen dient der Aufrechterhaltung ihrer Funktionsfähigkeit als System, also der Selbsterhaltung. Die wichtigsten Entscheidungen des Systems gehorchen dieser auf das Überleben und die Fortführung gerichteten Rationalität. Es handelt sich hierbei um andere Regeln und Maßstäbe als diejenigen, die für das Verhalten von Individuen gelten (Schnabel und Hurrelmann 1999).

Das bedeutet auch, dass die in einem System handelnden Individuen gezwungen sind, sich den Imperativen von Verwaltung, Firma oder Ausbildungsstätte zu unterwerfen, auch wenn es sich dabei um Verhaltensanforderungen handelt, die den ganz persönlichen Interessen zuwiderlaufen. Diese Spannung zwischen den Organisations- und den Individualbedürfnissen gilt als Ausgangs- und Risikopunkt für Störungen des gesundheitlichen Gleichgewichtes. Deshalb ist es in dieser Perspektive wichtig, nach möglichen nützlichen Ergebnissen zu suchen, die die Mitgliedschaft eines Individuums in einer Organisation mit sich bringt. Es wird also der Versuch gemacht, den gemeinsamen Nenner der Bedürfnisse des Individuums und der Bedürfnisse der Organisation zu finden.

Für das Management von sozialen Organisationen wird es immer wichtiger, diese Übereinstimmung zwischen den System- und Organisationsanforderungen und den Interessen und Bedürfnissen der Organisationsmitglieder herbeizuführen. Zum erfolgreichen Steuern und Leiten von Unternehmen gehört es demnach, die Anforderungen der Organisation mit den Bedürfnissen der Mitglieder (Mitarbeiterinnen und Mitarbeiter) soweit wie möglich in Übereinstimmung zu bringen. Gelingt das nicht, dann sind bei den Mitgliedern der Organisation psychische und körperliche Gesundheitsbeeinträchtigungen zu erwarten, zugleich erreicht aber auch die Organisation nicht das Ausmaß von Leistungsfähigkeit und Erfolg, das ihr möglicherweise erst das „Überleben" sichert.

Diese Überlegungen gelten auch für das Krankenversorgungssystem. Kliniken, Arztpraxen, Versicherungen, pharmazeutische und medizintechnische Unternehmen folgen zwar den Zielen der Krankheitsbekämpfung und -heilung, aber wie alle Organisationen und Systeme haben sie auch das Ziel der Selbsterhaltung. So haben sie zum Beispiel das Interesse, ihre Existenz zu sichern, ihre Beschäftigten zu bezahlen und das Einkommen der Organisation möglichst zu vermehren. Eine optimale Ausrichtung der Strukturen und Organisationsmerkmale von Einrichtungen des Gesundheitswesens ist nur möglich, wenn sowohl die Systeminteressen als auch die individuellen Interessen der Mitglieder und der Kunden (Patienten und Klienten) erfüllt werden und zugleich und zusätzlich die Interessen anderer, wichtiger gesellschaftlicher Teilsysteme berücksichtigt werden.

Diese Analysen lassen sich auf die Rolle von Klienten in Versorgungseinrichtungen übertragen. Hierzu liegen mehrere interaktionsanalytische Studien vor. So wurde zum Beispiel die Wirkung von psychiatrischen Krankenhäusern auf die Verhaltensweisen und Persönlichkeitsentwicklung ihrer Patienten analysiert. Die Studien von Foucault (1981) und Goffman (1972) zeigen, wie stark der Charakter eines Krankenhauses als „totale Institution" wirken kann, die dem Patienten kaum Freiraum für Privatheit, Eigenständigkeit und Mitbestimmung lässt. Die weitgehende Entmündigung vieler Patientinnen und Patienten wird auch als „Hospitalisierungseffekt" bezeichnet. Er hat schädliche Folgen für die Gesundheit, die sich nur dann vermeiden lassen, wenn die Patienten in eine mitbestimmte Therapie und Rehabilitation einbezogen werden und statt der sozialen Isolation der Patienten in einer geschlossenen Einrichtung eine ambulante Struktur mit dichtem Gemeindebezug aufgebaut wird.

2.5 Public-Health-Theorien

Aus der Public-Health-Tradition kommen Theorien und Modelle, die interdisziplinär orientiert sind und sich auf theoretische Ansätze aus den Sozial- und Verhaltenswissenschaften, der Psychologie und zusätzlich auch der Wirtschafts- und Managementwissenschaft und der Epidemiologie beziehen. Sie orientieren sich an der Entwicklung von „Public Health" in den USA, Kanada und Großbritannien, die eine lange Tradition dieses wissenschaftlichen Denkens aufweisen können. Public Health wird dort in der Regel definiert als Wissenschaft und Kunst der Verhütung von Krankheit, der Lebensverlängerung und der Förderung psychischer und körperlicher Gesundheit der Bevölkerung durch gesundheitspolitische und sozialpolitische Aktivitäten. Im deutschen Sprachraum hat sich hierfür die Bezeichnung „Gesundheitswissenschaften" durchgesetzt.

Die Entwicklung von „Public Health" in Deutschland

Wie erwähnt, gab es in Deutschland schon ab 1880 eine starke gesundheitswissenschaftliche Tradition der medizinischen Aufklärung und öffentlichen Gesundheitspflege und Hygiene. In den 1920er Jahren wurde diese Entwicklung weitergeführt, es kam zu einer Blüte der sozialmedizinischen und medizinsoziologischen Forschung, die den Zusammenhang zwischen dem Gesundheits- und Krankheitsstatus der Bevölkerung und ihren wirtschaftlichen, kulturellen und organisatorischen Ausgangsbedingungen herausarbeitete (Gottstein, Schlossmann und Teleky 1925). Durch den Nationalsozialismus verlor Deutschland aber diese international führende Position.

Nach dem zweiten Weltkrieg wurde erst spät an die Tradition angeknüpft, die international unter der Bezeichnung „Public Health" weiter entwickelt wurde (Holland, Detels und Knox 1986; Hurrelmann und Laaser 1996). Die Medizin war in Deutschland seit 1945 fast ausschließlich krankheitsorientiert. Sie sah ihre zentrale Aufgabe darin, Erkrankungen zu heilen, ihre Zuständigkeit war also dann gegeben, wenn ein Mensch erkrankt war. Die präventiv ausgerichtete Sozialhygiene verlor immer mehr an Boden und konnte trotz einiger Bemühungen auch in der DDR nicht wissenschaftlich abgesichert werden (Labisch und Woelk 1998). Erst in den 1980er und 1990er Jahren wurden neben den intraindividuellen Faktoren auch die psychischen, sozialen und Umweltbedingungen, also „interindividuelle" und „extraindividuelle" Faktoren für Krankheit, sowie moralische und ethische Fragen im Zusammenhang mit Krankheit und Gesundheit verstärkt diskutiert (Schaeffer, Moers und Rosenbrock 1994; Schwartz, Badura, Brecht, Hofmann, Jöckel und Trojan 1991). Damit war der Boden für eine Wiederaufnahme der interdisziplinären, zugleich naturwissenschaftlich und sozial- und verhaltenswissenschaftlich orientierten Analyse des Gesundheits- und Krankheitsgeschehens geschaffen (Härtel 1997; Waller 1995).

Public-Health-Theorien bemühen sich um Analysen der Bedingungen für Gesundheit und Krankheit der Bevölkerung, die Ableitung von bedarfsgerechten Strukturen der Versorgung und um Modelle der Funktions- und Leistungsfähigkeit des Gesundheitssystems. Zwei Theorietraditionen stehen im Vordergrund:

- Gesundheitsforschung als epidemiologische Analyse der körperlichen, seelischen und sozialen Bedingungen und Kontexte der Gesundheits- und Krankheitsbalance und des Gesundheits- und Krankheitsstatus der Bevölkerung, aus dem der Versorgungsbedarf abgeleitet wird.
- Gesundheitssystemforschung als Analyse der Verzahnung von Gesundheitsförderung, Prävention, Therapie/Kuration, Rehabilitation und Pflege und der Ableitung von Modellen der Steuerung, Organisation und Finanzierung des Gesundheitssystems.

Schwerpunkte der sozialepidemiologischen Gesundheitsforschung

In der ersten Theorietradition steht die Methodik der Epidemiologie im Vordergrund. Sie analysiert die Verteilung von Krankheiten in der Bevölkerung und die statistischen Bedingungen dieser Verteilung nach personalen und sozialen Merkmalen (Geschlecht, soziale Lage, Umweltbedingungen) (Hellmeier, Brand, Laaser und Hort 1998; Pflanz 1973, S. 2). Sie hat viel zum Verständnis der Verbreitung von Krankheiten und der Wirkung von sozialpolitischen und medizinischen Interventionen beigetragen. So konnten die historischen Untersuchungen von McKeown (1982) belegen, dass die besonders schweren infektiösen Krankheiten schon beherrscht wurden, als die medizinischen Gegenmittel und Impfstoffe noch nicht erfunden waren. Der Rückgang der Sterberaten durch Tuberkulose, Scharlach, Masern, Cholera und andere ansteckende Krankheiten zwischen 1850 und 1930 und damit das erfolgreiche Zurückdrängen dieser akuten Infektionskrankheiten geht demnach nicht allein auf Fortschritte des medizinischen Wissens zurück, sondern in noch stärkerem Maß auf veränderte hygienische Praktiken. Dabei handelt es sich sowohl um individuelle Hygiene als auch um kollektive staatliche Handlungsvorgaben wie die Versorgung der Bevölkerung mit Trinkwasser, die Organisation von Abwasser- und Abfallbeseitigung und die Bekämpfung von Armut und Elend. Die verbesserte individuelle Hygiene (z.B. intensive Körper- und Gesundheitspflege) war mit bevölkerungsweiten sanitären, gesundheits- und sozialpolitischen Schritten und Aktivitäten verzahnt und gut mit den medizinischen Interventionen abgestimmt. Diese Kombination führte offensichtlich zum Erfolg.

Das Denken in epidemiologisch-bevölkerungsmedizinischen Kategorien ist vom Typus her völlig anders als das kurativ und individualmedizinisch orientierte. Gerhardt (1991) hat die Unterschiede wie folgt beschrieben:

- In der medizinisch-klinischen Praxis steht eine Organstörung im menschlichen Körper im Mittelpunkt, der Einzelfall ist das Maß des therapeutischen Handelns. Bei der auf der Epidemiologie aufbauenden Sozial- und Bevölkerungsmedizin hingegen zählen Merkmale und Verhaltensweisen von Menschen wie Geschlecht, Alter, Beruf, ethnische Herkunft und Ernährungs- und Lebensstile, um erwartbare Wahrscheinlichkeiten für Erkrankungen und berechenbare Gesundheitschancen über die gesamte Bevölkerung hinweg zu erfassen.

- Die klinische Medizin konzentriert sich auf die Diagnose und Therapie von Symptomatiken bei einzelnen Krankheitsbildern, untersucht dabei biochemische und pathophysiologische Mechanismen, während die Sozial- und Bevölkerungsmedizin sich auf strukturelle Zusammenhänge, insbesondere die Erfassung von Risikofaktoren und ihre Verteilung in der Bevölkerung konzentriert und politisch-praktische Strategien zum Abbau von Risikofaktoren erarbeitet.

In der neueren sozialepidemiologischen Forschung werden differenzierte Zusammenhänge zwischen sozialen Ausgangsfaktoren und gesundheitlichen Folgen mit dem „Risikofaktorenmodell" analysiert. Der Begriff „Risikofaktor" bezeichnet „das kalkulierbare Risiko einer Person mit einem bestimmten Charakteristikum (z.B. Zigarettenrauchen, erhöhter Blutdruck), in einem definierten Zeitraum von einer bestimmten Krankheit befallen zu werden. Besteht zwischen diesem Risiko und dem Risiko einer Person ohne Charakteristikum ein statistisch signifikanter Unterschied, so bezeichnet man das Charakteristikum als Risikofaktor" (Pflanz 1973, S. 13). Nach Pflanz hat die Theorie der Risikofaktoren neue Impulse für die gesundheits- und sozialpolitische Diskussion gebracht, weil sie unabhängig von Kausalanalysen zu präventiven Strategien ermutigt, die einsetzen, bevor irreversible Schädigungen eingetreten sind.

Das Modell der Risikofaktoren

Die statistischen Risikofaktoren für die verbreitetsten Krankheiten in Industriegesellschaften sind inzwischen durch die wissenschaftliche Forschung bekannt. Die wichtigsten verhaltensgebundenen Faktoren zum Beispiel für Herz-Kreislauf-Krankheiten sind Tabakkonsum, Bluthochdruck, erhöhter Blutfettspiegel, Fehlernährung, Übergewicht und Bewegungsmangel, für Krebskrankheiten Tabakkonsum und Fehlernährung sowie berufliche und ökologische Expositionen gegenüber Schadstoffen (Strahlen, Asbest und Teer). In einem Überblick über diese und andere wichtige Risikofaktoren medizinischer, psychischer und sozialer Herkunft hat Waller (1991) die Ergebnisse der bisherigen Studien aufgelistet (Abbildung 13).

Abb. 13: Zusammenhänge zwischen Risikofaktoren und Krankheiten

Risikofaktoren	Krankheiten
Übergewicht	Stoffwechselkrankheiten
	Herz-Kreislauf-Erkrankungen
Zigarettenrauchen	Chronische Bronchitis
	Lungenkrebs
	Herz-Kreislauf-Erkrankungen
Bewegungsmangel	Erkrankungen des Stütz- und Halteapparates
	Herz-Kreislauf-Erkrankungen
	Stoffwechselkrankheiten
	Magen-Darm-Krankheiten
Alkoholmissbrauch	Leberzirrhose
Bluthochdruck	Schlaganfall
	Herzinsuffizienz
	Herzinfarkt
	Nierengefäßerkrankungen
Körperliche Fehlhaltung	Erkrankungen des Stütz- und Halteapparates
Schadstoffe in der Umwelt (Strahlen, Asbest, Teer etc.)	Allergische Reaktionen
	Krebs
Häufiger Zuckerkonsum	Zahnkaries
Ballaststoffmangel	Magen-Darm-Krankheiten
	Stoffwechselkrankheiten
Fetthaltige Nahrung	Herz-Kreislauf-Erkrankungen
	Krebs

Nach Waller 1991, S. 27

Das auf statistischen Korrelationen aufbauende Risikofaktorenmodell verbindet zwar medizinische und sozialwissenschaftliche Sichtweisen, bleibt aber ohne eine erklärende Theorie. Risikofaktoren eignen sich, einen bestimmten Krankheitszustand (z.B. Herzinfarkt) auf einen oder mehrere Ausgangsfaktoren (z.B. Rauchen und Übergewicht) zu beziehen. Zwischen dem Risikofaktor und der Krankheit besteht eine enge statistische Korrelation. Über die Wirkrichtung ist damit aber nichts ausgesagt, und es besteht auch nur eine bestimmte Wahrscheinlichkeit für den Zusammenhang, der keine Vorhersage im Einzelfall gestattet (Sroka 1997). Das Risikofaktorenmodell stellt nur Zusammenhänge fest, blendet die Verbindungsschritte zwischen dem Risikofaktor und dem Ergebnis aber aus (Abholz, Borgers, Karmaus und Korporal 1982). Das Modell bildet lediglich statistische Korrelationen ab, ohne das Umfeld in den Wirkungsprozess einzubeziehen. Deswegen ist es für die Ableitung von Konsequenzen für gesundheitspolitische Interventionen nur begrenzt tauglich.

Aus diesen kritischen Überlegungen heraus hat es vielfältige Bemühungen gegeben, das Risikofaktorenmodell in einen breiteren theoretischen Rahmen zu stellen. Risikofaktoren wie zum Beispiel Zigarettenrauchen und hoher Cholesterinspiegel im Blut wirken in der Regel nicht mechanisch für sich, sondern sind in die soziale Umwelt eingebettete Versuche einer Bewältigung von Lebensbelastungen. „Deshalb ist die isolierte Bekämpfung des Rauchens durch sozialen Druck oder die Senkung des Blutcholesterinspiegels mit Medikamenten mit besonderen Gefahren verbunden oder zumindest nutzlos, da sie das Individuum seiner Bewältigungsmöglichkeiten berauben. Diese Interventionen stellen einseitige Eingriffe in das Bewältigungsverhalten dar, mindern aber nicht die zu bewältigenden Belastungen" (Hajek 1999, S. 113). In großangelegten Interventionsstudien in den USA wurde das empirisch bestätigt, vor allem für den Risikofaktor „Cholesterin", abgeschwächt auch für das Rauchen (MRFIT Research Group 1982). Interventionsansätze, die nur auf Rauchen und Ernährung zielen, ohne auf deren Stellenwert im Lebensstil zu achten, erzielen auch nach der Deutschen Herz-Kreislauf-Präventionsstudie (DHP) keine nachhaltigen Erfolge (Laaser und Lemke-Goliasch 1994).

Eine Möglichkeit zum Ausgleich dieser konzeptionellen Schwäche besteht darin, das Risikofaktorenmodell um Elemente der Stresstheorie anzureichern. Dies haben die Begründer des Modells in Deutschland, Schaefer und Blohmke (1977), schon früh vorgeschlagen (siehe auch Levi 1975). Sie erkannten zum Beispiel, dass bei Herzinfarkt nur maximal 60 % des Auftretens auf die bekannten Risikofaktoren zurückgeführt werden können. Es gibt eine große Zahl von Herzinfarktpatienten ohne Risikofaktoren und Menschen mit Risikofaktoren, die keinen Herzinfarkt erleiden.

Schaefer und Blohmke schlagen vor, die primären Risikofaktoren Rauchen, Übergewicht und Bewegungsmangel mit den aus der Stressforschung bekannten „sekundären" Risikofaktoren Unzufriedenheit und Angst zu verbinden, um hierdurch die psychische und körperliche Bedeutung der Risikofaktoren richtig einschätzen zu können. In Abbildung 14 ist das Modell in vereinfachter Form dargestellt.

Mit diesem Modell ist es möglich, den Herzinfarkt plausibel auf persönliche und soziale Ausgangsbedingungen zurückzuführen. Persönlichkeitsmerkmale wie hoher Ehrgeiz, Arbeitseifer, Unfähigkeit zur Entspannung, latente Feindseligkeit und Ungeduld, jeweils intensiv durch gesellschaftliche Wettbewerbsnormen unterstützt, wurden in Untersuchungen häufig in Verbindung mit Herzkrankheiten gefunden (Friedman und Rosenman 1975). Neuere Studien zeigen, dass Menschen in mittleren Berufshierarchien mit unsicheren und perspektivlosen Karriereaussichten, aber auch Menschen mit latenter Bedrohung durch Arbeitslosigkeit hohe Ausprägungen von Unzufriedenheit und Angst zeigen und besonders häufig von Herz-Kreislauf-Krankheiten betroffen sind (Siegrist 1996). Vor allem widersprüchliche Anforderungen, hohe Leistungserwartungen und geringere eigene Kontroll- und Gestaltungsmöglichkeiten spielen als sekundäre Risikofaktoren eine große Rolle (Friczewski, Maschewsky, Naschold, Wotschak und Wotschak 1987). Analoges gilt für private Lebenssituationen mit

Dauerspannungen und unklaren emotionalen und sozialen Erwartungen (Pfaff 1989).

Abb. 14: Hierarchie von Risikofaktoren zur Erklärung von Herzinfarkt

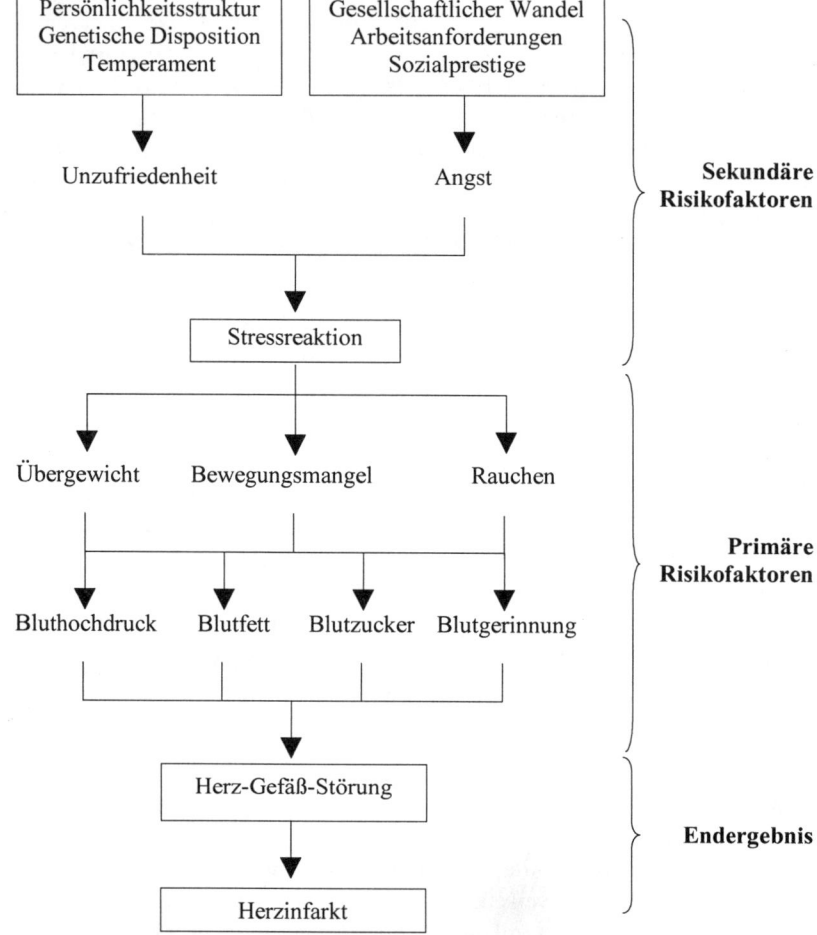

Nach Schaefer und Blohmke 1977, S. 176

Wie die Darstellung zeigt, besteht noch hoher Bedarf an systematischen epidemiologischen Studien zur Verbreitung und zu den Ursachen von Gesundheitsstörungen und Krankheiten in verschiedenen Bevölkerungsgruppen. Diese Studien sind notwendig, um zuverlässige Folgerungen für Aufbau und Struktur von angemessenen Interventionen und Versorgungsleistungen um Gesundheitssystem abzuleiten. Dieses ist das Gebiet der „Gesundheitssystemforschung".

Ansätze der Gesundheitssystemforschung

Die Gesundheitssystemforschung als zweiter Schwerpunkt von Public-Health-Konzepten auf der epidemiologischen Gesundheitsforschung auf. Ihr Ziel ist die Analyse der Grundlagen, Strukturen, Funktionsweisen, Kosten und gesundheitlichen Erträgen der verschiedenen Teilsysteme des Gesundheitssystems und der Überschneidung- und Kooperationsstrukturen zwischen den verschiedenen Teilsystemen, um die Verbesserung und Weiterentwicklung des Gesundheitssystems einzuleiten (Arnold 1998; Weitkunat, Haisch und Kessler 1997). Voraussetzungen hierfür sind epidemiologisch gestützte Bedarfsanalysen, Aussagen zum Funktionieren des Versorgungssystems und seiner Optimierung und Steuerung unter inhaltlichen und Ressourcengesichtspunkten. Dabei steht die vorbeugende und fördernde Perspektive im Vordergrund (Gutzwiller und Jeanneret 1996; Hurrelmann und Laaser 1998, Schwartz 1998).

Wichtige analytische Kategorien der Gesundheitssystemforschung beziehen sich auf die Unterscheidung zwischen Strukturen, Prozessen und Ergebnissen von Versorgungseinheiten im Gesundheitssystem (Badura und Strodtholz 1998, S. 161):

- Unter Strukturen werden die relativ stabilen finanziellen, organisatorischen und politisch-legislativen Rahmenbedingungen der Leistungserbringung gefasst.
- Prozesse bezeichnen die Aktivitäten innerhalb einer Versorgungseinheit, die auf die Realisierung der angestrebten Ergebnisse hinwirken.
- Ergebnisse bezeichnen die Effekte auf den Gesundheitszustand der betroffenen Versorgungspopulationen.

Eine weitere wichtige kategoriale Unterscheidung ist nach Badura und Strodtholz die Inbeziehungsetzung zwischen Input und Output von Versorgungseinheiten. Unter dem Input werden dabei die zum Zwecke der Zielrealisierung aufgewendeten materiellen (Personal, Material, Geld) und immateriellen (Zeit, psychosozialer Aufwand) Mittel verstanden. Das Verhältnis von Input und Output kann in Evaluationsanalysen erfasst werden (Badura und Strodtholz 1998, S. 161). Dabei sind internationale Vergleiche von ganzen Gesundheitssystemen oder auch von Teilsystemen und einzelnen Versorgungseinrichtungen eine wertvolle methodische Hilfe.

Gesundheitssysteme werden daran gemessen, ob sie eine bedarfsgerechte, dem aktuellen Krankheitsspektrum angemessene und zugleich flexibel integrierte Versorgung der Bevölkerung leisten. Ein Gesundheitssystem muss hierfür möglichst genau auf Ausprägungen und Häufigkeiten von Krankheiten in der Bevölkerung ausgerichtet sein. Nach den Erkenntnissen der Gesundheitssystemforschung spielt darüber hinaus die Stärkung von Gesundheitspotentialen in allen Gruppen der Bevölkerung eine große Rolle. Krankenbehandlung und Krankenbetreuung müssen sich an den individuellen Bedürfnissen der Nutzer, also der Patienten und Klienten des Gesundheitssystems, orientieren. Dazu dürfen sie nicht nur auf körperliche, sondern sie sollten, wie die entsprechenden Theorien postulieren, auch auf psychische, soziale und Umweltbedingungen von Gesundheit ausgerichtet sein.

Die Ergebnisse der Gesundheitssystemforschung sprechen dafür, die organisatorischen Strukturen des Gesundheitssystems zu flexibilisieren. Grenzen zwischen der ambulanten und der stationären Krankenversorgung sollten durchlässig sein, der Therapiebereich sollte mit Prävention einschließlich Gesundheitserziehung und Training zur Gesundheitsbewältigung ebenso verzahnt werden wie mit Rehabilitation und Pflege, um eine funktionierende Arbeitsteilung und in sich abgestimmte Versorgung sicherzustellen. Auch muss darauf geachtet werden, Krankenbehandlung und Krankenbetreuung angesichts des Vorherrschens von chronischen Störungen nicht nur an einer einzelnen Krankheitsepisode auszurichten, sondern am gesamten Krankheitsverlauf, gewissermaßen an der „Patientenkarriere" jedes einzelnen Nutzers des Gesundheitssystems. Dabei sind die Bedürfnisse der Patienten/Klienten und nicht die Sachzwänge des Versorgungssystems und seine organisatorischen Merkmale in den Vordergrund zu stellen. Schließlich ist anzustreben, dass professionelle Hilfe mit einer Hilfe zur Selbsthilfe bei der Krankheitsbewältigung und der Stabilisierung der Gesundheitspotentiale verbunden wird, so dass dem Patienten/Klienten die Rolle als „aktiver Mitproduzent seiner Gesundheit" zugewiesen wird.

Eine wirkungsvolle Krankenversorgung darf nicht von den sozialen Lebensbedingungen der Patienten abstrahieren. Die medizinische Versorgung muss vielmehr eingebettet sein in eine psychische, soziale, ökologische und ökonomische Sicherung der Lebensqualität. Ist sie nicht garantiert, können auch die besten medizinischen Versorgungsaktivitäten keine Erfolge erzielen (Illich 1977). Umgekehrt darf das medizinische Versorgungssystem nicht so weit geöffnet sein, dass es auch bei Störungen mit eindeutig sozialen und wirtschaftlichen Hintergründen (z.B. psychischen Krankheiten als Folge von Arbeitslosigkeit) angerufen wird. Dem Gesundheitswesen wird hierdurch die Lösung sozialer und wirtschaftlicher Probleme aufgebürdet. Diese Tendenz wird auch als „Medizinalisierung" von psychisch und sozial bedingten Gesundheitsstörungen bezeichnet (Schwartz, Kickbusch und Wismar 1998).

Ein Versorgungssystem, dass der vielfältigen Verursachung von unterschiedlichen Gesundheitsstörungen und Erkrankungen angemessen ist, darf nach den Erkenntnissen der Gesundheitssystemforschung nicht nur die medizinische Therapie als allgemein zugängliche Versorgung anbieten, sondern muss daneben auch auf die psychischen, sozialen und ökologischen Dimensionen eingehen. Ideal hierfür sind multiprofessionelle Teams, in denen neben medizinischen auch psychologische und soziologische, physiologische, ernährungsfachliche und sozialpädagogische Kompetenzen zur Verfügung stehen. Nur hierdurch können multikausal und multisektoral entstandene und verursachte Gesundheitsstörungen angemessen identifiziert und behandelt werden.

Neben strukturellen Analysen der Funktionsmerkmale des Gesundheitssystems stehen auch **Analysen zur Optimierung und Verbesserung der Arbeitsweise einzelner Einrichtungen im Vordergrund**. Hier geht es schwerpunktmäßig um Fragen des ökonomischen Einsatzes von personellen und sachlichen Ressourcen und die Überprüfung der Qualität der tatsächlich erzielten Versorgung. Dieses kann durch eine Evaluation von medizinischen oder anderen therapeutischen Behandlungsformen oder auch die **Leistungsfähigkeit ganzer Versorgungssegmente** in einer Einrichtung erfolgen. Weiterhin stehen die **Möglichkeiten und Grenzen des Technikeinsatzes in der Behandlung und Betreuung** von Patienten und die entsprechenden Spannungen mit den Bedürfnissen der Patienten im Vordergrund (Güntert 1996). Entsprechend kommt es zu einer engen Zusammenarbeit zwischen sozial- und organisationswissenschaftlichen mit betriebs- und wirtschaftswissenschaftlichen Konzeptionen und Modellen.

3. Gesundheitsförderung und Krankheitsprävention

In diesem Kapitel werden Leitvorstellungen für eine interdisziplinäre Theorie von Gesundheit und Krankheit entwickelt, die einen Konsens in allen beteiligten Fachgebieten anstreben. Anschließend geht es um eine Übersicht über die Strategien der Intervention, die sowohl bei Individuen als auch bei Bevölkerungsgruppen Gesundheit stärken und Krankheit zurückdrängen sollen. Als die zentralen Strategien werden „Gesundheitsförderung" und „Krankheitsprävention" vorgestellt.

3.1 Konzept einer integrativen Theorie von Gesundheit und Krankheit

Die Übersicht über die verschiedenen wissenschaftlichen Theorien, die sich mit Gesundheit und Krankheit befassen, hat eine Vielfalt von Perspektiven und Dimensionen gezeigt. Im Folgenden werden die verschiedenen Positionen noch einmal kurz aufgeführt, um zu einem interdisziplinär verwendbaren, integrativen Konzept und einer Arbeitsdefinition von Gesundheit und Krankheit zu kommen, die auf eine möglichst breite Zustimmung in der Wissenschaftsgemeinschaft und unter professionell arbeitenden Praktikern stößt.

Bisherige Versuche der Klassifikation

Die bisherigen Versuche einer Klassifikation von Gesundheit und Krankheit erfüllen dieses Kriterium nicht. So hat zum Beispiel Seedhouse (1986) die folgenden Konzepte von Gesundheit aus wissenschaftlichen Theorien heraus interpretiert:

- Gesundheit als Idealzustand mit völligem Wohlbefinden ohne jede körperliche, psychische und soziale Störung.
- Gesundheit als persönliche Stärke, die auf körperlichen und psychischen Eigenschaften beruht.
- Gesundheit als Leistungsfähigkeit der Erfüllung von gesellschaftlichen Anforderungen.
- Gesundheit als Gebrauchsgut, das hergestellt und in Grenzen auch „gekauft" werden kann.

Diese vier Konzepte betrachten Gesundheit aus unterschiedlichen Perspektiven, die sich gegenseitig nicht ausschließen, sich aber auch nicht zu einem Gesamtbild verbinden lassen. Auffällig ist der fehlende Bezug zu „Krankheit".

Analog dazu nehmen die Klassifikationen von Krankheit ihrerseits kaum Bezug auf Gesundheit. Dubos (1965) hat die biomedizinische Vorstellung von Krankheit mit den folgenden Aussagen charakterisiert:

- Jede Krankheit besitzt eine spezifische Ursache.
- Jede Krankheit zeichnet sich durch eine bestimmte Grundschädigung aus, die durch eine Fehlsteuerung bei mechanischen oder biochemischen Abläufen entsteht.
- Jede Krankheit hat äußere Zeichen (Symptome), die von geschulten Professionellen diagnostiziert werden können.
- Jede Krankheit hat vorhersagbare Abläufe, die sich ohne eine medizinische Intervention verschlimmern.

Diese Krankheitsvorstellung ist durch die Infektionskrankheiten geprägt. Sie bietet kaum eine Anschlussstelle, um ein Konzept von Gesundheit zu entwikkeln. Gesundheit wird im Grunde als vollständige Abwesenheit von allen vier Merkmalen von Krankheit verstanden.

Der konzeptionelle Beitrag der einzelnen Theorien

Um zu einem in sich stimmigen und aufeinander abgestimmten Konzept von Gesundheit und Krankheit zu kommen, sollen noch einmal die Grundvorstellungen herausgearbeitet werden, die in den verschiedenen wissenschaftlichen Theorien enthalten sind und in den vorangehenden Abschnitten vorgestellt wurden.

- Lern- und Persönlichkeitstheorien arbeiten heraus, dass bestimmte Persönlichkeitsmerkmale das Ausmaß und Profil der Kompetenzen vorgeben, mit denen ein Mensch den Umwelt- und Körperanforderungen gerecht zu werden versucht. Sie machen deutlich, dass dieser Prozess mehr oder weniger gut gelingen kann.

- Stress- und Bewältigungstheorien einschließlich der salutogenetischen und psychosomatischen Theorien stellen ebenfalls auf die individuelle Kompetenz zur Auseinandersetzung mit inneren und äußeren Belastungen ab und betonen die wechselseitige Beziehung zwischen dem Individuum und seiner Umwelt. Gesundheit wird als ein immer erneut herzustellender Gleichgewichtszustand verstanden.

- Sozialisationstheorien erweitern diese Perspektive und betonen den lebenslang anhaltenden Prozess der Realitätsverarbeitung und -bewältigung. Sie berücksichtigen personale und soziale Ressourcen, die als Voraussetzung für die dynamische Balance zwischen Risiko- und Schutzfaktoren gesehen werden und machen auf Zwischenstadien zwischen „absoluter" Gesundheit und „absoluter" Krankheit aufmerksam.

- Interaktions- und Sozialstrukturtheorien beziehen sich auf institutionelle und gesellschaftliche Faktoren, die mit Gesundheit und Krankheit in Verbindung stehen. Gesundheit und Krankheit werden in enger Korrespondenz, teilweise als Reaktion auf Sozialisations- und Machtstrukturen in der Gesellschaft gesehen.

- Public-Health-Theorien schließlich konzentrieren sich auf die Analyse der Zusammenhänge zwischen sozialen Merkmalen und dem Gesundheits- und Krankheitszustand der Bevölkerung und leiten hieraus ab, welche spezifischen Leistungen das Gesundheitssystem in hoch entwickelten Gesellschaften zu erbringen hat.

Identifizierung von Leitvorstellungen

Im Folgenden sollen aus den fünf Theoriesträngen diejenigen interdisziplinär tragfähigen Leitvorstellungen von Gesundheit und Krankheit herausgearbeitet werden, die für die weitere Diskussion in Theorie und Praxis besonders wichtige Orientierungen vermitteln können:

- Die Leitvorstellung von Gesundheit als gelungener und Krankheit als nicht gelungener Bewältigung von inneren und äußeren Anforderungen.

- Die Leitvorstellung von Gesundheit als Gleichgewicht und Krankheit als Ungleichgewicht von Risiko- und Schutzfaktoren auf der körperlichen, psychischen und sozialen Ebene.

- Die Leitvorstellung von „relativer" Gesundheit und „relativer" Krankheit nach objektiven und subjektiven Kriterien.

- Die Leitvorstellung von Gesundheit und Krankheit als Reaktion auf gesellschaftliche Gegebenheiten.

Es ist interessant, dass einige dieser Leitvorstellungen von Gesundheit und Krankheit definitorisch von einer nicht der Wissenschaft, sondern der Praxis verpflichteten internationalen Organisation aufgenommen wurden. Bereits in den 1940er Jahren wurde durch die Weltgesundheitsorganisation (WHO) in ihrer nach dem zweiten Weltkrieg verfassten Konstitution eine programmatische Definition von Gesundheit vorgenommen, die inzwischen häufig zitiert worden ist: „Gesundheit ist der Zustand des völligen körperlichen, psychischen und sozialen Wohlbefindens und nicht nur das Freisein von Krankheit und Gebrechen" (WHO 1946).

Auffällig an der Definition ist die einseitige Festlegung auf die subjektive Einschätzung und das persönliche Empfinden von Menschen („Wohlbefinden") und damit die Zurückweisung von objektiven Kriterien der Gesundheitsprofessionellen. Weiterhin auffällig ist die Dimensionierung von Gesundheit nach den Eigenschaften körperlich, psychisch und sozial. Als drittes ist die zugespitzte Formulierung des „völligen" Wohlbefindens bemerkenswert, ein Stadium, das von den meisten Menschen in der Realität nur selten erlebt werden kann.

Trotz ihres „utopischen" Charakters hat diese Definition nicht nur in der Praktiker-, sondern auch in der Wissenschaftlerdiskussion der letzten Jahrzehnte immer wieder für Impulse gesorgt. Das liegt wohl auch daran, dass die Definition einige der erwähnten Leitvorstellungen in den wissenschaftlichen Theorien trifft: Gesundheit wird mehrdimensional, nämlich mit einer körperlichen, psychischen und sozialen Komponente, und positiv, als ein „Zustand" mit einer eigenen Erlebnisqualität, verstanden. Indirekt wird darauf hingewiesen, dass Gesundheit und Krankheit aufeinander bezogen sind, wenn auch der Gedanke eines Kontinuums nicht direkt ausgesprochen, sondern nur die Gleichsetzung von Gesundheit mit der Abwesenheit von Krankheit zurückgewiesen wird.

Dennoch ist die Definition der WHO heute nicht mehr aktuell. Sie spiegelt den erreichten theoretischen Entwicklungsstand, der in Kapitel 2 dokumentiert wurde, nicht angemessen wider. Deshalb soll im Folgenden der Versuch gemacht werden, aus den oben skizzierten Leitvorstellungen eine Definition von Gesundheit und Krankheit zu entwickeln, die in allen beteiligten wissenschaftlichen Disziplinen Verwendung finden kann.

Leitvorstellungen für Gesundheits- und Krankheitskonzepte

Leitvorstellung 1: Gesundheit ist die gelungene, Krankheit die nicht gelungene Bewältigung von inneren und äußeren Anforderungen.

In mehreren wissenschaftlichen Theorien wird die Kompetenz eines Menschen zur produktiven Auseinandersetzung mit den inneren und äußeren Anforderungen als Voraussetzung für Gesundheit betont. Gesundheit ist in diesem Verständnis nur gegeben, wenn sowohl körperliche und psychische Anforderungen als auch soziale und materiellen Umweltanforderungen bearbeitet werden. Zu den inneren Anforderungen gehören im biologischen Bereich genetische Disposition, körperliche Konstitution, Immunsystem, Nervensystem und Hormonsystem in ihrer jeweiligen Struktur und Dynamik, im psychischen Bereich Persönlichkeitsstruktur, Temperament und Belastbarkeit. Diese Anforderungen sind zugleich auch die Grundausstattung, mit der den äußeren Anforderungen begegnet werden muss. Dazu gehören sozioökonomische Lage, ökologisches Umfeld, Wohnbedingungen, hygienische Verhältnisse, Bildungsangebote, Arbeitsbedingungen, private Lebensformen und soziale Einbindung. Auch diese Anforderungen sind ihrerseits Ressourcen, die ein Mensch zur Verfügung haben muss, wenn er den inneren Anforderungen erfolgreich begegnen will (siehe Abbildung 15).

Abb. 15: Gesundheit als Bewältigung von inneren und äußeren Anforderungen

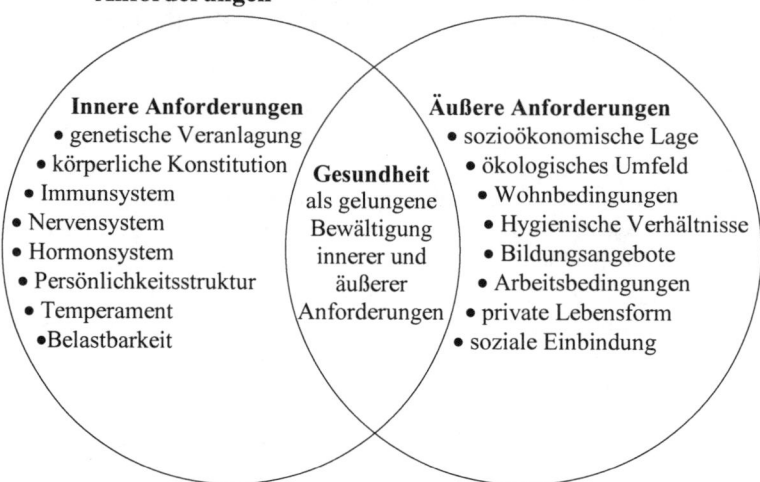

Diese Leitvorstellung berücksichtigt vor allem die Vorgaben aus den Lern- und Persönlichkeitstheorien, die sich auf die inneren Anforderungen konzentrieren, und die aus den verschiedenen soziologischen Theorien, die sich auf die äußeren, gesellschaftlichen Anforderungen beziehen. Besonders in den Stress- und Bewältigungstheorien, der salutogenetischen Theorie und der Sozialisationstheorie wird diese Vorstellung explizit entwickelt. Diese Theorien postulieren, dass jeweils eine bestimmte Grundkonstellation von Faktoren gegeben sein muss, damit Aussicht auf eine gelingende Bewältigung der inneren und äußeren Anforderungen besteht. Fehlt es an persönlichen Kompetenzen und/oder an akzeptablen gesellschaftlichen Bedingungen, dann steigt das Risiko, die Bewältigung nicht zu erreichen. Krankheit kann entsprechend als die nicht gelungene Bewältigung von inneren und äußeren Anforderungen verstanden werden.

Sowohl in den Lern- und Persönlichkeitstheorien als auch in den Interaktions- und Sozialstrukturtheorien wird postuliert, dass die nicht gelingende Bewältigung mit einer strukturell ungünstigen Beschaffenheit der personalen Ressourcen (ungünstige genetische Veranlagung, schlechte körperliche Konstitution, gestörtes Immunsystem, unglückliches Temperament) zusammenhängen und analog auch mit ungünstigen kulturellen, ökonomischen und gesellschaftlichen Ressourcen (schwieriger sozioökonomischer Lage, schlechtem ökologischen Umfeld, Mangel an Bildungs- und Arbeitsangeboten) verbunden sein kann. Aus den personalen und sozialen Ressourcen bildet sich die Kompetenz, die über die Kapazitäten der Bewältigung von inneren und äußeren Anforderungen entscheidet.

Gesundheit ist nur bei einer gelungenen Verbindung von zugleich (selbst-) bewusster und lustvoller Lebensführung möglich. Zu den wichtigsten Elementen einer solchen Lebensführung zählen neben den erwähnten Kompetenzen auch positive Einstellungen zu den alltäglichen Herausforderungen, Annahme des eigenen Körpers und der psychischen „Grundausstattung", optimistische Erwartungen an die soziale Umwelt und insgesamt die Vorstellung von der Beeinflussbarkeit der eigenen Lebensführung. In den Lern- und Entwicklungstheorien ist dieser Tatbestand mit dem Begriff der „Selbstwirksamkeit" bezeichnet worden, in der salutogenetischen Theorie mit „Kohärenzsinn", in der Sozialisationstheorie mit „produktiver Realitätsverarbeitung". Wichtig ist demnach die Verbindung von Selbstvertrauen mit bewusster Lebensführung, die auf Arbeit, Leistung, Anspannung und Rationalität gerichtet ist, und Genussfähigkeit, die auf Entspannung, Essen und Trinken, Bewegung, Bindung, Liebe und Sexualität zielt (Balz 1995).

Leitvorstellung 2: Gesundheit ist das Stadium des Gleichgewichts, Krankheit das Stadium des Ungleichgewichts von Risiko- und Schutzfaktoren auf körperlicher, psychischer und sozialer Ebene.

In vielen der vorgestellten Theorien wird Gesundheit als dynamisches Gleichgewicht (Äquilibrium) zwischen Risiko- und Schutzfaktoren definiert. Bricht das Äquilibrium zusammen, dann ist eine Zeit relativer Krankheit eingetreten, die möglicherweise durch Aktivierung der Selbststeuerung und Hilfen von außen überwunden werden und wiederum in eine Periode der (relativen) Gesundheit übergehen kann. Diese Regulationsprozesse sind ständig notwendig, Widersprüche und Spannungen zwischen den Anforderungen der verschiedenen Systeme sind die Regel.

In Abbildung 16 ist diese Konzeption durch einen Regelkreis veranschaulicht, der die Stadien von Gesundheit und Krankheit durch jeweils zwei dynamische Zwischenschritte miteinander verbindet. Dieser Regelkreis wird von einem Menschen im Lebensverlauf mehrfach durchschritten. Das Stadium der Gesundheit kann beim Überwiegen von Risikofaktoren in eine Phase mit leichten Störungen (prämorbide Phase) und in Frühstadien von Krankheit übergehen und in ein Stadium der Krankheit abgleiten. Dieses Stadium ist in der Regel eines des Ungleichgewichts, das über die Stärkung von Abwehrkräften in die Rekonvaleszenz und über die Rehabilitation wieder in das Stadium der Gesundheit übergehen kann. Die Regulationsschritte in der rechten Hälfte der Abbildung lassen sich als Pathogenese, die in der linken Hälfte als Salutogenese bezeichnen.

Das Stadium der Gesundheit und das Stadium der Krankheit als relative Gleichgewichts- und Ungleichgewichtsstadien haben eine körperliche, psychische und soziale Dimension. Auf jeder Dimension spielen sich die Prozesse des Regelkreises ab. Zugleich stehen diese drei Dimensionen in Wechselwirkung miteinander, beeinflussen Gleichgewichts- oder Ungleichgewichtssituationen auf der einen die entsprechenden Prozesse auf den beiden anderen Ebenen. Auf der körperlichen Ebene spielen hierbei die innerindividuellen Systeme (Nervensystem, Hormonsystem, Immunsystem) ebenso eine Rolle wie Anpassungsfähigkeit, Resistenz, Adaptionsfähigkeit und Plastizität des Organismus in seiner Reaktion auf Umweltanforderungen (Stock und Sachser 1998). Auf psychischer Ebene geht es um die Bedürfnis- und Motivationslage des Individuums, auf sozialer Ebene um soziale Unterstützung und Integration.

Abb. 16: Regelkreis von Gesundheits- und Krankheitsstadien

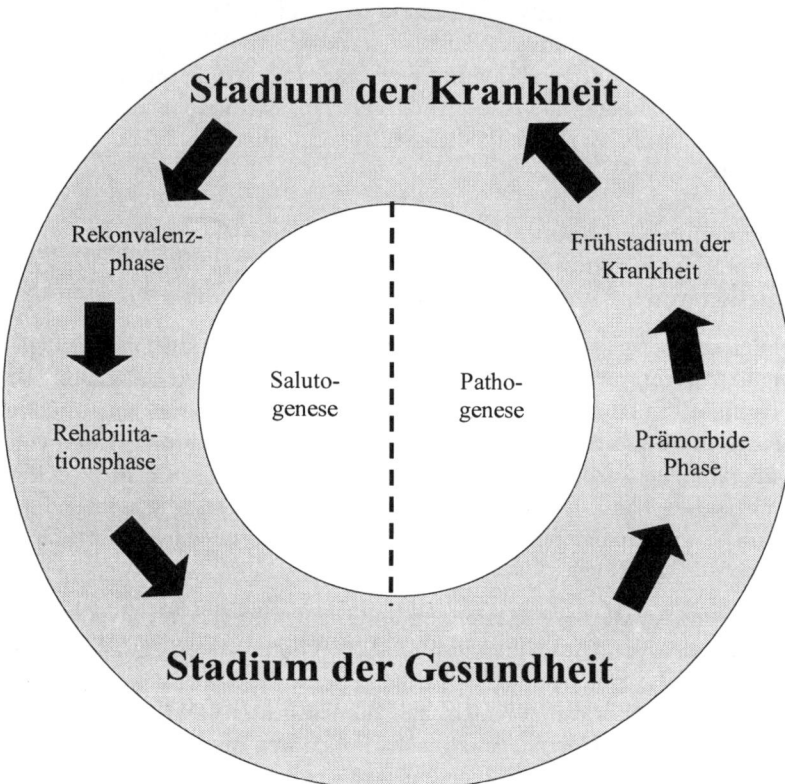

Leitvorstellung 3: Es existieren Stadien von relativer Gesundheit und relativer Krankheit, wobei objektive und subjektive Kriterien in die Definition eingehen.

Chronische Krankheiten schränken die körperliche und psychische Handlungs- und Funktionsfähigkeit eines Menschen ein und belasten ihn meist lebenslang. Ein krebskranker Mensch zum Beispiel hat Schmerzen, Behinderungen und Einschränkungen zu ertragen, er ist von Medikamenten und Hilfsmitteln abhängig und auf die dauerhafte Unterstützung und Hilfe von Gesundheitsprofessionellen und Angehörigen angewiesen. Aber er ist nicht absolut krank, sondern nur bedingt und begrenzt, und er ist bei aller Krankheit deshalb auch bedingt (relativ) gesund. Das gilt umso mehr, wenn es ihm gelingt, die eigene Krankheit so zu meistern, dass die verbliebenen Gesundheitspotentiale aktiviert werden können. Diese Konzeptualisierung von Gesundheit und Krankheit zieht sich durch viele der vorgestellten Theorien. Vor allem die Interaktionstheorien und die Sozialisationstheorien haben explizit hierauf verwiesen.

Wie die körperliche, psychische und soziale Ebene von Gesundheits- und Krankheitsstadien zusammenspielen, entscheidet sich nicht nur nach objektiven Kriterien, die von Fachleuten gewissermaßen „von außen" beobachtet werden können, sondern auch nach den subjektiven Maßstäben und Wahrnehmungen eines Menschen. Die objektive und die subjektive Einschätzung von Gesundheits- und Krankheitsstadien kann sich auf allen drei Dimensionen voneinander unterscheiden. Die von Professionellen vorgenommene Definition folgt anderen Kriterien als die jeweilige subjektive Einschätzung. In die Definition der Professionellen gehen unvermeidbar normative Standards des jeweiligen Faches ein. Bei der Definition von psychischer Gesundheit ist das besonders deutlich, weil eine psychisch gesunde Persönlichkeit oft einfach nur als optimal angepasst definiert wird. Wer sich so verhält, wie es dem gesellschaftlichen Konsens und den Wertvorgaben einer Kultur entspricht, gilt als gesund. Ob das auch dem subjektiven Status der psychischen Gesundheit entspricht, ist höchst fraglich (Franke 1993, S. 29).

Vor allem Lern- und Persönlichkeitstheorien und Stress- und Bewältigungstheorien betonen die Bedeutung der subjektiven Einschätzung der Gesundheit. Studien zeigen, dass die subjektive Einschätzung die objektive Krankheit in vielen Fällen vorhersagen kann (Idler 1992). Auch aus ethischen Überlegungen sollte der subjektiven Bewertung des Gesundheitszustandes ein erheblich höherer Stellenwert zukommen als bisher üblich. In einer demokratischen Gesellschaft ist es das Recht eines jeden Individuums, das Gleichgewicht zwischen inneren und äußeren Anforderungen in einer Weise herzustellen, die den eigenen Wünschen und Vorstellungen entspricht. Wie die Interaktions- und Rollentheorien betonen, gehen notwendigerweise in die Beurteilungen der Gesundheitsprofessionen nicht nur fachliche Standards, sondern auch normative Vorstellungen und gesellschaftliche Machtdimensionen mit ein. Eine wirklich objektive, völlig unabhängige Bewertung des Gesundheits- oder Krankheitszustandes eines Menschen kann es nicht geben.

Wie prekär die Beziehungen zwischen kulturellen und gesellschaftlichen Standardvorgaben und den Gesundheits- und Krankheitsdefinitionen sind, demonstrieren die historischen Analysen aus totalitären und autoritären Gesellschaften. Sowohl im deutschen Nationalsozialismus als auch im sowjetischen Bolschewismus wurde mit der Definition „krank" gearbeitet, um politisch missliebige Gesellschaftsmitglieder zu stigmatisieren, zu isolieren oder zu vernichten. Gesundheit und Krankheit entstehen also immer unter Wahrnehmungsbedingungen, die durch die gesellschaftlichen Herrschaftsstrukturen mit definiert werden. Deswegen sollte der Selbstbestimmung und der Eigendefinition von Menschen ein so hoher Stellenwert zukommen wie nur irgend möglich und für die Definition von „krank" ein erheblich höherer Aufwand mit sehr viel mehr demokratischer Legitimation betrieben werden als heute üblich (Greiner und Ducki 1991; Hartmann 1986).

Um Stadien von relativer Gesundheit und relativer Krankheit angemessen abzubilden, bedarf es geeigneter konzeptioneller Vorstellungen und möglichst auch in der Praxis einsetzbarer Modelle. In Abbildung 17 wird ein einfaches Beispiel hierfür gegeben. Dazu wird das Konzept des Gleichgewichtes im Regelkreis auf das Modell eines Kontinuums zwischen Gesundheit und Krankheit übertragen, wobei an dem einen Pol das Stadium der Gesundheit und am anderen Pol das Stadium der Krankheit abgezeichnet ist. Weiterhin ist nach den körperlichen, psychischen und sozialen Dimensionen von Gesundheit und Krankheit unterschieden, und innerhalb dieser drei Dimensionen werden objektive und subjektive Einschätzungen voneinander getrennt.

In der Abbildung ist ein Gesundheitsprofil als Beispiel eingezeichnet, wie es bei einer hypothetischen Untersuchung für eine an Diabetes erkrankte Person gefunden werden könnte. In diesem Beispiel wird die Person in der körperlichen Dimension als objektiv krank eingestuft, ihr subjektives körperliches Wohlbefinden entspricht aber nur teilweise den objektiven körperlichen Befunden. Psychisch wird die Person eher als gesund eingestuft, was mit der subjektiven Einschätzung stark übereinstimmt. Schließlich wird in diesem Beispiel von einer relativ hohen subjektiven sozialen Gesundheitseinschätzung und einer hiervon nur leicht abweichenden objektiven Einschätzung ausgegangen.

Abb. 17: Gesundheit und Krankheit als mehrdimensionales Kontinuum; Beispiel eines diabeteskranken Patienten

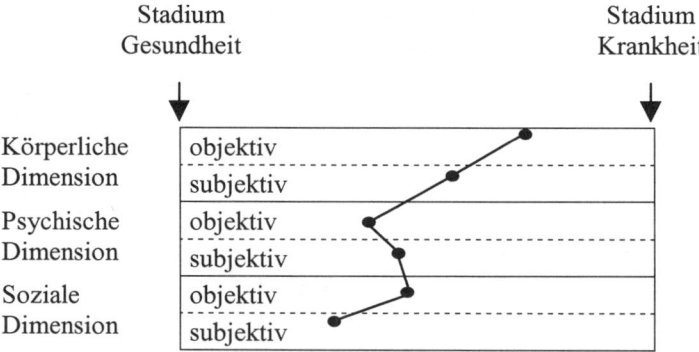

Das Beispiel soll einmal zeigen, dass die Bestimmungen von subjektiver und objektiver Gesundheit sich nicht voll entsprechen müssen. Es ist durchaus denkbar, dass ein Mensch sich subjektiv körperlich krank fühlt, objektiv aber keine körperlichen Befunde nachweisbar sind. Es ist möglich, dass ein Mensch, wie das hypothetische Beispiel illustrieren soll, chronisch krank ist und sich dennoch psychisch gesund fühlt. Zum zweiten soll das Beispiel zeigen, dass ein Mensch entgegen der heute noch vorherrschenden Vorstellung von Gesundheit als einem einheitlichen Phänomen („Es gibt viele Krankheiten, aber nur eine

Gesundheit") auch bedingt gesund sein kann und zwischen den Polen der absoluten Gesundheit und absoluten Krankheit steht.

Es ist also zu fragen, wie die Gesundheitsqualität eines Menschen eingeschätzt werden kann, der mit einer schweren chronischen Krankheit allein oder mit Hilfe anderer ein Gleichgewicht findet und aufrecht erhält, das ihm ein sinnvolles Dasein ermöglicht. Analog ist zu fragen, wie die Gesundheits- und Lebensqualität eines Menschen zu bewerten ist, der ohne jede Krankheit kein Konzept für ein sinnvolles, auf Entfaltung seiner persönlichen Anlagen und Lebensentwürfe eingerichtetes Dasein entwickeln kann. Die interdisziplinäre Theorie von Gesundheit und Krankheit muss diesen Mischtypen von objektiver und subjektiver Gesundheit und Krankheit in Zukunft erheblich mehr Aufmerksamkeit als bisher zuwenden (Greiner und Ducki 1991).

Leitvorstellung 4: Gesundheit und Krankheit sind Reaktionen auf gesellschaftliche Gegebenheiten, insbesondere im wirtschaftlichen, ökologischen und bildungsbezogenen Bereich.

Vor allem die Interaktions- und Sozialstrukturtheorien nach Public-Health-Theorien betonen den engen Zusammenhang zwischen gesellschaftlich bestimmten Arbeits- und Bildungsstrukturen und kulturellen und materiellen Lebensbedingungen mit dem Gesundheits- und Krankheitszustand der Bevölkerung. Die Ausprägung von Gesundheit und Krankheit ist bei jedem einzelnen Menschen und in der Gesamtbevölkerung reflektiert den Entwicklungsstand der gesellschaftlichen Verhältnisse. In jeder historischen Konstellation der Entwicklung einer Gesellschaft gibt es aus diesem Grund unterschiedliche Ausprägungen von Gesundheit und Krankheit.

Störungen der Gesundheit und Krankheiten können in dieser Sichtweise als die „Kosten" der gesellschaftlichen Entwicklung, insbesondere der wirtschaftlichen und kulturellen Wandlungsprozesse, interpretiert werden. Diese Wandlung wird in der soziologischen Theorie auch als „Modernisierung" der Gesellschaft bezeichnet. Das spezifische Profil der Modernisierung bestimmt demnach aus Profil der zeitgenössischen Gesundheitsprobleme.

Charakteristisch für den Prozess der Modernisierung der heutigen Gesellschaften ist die zunehmende Differenzierung und Spezialisierung von sozialen Systemen. Das führt dazu, dass multifunktionale soziale Einheiten, wie etwa die traditionelle Großfamilie oder der traditionelle Betrieb, Teile ihrer Aufgaben an spezialisierte gesellschaftliche Institutionen abgeben. Ein Beispiel ist die Aufgabe der Kindererziehung, die schrittweise aus der Familie in hierfür besonders eingerichtete, mit professionellem Personal ausgestattete außerfamiliale Erziehungs- und Bildungseinrichtungen übergeht.

Für Menschen in hoch entwickelten Gesellschaften bedeutet das, sich jeweils in einigen differenzierten und hoch spezialisierten sozialen Systemen aufzuhalten, die ihre eigene Dynamik und besondere Wert- und Normorientierung haben. Jede einzelne soziale Einheit hat ihre Handlungslogik, die sich von denen einer anderen Einheit stark unterscheidet. Jeder Mensch muss aber in der Lage sein, diese unterschiedlichen sozialen Anforderungswelten miteinander in Verbindung zu bringen. Daraus ergibt sich ein erhebliches Belastungs- und Spannungspotential, das sich in psychischen und körperlichen Gesundheitsstörungen und Krankheiten ausdrücken kann. Menschen in heutigen Industriegesellschaften sind stets in Gefahr, eine nur schwache soziale Bindung aufzubauen und in ihrer Identität irritiert zu sein.

Eine auffällige Erscheinungsform der gesellschaftlichen Modernisierung ist die Individualisierung. Menschen in hoch entwickelten Gesellschaften haben einen großen Freiheitsspielraum für die Definition des eigenen Handelns und den Entwurf ihrer Lebensverläufe. Fixierte Rollenmuster, die nur enge Spielräume für die eigene Entfaltung ermöglichen, bauen sich zunehmend ab. Hierdurch ist ein hohes Maß an Selbständigkeit und Freiheit für die Gestaltung des eigenen Lebens möglich geworden. Der „Preis", der für diese Entwicklung gezahlt wird, liegt in der möglichen Überforderung, die sich durch die ständige Selbststeuerung und Selbstorganisation ergibt. Feste soziale Muster im privaten und beruflichen Lebenslauf und verlässliche, allgemeingültige Werte und Normen für das eigene Verhalten schwinden zunehmend, entsprechend steigt der Bedarf an eigener Orientierung mit innerer Sicherheit und Perspektivität. Hieraus können sich Überforderungen ergeben, die ihren Niederschlag in psychischen und körperlichen Gesundheitsstörungen und Krankheiten finden.

Eine konsensuelle Definition von Gesundheit

Für die weitere wissenschaftliche Arbeit ist eine einvernehmliche Klärung der Begriffe „Gesundheit" und „Krankheit" von großer Bedeutung. Die vier Leitvorstellungen, die aus den verschiedenen wissenschaftlichen Theorien herausgearbeitet wurden, sollen dazu dienen, eine solche Klärung einzuleiten. Die Leitvorstellungen können in Definitionen von Gesundheit und Krankheit einbezogen werden, die für alle beteiligten wissenschaftlichen Disziplinen tragfähig ist.

Aus den Leitvorstellungen lässt sich die folgende Definition von Gesundheit ableiten, die konsensfähig sein dürfte:

> Gesundheit ist das Stadium des Gleichgewichtes von Risikofaktoren und Schutzfaktoren, das eintritt, wenn einem Menschen eine Bewältigung sowohl der inneren (körperlichen und psychischen) als auch äußeren (sozialen und materiellen) Anforderungen gelingt. Gesundheit ist ein Stadium, das einem Menschen Wohlbefinden und Lebensfreude vermittelt.

Für Krankheit wird die folgende, analoge Definition vorgeschlagen:

> Krankheit ist das Stadium des Ungleichgewichtes von Risiko- und Schutzfaktoren, das eintritt, wenn einem Menschen eine Bewältigung von inneren (körperlichen und psychischen) und äußeren (sozialen und materiellen) Anforde-

rungen nicht gelingt. Krankheit ist ein Stadium, das einem Menschen eine Beeinträchtigung seines Wohlbefindens und seiner Lebensfreude vermittelt.

Um zum Ausdruck zu bringen, dass es zwischen diesen beiden „absoluten" Stadien von Gesundheit und Krankheit, die in jeder Lebensphase und in jeder Lebenssituation immer erneut hergestellt werden müssen, auch Zwischenpositionen von vorübergehender Dauer geben kann, soll auch eine Definition von „relativer Gesundheit" beziehungsweise „relativer Krankheit" vorgenommen werden:

> Relative Gesundheit beziehungsweise relative Krankheit ist das Stadium eines teilweise gestörten Gleichgewichtes von Risiko- und Schutzfaktoren, das eintritt, wenn einem Menschen die Bewältigung von inneren (körperlichen und psychischen) und äußeren (sozialen und materiellen) Anforderungen nur teilweise oder nur vorübergehend gelingt. Relative Gesundheit und relative Krankheit sind ein Stadium, das einem Menschen nur begrenzt Wohlbefinden und Lebensfreude ermöglicht.

3.2 Gesundheitsförderung und Krankheitsprävention als Interventionsstrategien

Die zentralen Strategien der Zurückdrängung von Krankheitsrisiken und der Stärkung von Gesundheitspotentialen sind „Krankheitsprävention" und „Gesundheitsförderung". Sie stellen Eingriffshandlungen („Interventionen") in helfender, unterstützender, steuernder, kontrollierender und korrigierender Absicht der mit dem Ziel, in den Prozess der Entstehung von Störungen der Gesundheit einzugreifen, um ihn entweder schon im Vorfeld oder im Frühstadium vorbeugend abzubrechen oder ihn in seiner Dynamik zu mindern und möglichst rückgängig zu machen.

Der Staat hat in der Geschichte der Industrialisierung immer mehr Verantwortlichkeit für die soziale Sicherung in vielen Bereichen der Wohlfahrt seiner Bürger an sich gezogen (Kaufmann 1980). Die Idee des „Wohlfahrtsstaates" ist es, durch Interventionen die Kalkulierbarkeit und individuelle Verfügbarkeit des Lebensverlaufes zu vergrößern und damit Belastungspotentiale für die Bürgerinnen und Bürger bewältigbar zu halten (Hurrelmann, Kaufmann und Lösel 1987).

Erwartungen und Ansprüche an staatliche Interventionsleistungen haben sich in den letzten 120 Jahren, seit der Einführung der flächendeckenden Sozialversicherung, kontinuierlich erhöht, vor allem auch im Zusammenhang mit der Unsicherheit der Lebensplanung durch ein hohes Ausmaß von Arbeitslosigkeit und die Verlängerung der Lebensspanne nach dem Austritt aus dem Berufsleben. Die Lockerung gesellschaftlicher Bindungen und die voranschreitenden Prozesse der Verstädterung mit hoher sozialer und regionaler Mobilität tragen ebenfalls zur Steigerung der Erwartungen an staatliche Interventionen bei.

Zur Tradition der hoch entwickelten westlichen Länder gehört die Absicherung gegen existenzielle Lebenskrisen und Belastungen, insbesondere Krankheit,

Invalidität, Unfall, Arbeitslosigkeit, Altersarmut und Pflegebedürftigkeit. Dieses System besteht bis heute fort, ist aber in seiner traditionellen Form, wie schon in Kapitel 2 erwähnt, deutlich an seine Grenzen gelangt.

Nicht nur in Deutschland ist der „Wohlfahrtsstaat" aus einem traditionellen, fürsorglichen Denken heraus entstanden, dem Bemühen von „Vater Staat", seinen Angehörigen die Sorge vor großen Risiken und Bürden zu nehmen. In einer demokratischen Gesellschaft können durch diese „paternalistische" Grundkonstruktion der Sozialpolitik unerwünschte Nebeneffekte eintreten. Sie liegen oft in einer passiven Konsumentenhaltung der Empfänger der Leistungen und einer auf die individuellen Bedürfnisse wenig Rücksicht nehmenden Verordnungsmentalität der Erbringer der Leistungen. Hierdurch werden Eigeninitiative und Selbstbestimmung unterdrückt, Kostenbewusstsein und Kundenorientierung können sich nicht entfalten. Damit verkümmern Fähigkeiten, die für das lebendige Funktionieren eines Solidarsystems wichtig sind (Adam und Henke 1998; Rosenbrock, Kühn und Köhler 1994).

Es werden dringend neue Konzepte der Gesellschafts- und Sozialpolitik gesucht, die an der Absicherung gegen elementare Risiken festhalten, aber zugleich die Mitgestaltung aller Beteiligten herausfordern. Auch geht es um solche Formen der Risikosicherung und Unterstützung bei Krankheit, Invalidität und Pflegebedürftigkeit, die nicht nach einem pauschalen Standard konstruiert sind, sondern dem persönlichen Bedarf der Adressaten entsprechen. Sie müssen wirkungsvoll sein, dürfen aber keine entmotivierenden und entmündigenden Nebeneffekte haben. Im Gegenteil sollte die entscheidende Funktion aller sozialpolitischen Aktivitäten die Hilfe zur Selbsthilfe sein, die nur möglich ist, wenn durch eine Intervention die Kräfte der Selbstregulation und Problemlösung nicht geschwächt, sondern gestärkt werden.

Das Konzept der Gesundheitsförderung

Strategien der Gesundheitsförderung gehen, wie gezeigt werden soll, von dieser programmatischen Orientierung aus. Sie eignen sich für die notwendige Neuausrichtung der Sozial- und Gesundheitspolitik, weil sie zu solchen Eingriffshandlungen führen, die „Hilfe zur Selbsthilfe" in den Vordergrund stellen und damit den Maximen einer demokratischen, individuelle Freiheiten fordernden und fördernden Gesellschaft gerecht werden (Elkeles, Niehoff, Rosenbrock und Schneider 1991).

Das Konzept „Gesundheitsförderung" überwindet die traditionelle wohlfahrtsstaatliche Politik, die nur auf die Abschirmung von Lebensrisiken setzt, zugleich aber die Kräfte zur Selbsthilfe und politischen Eigeninitiative schwächt. Werden einem Kind, einem Jugendlichen oder einem Erwachsenen alle zur normalen Entwicklung gehörenden Herausforderungen und Belastungen körperlicher und psychischer Art in schützender Absicht von anderen abgenommen, erlahmen die Kräfte der Krisenbewältigung. Das gilt analog auch für ein

Gemeinwesen oder eine soziale Organisation. Bei aller Notwendigkeit von orientierenden politischen Eingriffen dürfen die kollektiven Kräfte der Selbstregulation der gesellschaftlichen Spannungen und Belastungen nicht erstickt werden. Das Konzept „Gesundheitsförderung" stellt schon durch den Begriff sicher, dass ein positives Gut, nämlich „Gesundheit", Gegenstand der politischen Bemühungen ist. Der Begriffsbestandteil „Förderung" ist ebenfalls positiv akzentuiert und bringt zum Ausdruck, dass anregende und unterstützende Impulse - und nicht etwa nur schützende oder sichernde, die dadurch nicht ausgeschlossen werden - im Vordergrund stehen.

Wie beim Begriff „Gesundheit" hat auch beim Begriff „Gesundheitsförderung" eine Definition der Weltgesundheitsorganisation (WHO 1986) den Anstoß für eine intensive und bis heute anhaltende Diskussion gegeben, und zwar in Wissenschaft und Praxis. Die WHO hat mit ihrer Ottawa-Charta ein umfassendes Programm der gesundheitsbezogenen Intervention eingeleitet, das auf eine Neubestimmung der gesundheitspolitischen Konzepte für Industrieländer und Entwicklungsländer gleichermaßen hinausläuft. Im Mittelpunkt steht die Frage, wie und mit welchen Mitteln das Gesundheitspotential von Menschen durch strukturelle und politische Initiativen und durch persönliche Unterstützung gefördert werden kann (Kickbusch 1996).

Die in Ottawa verabschiedete Charta der Weltgesundheitsorganisation nimmt folgende Definition vor:

„Gesundheitsförderung zielt auf einen Prozess, allen Menschen ein höheres Maß an Selbstbestimmung über ihre Gesundheit zu ermöglichen und sie damit zur Stärkung ihrer Gesundheit zu befähigen" (WHO 1986, S. 1).

Dieser Prozess, so heißt es in der Charta weiter, soll durch miteinander verbundene politische Schritte erreicht werden. Insbesondere sollen persönliche Kompetenzen für ein gesundheitsbewusstes Verhalten unterstützt, in Umwelt und Gemeinde positive Bedingungen für die Stärkung der Gesundheit geschaffen und Schritte für eine „gesundheitsfördernde Gesamtpolitik" eingeleitet werden, was eine „Neuorientierung der Gesundheitsdienste" eines Landes einschließt.

Die Charta von 1986 zeigt damit eine zweifache Zielrichtung, die auch für die weitere Strukturierung der Darstellung in diesem Buch zugrunde gelegt wird:

- Eine Stärkung von individuellen Kompetenzen zur Auseinandersetzung mit Krankheitsrisiken und zur Verbesserung der persönlichen Gesundheit.
- Eine gesundheitsgerechte Gestaltung der sozialen und natürlichen Umwelt, um damit gute Bedingungen für die Gesundheit der Bevölkerung zu schaffen.

Abgrenzung von Gesundheitsförderung und Krankheitsprävention

Die erste Zielrichtung, die Stärkung der individuellen Kompetenzen, wird häufig mit präventiven Ansätzen gleich gesetzt. Krankheitsprävention bezeichnet alle

Interventionen, die geeignet sind, das Auftreten einer Krankheit durch vorbeugende Strategien zu verhindern. Sie richtet sich in der Regel an „Risikogruppen", also an Menschen mit Merkmalen, die mit einer gewissen Wahrscheinlichkeit von Gesundheitsstörungen, Funktionseinschränkungen und Krankheiten betroffen werden können (Schwartz, Walter, Robra und Schmidt 1998, S. 154).

Strategien der Krankheitsprävention lassen sich je nach Zeitpunkt und Art des Eingriffs in primäre, sekundäre und tertiäre Schritte unterscheiden (Caplan und Grunebaum 1967; Jenkins 1994; Künzel-Böhmer, Bühringer und Janik-Konecny 1993; Renn 1987)

- Primäre Prävention richtet sich darauf, im Vorfeld einer Krankheitsentwicklung die Widerstandskräfte zu stärken, das Auftreten einer Krankheit möglichst ganz zu vermeiden oder doch zumindest die Verbreitung einer Krankheit so niedrig wie möglich zu halten. Sie kann unspezifisch (generell) orientiert sein und die gesamte Bevölkerung ansprechen, zum Beispiel bei Aufklärung über Fehlernährung. Sie kann aber auch, was häufiger der Fall ist, spezifisch sein und sich gezielt an Menschen richten, die „Risikomerkmale" tragen, also zum Beispiel erhöhten Blutdruck oder Übergewicht.

- Sekundäre Prävention richtet sich darauf, die Wahrscheinlichkeit und das Ausmaß der Ausbreitung und der Dauer einer Krankheit zu reduzieren. Sie spricht in erster Linie Menschen an, die bereits eindeutige Anzeichen einer Krankheit zeigen, zum Beispiel Herzrhythmusstörungen oder Atemprobleme. Um Krankheitsfrühstadien zu identifizieren, werden geeignete Testverfahren (Sceeninginstrumente) entwickelt. Wichtigste Aufgabe ist die frühe und schnelle Behandlung einer Gesundheitsstörung, um die weitere Entfaltung von Krankheitsstadien zu vermeiden oder früh abzubrechen.

- Tertiäre Prävention richtet sich darauf, die Schwere einer Krankheit und ihre Verschlimmerung (Funktionseinschränkungen, Begleitkrankheiten) zu reduzieren. Sie ist auf Menschen gerichtet, die bereits an einer Krankheit in einem vorgerückten Stadium leiden. Ziel ist es, Funktionsfähigkeit und Lebensqualität nach einem Krankheitsereignis möglichst wieder herzustellen.

In der wissenschaftlichen Diskussion der letzten Jahre sind die beiden Begriffe „primäre Prävention" und „Gesundheitsförderung" oft gleichgesetzt worden. Das hat zu Verwirrungen und Irritationen geführt (von Troschke 1995). In den letzten Jahren wurden mehrere Vorschläge zur Überwindung dieser Unklarheiten gemacht (Jenkins 1994). Laaser und Hurrelmann (1998) unterbreiten den Vorschlag, die generellen primärpräventiven Strategien als „primordiale Prävention" zu bezeichnen und damit von denen der primären Prävention abzugrenzen.

Wahrscheinlich werden sich in Zukunft diejenigen Vorschläge durchsetzen, die die Unterschiede zwischen Gesundheitsförderung und Prävention nicht zuspitzen, sondern auf eine Integration hinarbeiten, die alle beteiligten wissenschaftlichen Disziplinen und Gesundheitsprofessionen verbindet. Noack (1996) hat diese Bemühungen auf die Formel gebracht: „Krankheitsrisiken abbauen und

Gesundheitsressourcen aufbauen", was in Variation der beiden oben zitierten Zielrichtungen der Weltgesundheitsorganisation konkret bedeutet:

- Der Ansatzpunkt von präventiven Strategien liegt im Abbau von Krankheitsrisiken.
- Der Ansatzpunkt der Gesundheitsförderung liegt im Aufbau von Gesundheitspotentialen.

Unterscheidung von Gesundheitsgewinn und Gesundheitsverlust

Als hilfreich für die begriffliche Klärung erweist sich die Orientierung an der Vorstellung von „Gewinn" und „Verlust" von Gesundheit. Pelikan und Halbmayer (1999) haben im Anschluss an die Konzeption der Weltgesundheitsorganisation ein Konzept vorgelegt, das verschiedene Strategien nach der Vermeidung von Gesundheitsverlust und der Erzielung von Gesundheitsgewinn unterscheidet. Hierdurch lassen sich die Vorgehensweisen und Zielorientierungen von Gesundheitsförderung und Krankheitsprävention unterscheiden.

Abb. 18: Das Verhältnis von Gesundheitsförderung und Krankheitsprävention

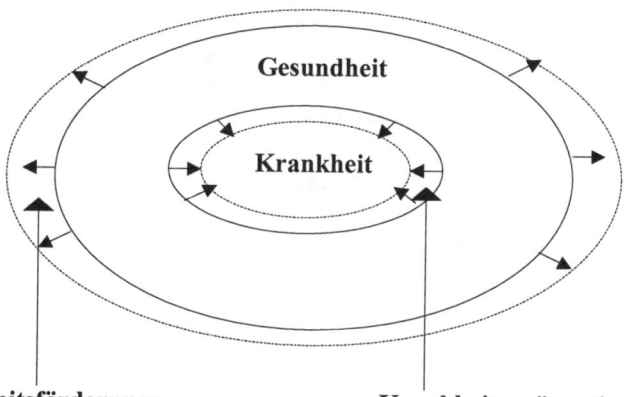

Gesundheitsförderung:
Gesundheitsgewinn durch Verbesserung der Bedingungen für Gesundheit.

Krankheitsprävention:
Gesundheitsgewinn durch Zurückdrängung von Risikofaktoren für Krankheit.

Nach Pelikan und Halbmayer 1999, S. 15

In Abbildung 18 ist diese Konzeption in leicht abgewandelter Form dargestellt. Gesundheit ist als ein Kreisvolumen abgebildet, innerhalb dessen sich Krankheit ausbreitet. Wenn Krankheit expandiert, reduziert sich zwangsläufig Gesundheit. Wird Krankheit zurückgedrängt, dann wird durch einen „Wiedergewinn" mehr Gesundheit möglich. Das Volumen von Gesundheit kann aber auch unabhängig von der Ausdehnung von Krankheit gesteigert werden, indem durch Verbesserung der sozialen und materiellen Bedingungen die äußeren

Grenzen des Möglichkeitsraums von Gesundheit ausgedehnt werden. Gewinn von Gesundheit(spotentialen) entsteht demnach zum einen in der Zurückdrängung von Krankheitsrisiken („Krankheitsprävention"), zum anderen in der Ausweitung der Grenzen des Möglichkeitsraums von Gesundheit durch Verbesserung der Bedingungen für die Herstellung von Gesundheit („Gesundheitsförderung").

Es lassen sich also zwei Formen von „Gesundheitsgewinn" unterscheiden:

- Einmal Gesundheitsförderung als der Gesundheitsgewinn, der für den allgemeinen Gesundheitszustand der Gesamtbevölkerung entsteht, indem die sozialen und materiellen, die gesamte Bevölkerung betreffenden Ausgangsvoraussetzungen für Gesundheit durch das Angebot von angemessener Ernährung, Hygiene, Bildung, Arbeit und Wohnen und Optimierung einer guten gesundheitlichen Versorgung verbessert werden. Durch diese Strategie des Gesundheitsgewinns wird die Gesamtheit von Gesundheitspotentialen in einer Gesellschaft ausgeweitet. Durch die Ausweitung kann erreicht werden, dass Gesundheitspotentiale gestärkt und Krankheitsrisiken geschwächt werden.

- Zum zweiten Krankheitsprävention als der Gesundheitsgewinn, der sich auf Risiken bezieht, die durch spezifische Strategien zurückgedrängt werden. Im Unterschied zur ersten Form des Gesundheitsgewinns steht hier die direkte Beeinflussung des individuellen Ernährungs-, Hygiene- und Bewegungsverhaltens und die Vermeidung von unangebrachtem Stress- und Risikoverhalten im Vordergrund. Dieser Gesundheitsgewinn drängt das Ausmaß der vorhandenen Krankheitsrisiken zurück und bewirkt insofern ebenfalls eine Stärkung der Gesundheitspotentiale.

Unterschiedliche Ansätze der gesundheitsbezogenen Intervention

Krankheitsprävention bedient sich nach dieser Definition im Wesentlichen solcher Strategien, die direkt auf die Änderung des Gesundheitsverhaltens und die Beeinflussung personaler Faktoren (Lebensgewohnheiten, Risikoverhalten, Bildungsgrad und Kompetenz der Krankheitsbewältigung) zielen. Strategien zur Änderung des Gesundheitsverhaltens stellen auf die Stärkung der individuellen Fähigkeiten und Kompetenzen ab, um die inneren und äußeren Anforderungen im Gleichgewicht zu halten und eine Perspektive für subjektives Wohlbefinden und Lebensfreude zu eröffnen.

Gesundheitsförderung bedient sich hingegen im Wesentlichen solcher Strategien, die sich auf die Änderung der Gesundheitsbedingungen beziehen und vorrangig die Beeinflussung sozialer Faktoren (Wohn- und Lebensumwelt, Arbeitsbedingungen, soziale Integration, Netzwerke der persönlichen Beziehung) einschließlich des Versorgungsangebotes zum Ziel haben. Die Strategien richten sich damit nur indirekt auf das Gesundheitsverhalten. Sie haben das Ziel einer Stärkung der im Gemeinwesen und in den sozialen Organisationen verankerten „kollektiven" Fähigkeiten, um durch unterstützende Netzwerke im sozialen Nahraum, in der Kommune und in den wichtigsten sozialen Organisationen die Bedingungen für die Herstellung von Gesundheit jedes Einzelnen zu schaffen. Dazu gehören auch Bemühungen, die Strukturen der Versorgung an die tatsächlichen Ausprägungen von Gesundheitsstörungen und Krankheitsverläufen anzupassen. Durch diese Aktivitäten sollen die sozialen, wirtschaftlichen und organisatorischen Voraussetzungen geschaffen werden, die Grundbedingung für eine gesunde Lebensführung sind.

Theoretischer Hintergrund der auf das Verhalten gerichteten Interventionen der Krankheitsprävention ist die aus den Lern- und Persönlichkeitstheorien und den Stress- und Bewältigungstheorien abgeleitete Annahme, Gesundheit werde durch die Überzeugungen und das Wissen beeinflusst, das einem Menschen über die Möglichkeiten der Verhinderung von Krankheit zur Verfügung steht. Theoretischer Hintergrund der auf die Gesundheitsbedingungen gerichteten Interventionen der Gesundheitsförderung ist die aus den Sozialisationstheorien, Interaktions- und Sozialstrukturtheorien und Public-Health-Theorien abgeleitete Annahme, das Gesundheitsverhalten sei im Wesentlichen durch die Lebens- und Arbeitsbedingungen beeinflusst, die eine strukturelle, über die individuellen Motive und Handlungsimpulse hinausgehende Wirkung ausüben, zum Beispiel durch ökonomische und ökologische Belastungen und Beeinträchtigungen.

In den folgenden zwei Kapiteln des Buches werden zunächst Strategien der Krankheitsprävention und dann der Gesundheitsförderung ausführlich vorgestellt. Krankheitsprävention hat die insgesamt deutlich längere Tradition, jedenfalls nach der Zahl der Programme und ihrer praktischen Umsetzung und zum Teil auch der wissenschaftlichen Überprüfung. Schon seit einem Jahrhundert gilt die „Gesundheitserziehung" (englisch „health education") als der Kern- und Kristallisationsbereich dieser auf das Verhalten gerichteten Intervention (Green, Kreuter, Deeds und Partridge 1980; Green und Kreuter 1991; Venth 1987). „Health education" in der weit entwickelten Konzeption, wie sie in den USA vorherrscht, schließt aber auch organisatorische, gemeinde- und umweltbezogene Aktivitäten mit ein (Glanz, Lewis und Rimer 1997; McLeroy, Bibeau, Steckler und Glanz 1988). Allen Konzepten liegt die Annahme zugrunde, dass eine intensive Wechselwirkung zwischen individuellem Verhalten und Umwelt besteht und den „Sachzwängen" der Umwelt eine Art „erzieherischer Wirkung" für das individuelle Verhalten zukomme (Stokols 1992). Ähnlich wird auch von Seiten der Vertreter der Gesundheitsförderung, die in dieser Form erst seit etwa 1950 besteht, auf die engen Verzahnungen mit den präventiven Strategien hingewiesen (Brößkamp-Stone, Kickbusch und Walter 1998).

4. Strategien der Veränderung des Gesundheitsverhaltens

Das folgende Kapitel konzentriert sich auf Strategien der Krankheitsprävention, also solcher Formen der Intervention, die direkt auf das Verhalten von Menschen gerichtet sind.

Die präventiven Strategien werden in drei Schritten vorgestellt:

- Erstens werden „primärpräventive" Strategien erörtert, nämlich Ansätze der Gesundheitserziehung, die eine Kompetenz zum vorbeugenden Gesundheitsverhalten entwickeln wollen. Hier handelt es sich vor allem um die Vermittlung von Wissen, Einstellungen und Verhaltensroutinen, die der Gesundheit förderlich und vorbeugend gegen Krankheiten sind. Die wichtigsten Vermittlungsinstitutionen sind Schulen und andere Bildungseinrichtungen, in denen die Grundlagen für Wertvorstellungen und Handlungsorientierungen gelegt werden. In den letzten Jahren hat es intensive Diskussionen über die konzeptionelle Ausrichtung der Gesundheitserziehung gegeben, die nachgezeichnet werden.

- Zweitens werden Strategien erörtert, die eine Kompetenz zur selbständigen und selbstverantwortlichen Bewältigung von bereits eingetretenen Ausprägungen von Gesundheitsstörungen und Krankheiten entwickeln wollen. Hier geht es „sekundärpräventiv" und teilweise „tertiärpräventiv" darum, Wissen und Fähigkeiten aufzubauen, um mit bereits eingetretenen Störungen des gesundheitlichen Gleichgewichts zurechtzukommen und die Handlungsautonomie bei der Auseinandersetzung mit einer einmal eingetretenen Krankheit zu behalten. Eine wichtige Teilkompetenz ist die selbständige und selbstbewusste Ausübung der Patienten- und Klientenrolle. Auch die Fähigkeit zur Selbstorganisation, zum Beispiel in Selbsthilfegruppen, gehört dazu.

- Drittens werden solche Strategien erörtert, die eine Kompetenz zur informierten und selbstgesteuerten Nutzung der Angebote und Leistungen der Gesundheitsversorgung entwickeln wollen. Diese präventiven Strategien sind darauf gerichtet, sowohl gesunden als auch kranken Bevölkerungsgruppen Informationen über das gesamte Spektrum von Prävention, Therapie, Rehabilitation und Betreuung und über den Aufbau des Versorgungssystems zu geben, um sie als souveräne „Kunden" und „Konsumenten" am Gesundheitsmarkt zu qualifizieren.

4.1 Stärkung individueller Kompetenzen durch Gesundheitserziehung

„Gesundheitserziehung" bezeichnet alle Strategien der Stärkung der Persönlichkeit durch Wissens- und Kompetenzvermittlung, um die Selbstorganisation des Gesundheitsverhaltens und die Gestaltung gesundheitsrelevanter Umweltbedingungen zu ermöglichen. Dabei sind die Bedürfnisse der jeweiligen Adressaten zu berücksichtigen. Ansätze der Gesundheitserziehung gibt es in Deutschland, vor allem als ein spezielles Arbeitsgebiet der Pädagogik, seit den 1920er Jahren. In der Zeit der totalitären Herrschaft des Nationalsozialismus wurde dieses Gebiet wie alle anderen gesundheitsbezogenen Bereiche für Zwecke der Rassendiskriminierung missbraucht. In der Nachkriegszeit hat es lange gedauert, bis die konzeptionelle Diskussion und die Umsetzung in die Praxis wieder auf internationalen Niveau waren.

Erst in den 1970er Jahren gab es wieder entscheidende Impulse für die Gesundheitserziehung, die sich überwiegend an lerntheoretischen Positionen und am sozialmedizinischen Risikofaktorenmodell orientierten. Sie waren darauf gerichtet, durch Information und Einstellungsbildung gezielt und direkt gesundheitsgefährdendes Verhalten zu vermeiden. In den 1980er Jahren kam es dann zu einer Neuorientierung, die die Entwicklung von Kompetenzen in den Vordergrund stellte und sich an der oben vorgestellten Definition orientierte.

Autoritative Konzepte der Gesundheitserziehung

Die Konzepte der Gesundheitserziehung in den 1970er Jahren waren in ihrer programmatischen didaktischen Ausrichtung an der „Erziehungsbedürftigkeit" eines Menschen orientiert (Schneider 1998). Gesundheitserziehung war in dieser Denktradition darauf gerichtet, Menschen bewusst und zielorientiert zu bestimmten Verhaltensweisen zu führen. Ziel war die Vermeidung von gesundheitsgefährdendem Verhalten, insbesondere von schlechter Körperpflege, Fehlernährung, Bewegungsmangel, mangelnder Verarbeitung von psychischer Überforderung, Konsum von Zigaretten oder anderen psychoaktiven Substanzen und riskantem Verkehrsverhalten. Die Gesundheitserziehung sollte im Idealfall wissenschaftliche Erkenntnisse vermitteln und deshalb auch maßgeblich von medizinischen Fachberufen durchgeführt werden, weil sie die besten Kenntnisse über Krankheiten und ihre Folgen haben.

Diese Tradition der Gesundheitserziehung kann wegen ihrer Orientierung an der unbefragten Autorität von wissenschaftlichen Erkenntnissen als „autoritativ" bezeichnet werden. Sie lässt sich bis an das Ende 18. Jahrhunderts zurückverfolgen, als viele Ärzte mit großem Engagement in die „gesundheitliche Aufklärung" eintraten und - wie zum Beispiel der Hofarzt Johann Christoph Faust in Bückeburg im Jahre 1797 - mit allgemeinverständlichen Schriften an die Öffentlichkeit traten, in diesem Falle mit einem „Gesundheitskatechismus", der sich an Schulleiter richtete. Gesundheitserziehung wurde vorrangig als Sachinformation über das Entstehen und die Entwicklung von Krankheiten verstanden. Grundlegende Kenntnisse der Hygiene und Bakteriologie wurden in den Vordergrund der Vermittlung gestellt. Fachleute aus den biomedizinischen Fächern traten dabei als Autoritäten auf, die medizinisches Sachwissen im Sinne einer gesundheitlichen Aufklärung vermittelten (Haug 1991). Die Pädagogen sollten sich selbst vorbildlich verhalten und als „Rollenmodell" auftreten. Diese Konzeption ging also von einem einfachen Disseminationsmodell aus und erwartete von der Wissensvermittlung eine unmittelbare Auswirkung auf das Verhalten. Didaktisch waren die Programme der Gesundheitserziehung an schulischen Lernkonzepten orientiert, die auf eine Verhaltensveränderung durch Wissensvermittlung setzten und dabei mit moralischen Bewertungen arbeiteten.

„Man ging davon aus, dass Aufklärung durch Wissensvermittlung zu einer vernunftorientierten Ausrichtung der individuellen Lebensweise führen würde. Dieses als notwendig erachtete Wissen, gepaart mit mahnend schulmeisterlichen Vermittlungsmethoden („Du darfst", „Du musst", „Du sollst nicht") war auf Abschreckung und Vermeidung lebensgefährdender Risikofaktoren ausgerichtet. Gesundheitserziehung zielte damit auf ausgesuchte Verhaltensänderungen ab. Diese Pädagogik des Zeigefingers auf der Grundlage einer autoritären, von oben strukturierten Erziehungsauffassung arbeitete vor allem mit Schuldzuweisungen und der Erzeugung von Angst. Darüber hinaus wurde sowohl Krankheit als auch Gesundheit individualisiert, das Individuum wurde für die Folgen gesundheitsschädigender Verhaltens- und Lebensweisen verantwortlich gemacht" (Schneider 1998, S. 35).

Kritik der autoritativen Gesundheitserziehung

Seit den 1980er Jahren gab es erst konzeptionelle, dann auch empirisch unterstützte Kritik an diesem Konzept. Horn (1987) kritisiert die Logik der Ausrichtung an einem zu einfachen Modell der Risikofaktoren. Wie in Kapitel 2 bei der Erörterung dieses Modells erwähnt, stützt es sich auf statistische Wahrscheinlichkeiten. Deshalb kann bei einem erfolgreichen Zurückdrängen der Risikofaktoren keine Garantie bestehen, dass die „bekämpften" Krankheiten auch wirklich ausbleiben. Für die didaktische Umsetzung der Gesundheitserziehung erwies sich als besonders problematisch, dass die wissenschaftlich objektiv belegbare Relevanz der Risikofaktoren nicht deren subjektive Bedeutung für den einzelnen Menschen als „Symptomträger" widerspiegelt.

Risikoverhalten muss sozialpsychologisch als ein Bewältigungsversuch bewertet werden, um mit alltäglichen Anspannungen und Belastungen zurechtzukommen. Das Risikoverhalten wird nicht ohne Grund gewählt, es ist für die Alltagsbewältigung in der Regel hilfreich und funktional. Für den einzelnen Raucher zum Beispiel ist der objektiv gesundheitsschädigende Charakter der Verhaltensweise eher irrelevant. Das Rauchen dient zum Erreichen sozialer Aufmerksamkeit und Anerkennung. Die wissenschaftlich begründete Information, dieses Verhalten sei gesundheitlich ein „Risikoverhalten", wird zwar von einem Raucher rational verstanden, steht aber in einem Spannungsverhältnis zu der etablierten und subjektiv bewährten „Problemlösung", bei Anspannungen einfach eine Zigarette zu rauchen. Deshalb reicht die Information in der Regel nicht dazu aus, das gesundheitsabträgliche Verhalten zu verändern.

Die autoritative Gesundheitserziehung ist immer in Gefahr, wegen ihrer belehrenden Grundhaltung einen normativen Charakter anzunehmen. In der Regel liegt die Vorstellung zugrunde, jeder Mensch sei selbst verantwortlich und damit auch moralisch haftbar für eine bei ihm auftretende Krankheit. Er hat jahrelang gegen die „Gesundheitsnorm" verstoßen, keine Zigaretten zu rauchen, und deshalb kann die nun aufgetretene Herz-Kreislauf-Krankheit als eine konsequente „Quittung" für das deutlich erkennbare Fehlverhalten gedeutet werden. Dass das Rauchen jahrelang ein im Lebensumfeld subjektiv erfolgreicher Versuch war, mit einer schwierigen Lebenssituation zurechtzukommen und eine Reaktion auf berufliche und/oder private Frustrationen darstellt, bleibt dabei außer Betracht (Haag 1971; Homfeldt 1988; Laaser, Sassen, Murza und Sabo 1987).

Horn (1987) weist in seiner Kritik auch darauf hin, dass in der traditionellen Gesundheitserziehung die Krankheiten oft nur durch eine Fehlfunktion der Organe und des Körpers interpretiert werden und ihre Verbindung mit psychischen, sozialen und ökologischen Bedingungen vernachlässigt wird (Horn, Beier und Wolf 1983). Krankheit werde hierdurch gewissermaßen „enteignet", weil sie der persönlichen Steuerung und Verfügung eines Menschen entzogen und ausschließlich in die Fachkompetenz des professionellen Mediziners gelegt wird.

„Wenn wir den Einzelnen ein aktives, verantwortliches Verhältnis zu ihrer Gesundheit verschaffen wollen - und darin wäre letzten Endes das Ziel von Gesundheitserziehung zu sehen - dann muss die durch Wissenschaft und Praxis der Medizin faktisch vollzogene Enteignung der Gesundheit und ihre Übereignung an Experten rückgängig gemacht werden, freilich ohne die Errungenschaften dieser naturwissenschaftlichen Medizin aufzugeben" (Horn 1987, S. 156).

Auch empirische Überprüfungen des traditionellen Konzepts der Gesundheitserziehung kommen zu kritischen Resultaten. Mehrere Studien zur Evaluation der präventiven Arbeit in Schulen haben gezeigt, dass weder Angstappelle noch reine Wissensvermittlung Veränderungen im Verhalten der Schülerinnen und Schüler bewirken. Der Hintergrund liegt in der Lebenssituation Gesundheit ist für Kinder und Jugendliche zwar ein wichtiger Orientierungspunkt, aber zugleich auch ein als selbstverständlich erfahrener Erlebniszustand.

„In einer Entwicklungsphase andauernden geistigen und körperlichen Wachstums erscheinen die persönlichen Ressourcen unerschöpflich, und bezüglich der eigenen Gesundheit findet sich ein noch ausgeprägter unrealistischer Optimismus als bei Erwachsenen. Überdies treten mögliche Gesundheitsschädigungen aufgrund von Risikoverhaltensweisen mit starker Verzögerung bzw. so spät ein, dass der Zusammenhang zwischen Verhalten und Krankheit im jugendlichen Alter sehr schwer nachvollziehbar ist und persönlich nicht relevant erlebt wird, womit jeglicher Selbstbezug und Motivation zu gesundheitsförderlichem Handeln fehlen. Persönliche Gesundheitsvorsorge erscheint nicht nur überflüssig, sondern wird sogar als negativ eingeschätzt, weil damit ein asketischer und langweiliger Erziehungsstil assoziiert wird, der die eigenen Entfaltungsmöglichkeiten einschränkt und belastet" (Jerusalem und Mittag 1994, S. 852).

Das individuelle Verhalten wird im Jugendalter kaum durch gesundheitliche Überlegungen gesteuert, vielmehr steht die soziale und psychische, teilweise auch die emotionale Funktionalität des Verhaltens für die alltägliche Lebensbewältigung im Vordergrund. Gesundheitsabträgliches Verhalten wie Rauchen, riskantes Verkehrsverhalten und Drogenkonsum können deswegen sogar besonders geeignete Mittel zum Erreichen erwünschter Ziele sein, etwa Akzeptanz im Freundeskreis, Ausgleich von Selbstwertschwächen, Bewältigung von Stress, Protest gegen gesellschaftliche Normen, Demonstration der Zugehörigkeit zu einer Subkultur und Erleben von angenehmen Gefühlszuständen. Demgegenüber erscheinen die vorbeugenden Handlungen meist als dysfunktional und kontraproduktiv, vor allem dann, „wenn einerseits durch moralisierende Ermahnungen die Bandbreite möglicherweise interessanter, neuer Erfahrungen eingegrenzt wird, und andererseits die Jugendlichen deutlich erleben, dass sich viele Erwachsene den untersagten Risikoverhaltensweisen mit größter Selbstverständlichkeit täglich hingeben" (Jerusalem und Mittag 1994, S. 853).

Das Konzept der partizipativen Gesundheitserziehung

Um die Schwächen des „autoritativen" Modells der Gesundheitserziehung zu überwinden, wurde die einseitige Ausrichtung an einfachen Varianten der Lerntheorie und des Risikofaktorenmodells in den letzten Jahren aufgegeben. Die theoretische Orientierung der Gesundheitserziehung schloss sich den umfassenden Konzepten der Stress- und Bewältigungstheorie und der Sozialisationstheorie an. In diesen Konzepten liegt der Schwerpunkt der Gesundheitserziehung darauf, die Kompetenz jedes einzelnen Menschen zu stärken, um sich mit den körperlichen, psychischen und umweltbezogenen Faktoren auseinanderzusetzen, die die eigene Gesundheit bestimmen (Hörmann 1986).

Durch diese Orientierung ergeben sich in der „partizipativen" Konzeption gegenüber der traditionellen Ausrichtung der Gesundheitserziehung die folgenden Akzentverschiebungen:

- Im Unterschied zu den „autoritativen" Konzepten geht es nicht in erster Linie darum, bestimmte Verhaltensänderungen einzuüben, um Krankheit vorzubeugen, sondern um die Unterstützung der eigenen Kräfte für die gelingende Balance von Gesundheit und Krankheit. Im Unterschied zur traditionellen Gesundheitserziehung setzt diese Konzeption der Gesundheitserziehung bei der Motivation eines Menschen an, sein Verhalten selbst zu steuern. Es werden keine aus einer normativen Vorgabe abgeleiteten Ziele für das eigenen Verhalten gesetzt („Du sollst nicht rauchen", „Du darfst nichts Fettiges essen"), sondern diejenigen Kräfte der Selbststeuerung gestärkt, die nach der eigenen Erfahrung eines Menschen seine Gesundheitsbalance herstellen oder wiederherstellen können.

- Gesundheitserziehung wird als Intervention verstanden, mit der Kompetenzen zur gesundheitlichen Selbststeuerung gebildet werden. Dazu gehört ein grundlegendes Wissen über Bedingungen von Gesundheit und Krankheit, die Verfügbarkeit wichtiger Fähigkeiten der Selbsthilfe und der Heranziehung von Unterstützung. Im Unterschied zur traditionellen Konzeption bestimmt nicht die intervenierende Autoritätsperson (Arzt, Lehrer, Berater), welches das Ziel des Gesundheitsverhaltens ist. Es kommt nicht zu einer von außen gelenkten Beeinflussung des Verhaltens von Menschen, sondern jeder Einzelne selbst nimmt diese Bestimmung vor, wobei er sich informieren und beraten und möglicherweise auch lenken und leiten lässt, aber dabei immer die Autonomie über das eigenen Verhalten hat.

- Im Unterschied zur „autoritativen" konzentriert sich die „partizipative" Gesundheitserziehung nicht auf die Symptome für das gesundheitliche Risikoverhalten, also die bereits erkennbar eingetretenen Kompensations- und Bewältigungsstrategien, sondern auf die Ursachen und Ausgangspunkte hierfür, nämlich die Art und Weise, wie sich ein Mensch mit seiner Lebenssituation auseinandersetzt. Ziel ist es, das Wissen so zu vermitteln, dass es in die Lebenswelt des Adressaten einbezogen wird und die individuellen Kompetenzen der Problembewältigung gestärkt werden, so dass es zu einer aktiven und produktiven Form der Auseinandersetzung mit inneren und äußeren Anforderungen kommt.

Mit der Orientierung an einem solchen Modell der Stärkung von persönlichen und sozialen Kompetenzen (im Englischen auch anschaulich als „Empowerment" bezeichnet) soll die Gesundheitserziehung aus ihrer Engführung herausgebracht werden, die sie durch die alleinige Orientierung am Risikofaktorenmodell erhalten hatte. Das „Kompetenzmodell" der Gesundheitserziehung, wie es hier propagiert wird, betrachtet positives Gesundheitsverhalten nicht als Ziel für sich, sondern vielmehr als ein Mittel, um Menschen ein aktives und selbstbestimmtes Leben zu ermöglichen. Es orientiert sich an den Stress- und Bewältigungstheorien, dem salutogenetischen Modell und den Sozialisationstheorien.

Ein den körperlichen, psychischen und sozialen Bedingungen angemessenes Gesundheitsverhalten wird in diesem Ansatz gewissermaßen als eine „Lebenskunst" verstanden, um mit den inneren und äußeren Anforderungen in einer produktiven Weise umzugehen und auf Störungen und Krisen flexibel zu antworten. Gesundheitsverhalten wird pädagogisch-programmatisch als eine solche Form der Bewältigung und Auseinandersetzung mit inneren und äußeren Realitäten verstanden, die der weiteren Entwicklung der Persönlichkeit förderlich ist.

In Abbildung 19 ist die „partizipative" Konzeption der Gesundheitsbeziehung im Überblick der „autoritativen" nach Zielsetzung, pädagogischer Orientierung, Didaktik und Erfolgskriterien gegenübergestellt.

Abb. 19: Zwei alternative Konzepte der Gesundheitserziehung

	Autoritatives Konzept „Verhaltenskorrektur"	Partizipatives Konzept „Kompetenzförderung"
Ziel	Vermeidung von gesundheitsgefährdendem Verhalten durch direkte Beeinflussung	Entwicklung von gesundheitsförderndem Verhalten durch Stärkung und Förderung von Kompetenzen
Pädagogische Orientierung	Persönliches Verhalten als Direktverantwortung für die Gesundheit	Gesundheitsverhalten als Ausdrucksform von Lebensbewältigung
Didaktik	• autoritativ • Vermittlung wissenschaftlicher Erkenntnisse über Krankheitsentstehung („Risikofaktorenmodell") • Moralisch-ethische Bewertung von Gesundheitsfachleuten • Pädagoge als Rollenmodell	• Partizipativ • Information über Gesundheits-/ Krankheitsprozesse, um das eigene Verhalten zu verstehen • Angebot der Beratung durch Gesundheitsfachleute • Pädagoge als Partner
Erfolgskriterien	Änderung des Gesundheitsverhaltens	Kompetenz bei der Bewältigung von Gesundheitsstörungen

Gesundheitserziehung als Stärkung individueller Kompetenzen

Die Neuorientierung der Gesundheitserziehung hat in den USA und Großbritannien schon in den 1980er Jahren begonnen und setzt sich allmählich auch in Deutschland durch. In den verbreitetsten Modellen wird auf die aufklärende Wissensvermittlung und die Entwicklung von gesundheitsbezogenen Einstellungen nicht verzichtet, aber das Wissen wird so vermittelt, dass es an die persönlichen Erlebnisse und die Lebenserfahrungen der Adressaten anknüpft und in ihr Verhaltensrepertoire übernommen und umgesetzt werden kann. Daneben tritt die Einübung in alltagspraktische Verhaltensweisen, die für Herstellung oder Wiederherstellung des Gesundheitsgleichgewichts von Bedeutung sind.

Vor allem die didaktischen Modelle der „sozialen Immunisierung" und der Vermittlung von „Life Skills" haben sich in der Praxis bewährt:

- Das Konzept der **sozialen Immunisierung** stellt vor allem auf die hohe Bedeutung der **gesundheitsschädigenden Beeinflussung von Verhalten und Einstellungen** durch die **Gleichaltrigengruppe ab** (Kolbe 1985). Um den Beeinflussungen nicht zu erliegen, werden **Interventionsbausteine** entwickelt, die Jugendliche dazu befähigen sollen, **dem Gruppendruck zu widerstehen** und Überredungsversuchen mit **Gegenargumenten** zu begegnen. Jerusalem und Mittag (1994) bezeichnen das Konzept als eine Art „Verhaltensimpfung". Es werden soziale **Fertigkeiten** eingeübt, konkrete **Handlungsempfehlungen** vermittelt und **Gegenstrategien des Verhaltens** herausgearbeitet, um dem Gruppendruck standzuhalten. Die Jugendlichen werden aktiv in die Entwicklung von Verhaltensweisen einbezogen, die für sie eine positive Bedeutung haben und **Alternativen zum gesundheitsgefährdenden Handeln** aufzeigen.

- Der **„Life-Skill"** Ansatz konzentriert sich auf die Entwicklung **allgemeiner Bewältigungskompetenzen,** die über den Gesundheitsbereich hinaus von Bedeutung sind. Dieser Ansatz ist vor allem von Botvin und seinen Mitarbeitern ausgearbeitet geworden (Botvin, Eng und Williams 1980; Botvin und Tortu 1990; Dusenbury und Botvin 1990). Hier geht es um die Förderung **persönlicher und sozialer Kompetenzen zur Auseinandersetzung mit Alltagsanforderungen.** In Gruppendiskussionen und Rollenspielen werden alltägliche Probleme analysiert und hierfür **konstruktive Bewältigungsstrategien** eingeübt. Es sollen Kompetenzen von **Stressbewältigung, Kommunikation, Konfliktregelung, Entscheidungsfindung, Übernahme von Verantwortung** und Entwicklung eines **starken Selbstkonzepts** und **positiven Selbstwertgefühls** eingeleitet werden. Ziel ist es, den Jugendlichen solche Verhaltensweisen aufzuzeigen, die im Sinne einer funktionalen Lebensbewältigung **ähnlich attraktiv oder sogar attraktiver** sind als die, die sie mit Hilfe gesundheitsriskanter Verhaltensweisen erreichen würden.

Aus den USA und vereinzelt auch aus Deutschland liegen inzwischen publizierte Studien zur Überprüfung und Evaluation dieser Modelle der Gesundheitserziehung vor. Im Hinblick auf die Wissensvermittlung **zeigen die meisten Programme gute und zufriedenstellende Wirkungen** (Hesse 1993; Hesse und Hurrelmann 1991). Auch kommen positive Einstellungseffekte mit einer kritischen und distanzierten Haltung gesundheitsgefährdendem Verhalten gegenüber zustande. **Die Verhalteneffekte sind allerdings gering.** Die Veränderung des Wissens erweist sich als eine zwar förderliche, aber **nicht hinreichende Bedingung** für Einstellungs- und Verhaltensänderungen. Gelingt eine Änderung der gesundheitsbezogenen Einstellungen, dann schlägt sich dies teilweise auch im Verhalten nieder.

Das Konzept der Vermittlung von „Life Skills" ist inzwischen auch im **schulischen Unterricht in Deutschland** verbreitet. Das praktisch orientierte Kompetenztraining stellt darauf ab, mit Stress- und Angsterleben umzugehen, auch in konfliktgeladenen Situationen konstruktiv zu kommunizieren, Gruppendruck standzuhalten und ein positives Selbstbild mit Selbstsicherheit im Handeln aufzubauen. In mehreren Programmen geht es darum, die Selbstsicherheit besonders im emotionalen Bereich zu stärken und gegen den Gruppendruck gewappnet zu sein (Leppin, Hurrelmann und Freitag 1994; Priebe, Israel und Hurrelmann 1993).

Gesundheitserziehung als Unterrichtsfach

In der amerikanischen und angelsächsischen Diskussion ist auffällig, dass die Begriffe „Gesundheitserziehung, „Krankheitsprävention" und „Gesundheitsförderung" oft als gleichwertig behandelt werden und als austauschbar gelten (Downie, Tannahill und Tannahill 1996; Green, Richard und Potvin 1996). Unter Gesundheitserziehung („health education") werden nicht nur die verhaltensbezogenen Interventionen verstanden, sondern auch alle unterstützenden organisatorischen, ökonomischen und umweltbezogenen Struktursetzungen und Netzwerkbildungen, die das Verhalten beeinflussen (Modeste 1996). Die Förderung von Kompetenzen und Potentialen zur Steigerung des „Gesundheitsgewinns" wird als verbindende Konzeption verstanden.

In Deutschland wird die entsprechende Diskussion zurückhaltender geführt, aber die Akzentverschiebung in der konzeptionellen und didaktischen Ausrichtung der Gesundheitserziehung kommt der deutschen pädagogischen Tradition durchaus entgegen. Schon immer wurden Selbstbestimmung und „Mündigkeit" als zentrale Ziele eines jeden Erziehungsvorgangs verstanden (von Hentig 1985). Die schon im 19. Jahrhundert von Pädagogen entwickelten Konzepte von „Bildung" und „Selbstbildung" stellen auf selbstverantwortliches und selbstbestimmtes Lernen und Handeln als Ziel des Bildungsprozesses ab. Deshalb trifft sich die Vorstellung, dass ein Mensch ein Gesundheitsproblem selbst identifiziert und mitverantwortlich eine darauf abgestimmte Veränderung des eigenen Verhaltens einleitet, auf gute Resonanz in der deutschen Diskussion (Blättner 1997; Schneider 1998).

Um die Neuorientierung auch sprachlich auszudrücken, wird gelegentlich vorgeschlagen, den Begriff „Gesundheitserziehung" fallen zu lassen und durch „Gesundheitsbildung" zu ersetzen. Von ihrer Wortbedeutung her eignen sich beide Begriffe für die wissenschaftliche und praxisorientierte Diskussion. Die Bundesvereinigung für Gesundheitserziehung schlägt die folgende Zielbestimmung vor:

> „Gesundheitserziehung wird verstanden als die Gesamtheit der Bildungs- und Erziehungseinflüsse, die über eine Auseinandersetzung mit individuellem und kollektivem Verhalten des Menschen zur Förderung, Erhaltung und Wiederherstellung seiner Gesundheit beitragen. Gesundheitserziehung festigt die Verantwortung für die eigene Gesundheit und befähigt, aktiv an der Gestaltung der natürlichen und gesellschaftlichen Umwelt teilzunehmen" (Bundesvereinigung für Gesundheitserziehung 1991, S. 3).

Die Kultusministerien aller deutschen Bundesländer haben sich ebenfalls für den Begriff Gesundheitserziehung entschieden. Sie soll die Schülerinnen und Schüler „befähigen, gesundheitsförderliche Entscheidungen zu treffen und so Verantwortung für sich und ihre Umwelt mit zu übernehmen" und „dazu beitragen, dass sich Schülerinnen und Schüler eigener Verhaltensweisen und Werte sowie der Verhaltensweisen und Werte anderer bewusst werden, Kenntnisse und Fähigkeiten vermitteln, die die Entwicklung einer gesundheitsfördernden Lebensweise unterstützen, das Selbstwertgefühl von Schülerinnen und Schülern entwickeln helfen und fördern" (Konferenz der Kultusminister 1992, S. 8).

Über die konkrete Umsetzung von Gesundheitserziehung im schulischen Bereich und in der Lehrerausbildung gibt es nicht nur innerhalb Deutschlands in den verschiedenen Bundesländern, sondern auch unter den Mitgliedsländern der Europäischen Union (EU) unterschiedliche Auffassungen. In keinem deutschen Bundesland und keinem Mitgliedsstaat der EU gibt es „Gesundheitserziehung" als ein eigenes Unterrichtsfach (David und Williams 1987). Meist wird von den Schulministerien festgelegt, dass die Gesundheitserziehung als Querschnittsgebiet in die anderen bestehenden Unterrichtsfächer integriert wird. Die zu behandelnden Gesundheitsthemen werden dabei in der schulischen Alltagspraxis meistens in der Logik der spezifischen didaktischen Systematik der Einzelfächer aufbereitet. Deshalb hat sich bisher auch kaum eine spezifische Methodik für den gesundheitserzieherischen Unterricht entwickeln können.

„Eine auf Wissenschaftspropädeutik ausgerichtete eigenständige und nicht in andere Fächer integrierte fachdidaktische Konzeption der Gesundheitsförderung existiert bisher weder in Deutschland noch in den meisten anderen europäischen Ländern. Dementsprechend ist auch die Situation in der Lehreraus- und -weiterbildung. In den meisten Ländern Europas obliegt es weitgehend dem Privatinteresse und der persönlich zur Verfügung stehenden Zeit und dem Geld der einzelnen Lehrerinnen und Lehrer, sich über diverse Weiterbildungen in fachbezogenen und damit auch methodisch-didaktischen Möglichkeiten der Unterrichtsgestaltung im Bereich der Gesundheitserziehung weiterzubilden" (Schneider 1998, S. 26).

Umfassende Konzepte der Gesundheitserziehung

Nur in den Niederlanden und in Großbritannien gibt es Gesundheitserziehung als Fach in der Lehrerausbildung. Auch die frühere DDR kannte diese Tradition, die 1990 der Anpassung an die westdeutschen Verhältnisse zum Opfer fiel. Die im „Rat der Europäischen Union" vereinigten Gesundheitsminister haben 1992 eine Intensivierung der Arbeit an Konzepten und Programmen der Gesundheitserziehung gefordert. Auch wurden verschiedene Projekte und Kommissionen ins Leben gerufen, um die Ausarbeitung von Themenmodulen voranzutreiben. Das Netzwerk „Gesundheitsfördernde Schulen in Europa", das von der Weltgesundheitsorganisation eingerichtet wurde, soll eine entsprechende Entwicklung vorantreiben (Paulus 1992).

Insgesamt steht die europäische, besonders auch die deutsche Entwicklung von Arbeitsprogrammen und Lehrplänen im schulischen und im außerschulischen Raum noch hinter der in den USA. Die fachlichen Erörterungen werden im Unterschied zu den USA auch nur selten unter Absicherung durch empirische Evaluationsstudien geführt und bleiben häufig auf der Ebene von programmatischen Postulaten stehen (Barkholz und Homfeldt 1994; Freitag 1998; Leppin 1995; Nordlohne 1992).

Diese Entwicklung wird der traditionell starken konzeptionellen Verankerung dieses Gebietes in Deutschland nicht gerecht. Schon in der „Pädagogik des Erlebens" kritisierte Kurt Hahn, um nur einen für diese Zeit typischen Repräsentanten der Reformpädagogik der 1920er Jahre zu nennen, den „Verfall der körperlichen Tüchtigkeit", die „fehlende Selbstinitiative" bei „zu viel Konsumhaltung", den „Verfall der Geschicklichkeit und Sorgfalt" und die „mangelnde Fähigkeit zur menschlichen Anteilnahme" bei Kindern und Jugendlichen. Als Antwort darauf konzipiert er (Hahn 1924) eine Pädagogik des Erlebens („Erlebnispädagogik"), die auf vier Komponenten abstellt:

- Durch körperliches Training soll Leistungsfähigkeit und Kondition entwickelt, zugleich körperliches und seelisches Wohlbefinden, Selbstvertrauen und Gespür für den eigenen Körper gestärkt werden. Das körperliche „Training" erfordert Eigenanstrengung und steht gegen die passive Haltung. Durch Bewegung sollen die natürlichen Aggressionsimpulse und inneren Spannungen abgebaut werden, so dass sie sich nicht depressiv gegen das eigene Selbst oder aggressiv gegen andere wenden können.

- Durch die „Expedition in unbekanntes Terrain" sollen Mut und Vertrauen zu sich selbst aufgebaut werden. Um den Mut zu haben, sich mit Konflikten und neuartigen Situationen auseinanderzusetzen, soll nach dieser pädagogischen Konzeption das Erschließen von Neuem und Unbekanntem im Alltag trainiert werden. Im pädagogisch überschaubaren Raum werden Möglichkeiten geschaffen, um Grenzen und Grenzerfahrungen zu erleben.

- Neben der intellektuellen Tätigkeit legt Hahn großen Wert auf Fertigkeiten und Fähigkeiten, die alle Sinne ansprechen. Er fordert ein „ganzheitliches Lernen", das Körper, Seele und Geist berücksichtigt, also eine Bildung und Erziehung der gesamten Persönlichkeit mit „Hirn, Herz und Hand".

- Durch den „Dienst am Nächsten", durch medizinische und psychologische Hilfen in Krisensituationen und durch Rettungsdienste, will Hahn die soziale Verantwortlichkeit und das unmittelbare Erleben von Hilfe und Unterstützung erfahrbar machen. Durch Information und Aufklärung, so seine These, werden Kinder und Jugendliche nur oberflächlich erreicht, durch konkretes und tatkräftiges Handeln aber erleben und erarbeiten sie sich die Zusammenhänge nachdrücklich.

Diese vier Komponenten sind für die Gesundheitserziehung auch heute noch vorbildlich. Interessanterweise zieht sich die Idee der Eigentätigkeit wie ein roter Faden durch die „Pädagogik des Erlebens". Sie sollte, wie bereits erwähnt, durch professionelle Gestaltung der Arbeits- und Lernbedingungen für Schüler und Lehrer, durch gezielte Gesundheits- und Organisationsberatung in der Schule und einen Schulbetriebsärztlichen Dienst erweitert werden (Settertobulte, Palentien und Hurrelmann 1995).

Verhaltenstheoretische Modelle für die Gesundheitserziehung

Bei der Weiterentwicklung der Modelle der Gesundheitserziehung kann an die angelsächsischen Diskussion mit ihrer Orientierung an lern- und persönlichkeitspsychologischen Theorien angeknüpft werden. Diese vielfach erprobten Modelle wurden bislang kaum in die Entwicklungsarbeit in Deutschland einbezogen. Es lohnt sich aber, diese Modelle aufzunehmen, um zu einer besseren konzeptionellen Absicherung der bisherigen Bemühungen zu kommen und sie erfahrungswissenschaftlich überprüfen zu können.

Zwei der besonders einflussreichen Modelle, die bisher in der schulischen und außerschulischen Intervention eingesetzt wurden, sollen beispielhaft vorgestellt werden, und zwar

- Das Gesundheits-Erwartungs-Modell (Health Belief Model) und
- das Stufenmodell von Verhaltensänderungen (Model of Stages of Change).

Es fällt auf, dass den Modellen nicht - wie in der deutschen Diskussion üblich - bestimmte Konzepte einer Didaktik zugrunde liegen, sondern Modelle der Lern- und Persönlichkeitstheorie, die meist empirisch abgesichert wurden. Durch ein solches Vorgehen kann es gelingen, die Diskussion in der Gesundheitserziehung aus der rein konzeptionellen und dabei oft ideologisch gefärbten Orientierung heraus zu führen und in eine Evaluation einzubeziehen.

Das „Health Belief Model" stützt sich auf die Annahme, das Verhalten eines Menschen werde im eigenen Interesse wesentlich durch die Erwartung gesteuert, einen positiven Gesundheitszustand zu erreichen (Rosenstock 1974). Dem Modell liegt die lerntheoretische These zugrunde, jeder Mensch strebe aus eigenem Antrieb optimale Gesundheit an und versuche, Krankheit zu vermeiden. Deshalb steuere jeder Mensch sein Verhalten so, dass er die berechtigte Erwartung haben kann, die eigene Gesundheit zu erhalten oder wiederherzustellen (Becker 1974; Janz und Becker 1984; Strecher und Rosenstock 1997).

Das Health Belief Model entfaltet seine größte strukturierende Kraft bei Interventionen, die sich auf die Bedrohung durch schwere Krankheiten beziehen. Deshalb ist in Abbildung 20 am Beispiel der Immunschwächekrankheit Aids aufgeführt, welche Komponenten in das Modell eingehen und wie sie in der Praxis der Interventionsarbeit umgesetzt werden.

Abb. 20: Aufbau des Gesundheits-Erwartungs-Modells, erläutert am Beispiel der Immunschwächekrankheit Aids

Komponente	Definition	Interventionsschritt
Bedrohung durch Aids	Die eigene Annahme, wie wahrscheinlich es ist, von der Krankheit Aids betroffen zu werden	Risikopopulationen mit Anfälligkeit für Aids identifizieren
Schwere von Aids	Die eigene Annahme, wie ernst die Krankheit Aids ist	Konsequenzen verdeutlichen, die ein Risikoverhalten (z.B. ungeschützter Sex) hat
Nutzen einer helfenden Handlung, z.B. Gebrauch eines Kondoms, um eine als gefährlich eingeschätzte Infektion zu vermeiden	Die eigene Annahme, wie effektiv das empfohlene Verhalten auf die Vermeidung von Aids wirkt	Über geeignete Verhaltensänderungen aufklären, positive Effekte der Veränderung verdeutlichen
Hindernisse für die helfende Handlung: Kosten von Kondomen, Beeinträchtigung der Partnerbeziehung usw.	Die eigene Annahme, wie hoch die subjektiven Kosten des empfohlenen Verhaltens sind	Hindernisse für eine Verhaltensänderung identifizieren und durch Beratung und Angebot von Alternativen ausräumen
Selbstwirksamkeit	Das Vertrauen in die eigene Fähigkeit, ein Verhalten zu zeigen, das die Ansteckung mit Aids vermeidet	Soziale Verstärker für die Verhaltensänderung setzen, Modelllernen fördern, Hinweise für die Gesundheitsselbstbeobachtung geben

Nach Strecher und Rosenstock 1997, S. 45

Die Abbildung zeigt die verschiedenen Komponenten des Modells:

- Mit der Bedrohung durch eine Krankheit ist die subjektive Einschätzung des Risikos bezeichnet, von einem bestimmten Krankheitszustand betroffen zu werden. Im obigen Beispiel wäre eine solche wahrgenommene Bedrohung etwa durch den inneren Monolog ausgedrückt „Aids ist für mich die schlimmste Krankheit, und ich habe Anlass zu befürchten, aufgrund meines Lebensstils davon betroffen zu werden" (Schwarzer 1990).

- Die Schwere der Krankheit bezeichnet die persönliche Einschätzung, von der Bedrohung durch die Krankheit auch tatsächlich krank zu werden. Die Schwere wird nach körperlichen Folgen (Schmerzen und Beeinträchtigungen) und sozialen Konsequenzen (für Familie, Partnerschaft und Arbeit) eingeschätzt. Ein Beispiel für den inneren Monolog wäre die Aussage „An Aids zu erkranken, wäre das Schlimmste, was ich mir im Augenblick vorstellen könnte."

- Der Nutzen einer helfenden Handlung bezieht sich auf die subjektive Einschätzung, welche Folgen eine Verhaltensänderung haben könnte. („Wenn ich beim Sexualverkehr immer ein Kondom benutze, dann ist die Wahrscheinlichkeit gering, vom Aids-Virus infiziert zu werden".)

- Hindernisse können die erfolgreiche Ausführung der angestrebten Verhaltensänderung blockieren. Vor der Umsetzung einer helfenden Handlung wird intuitiv eine „Kosten-Nutzen-Analyse" durchgeführt. Der erwartete positive Nutzen einer Handlung wird gegen den negativen Nutzen, die möglichen Kosten, abgewogen. Diese können darin bestehen, dass das Verhalten als zu unangenehm, zu schwierig oder zu beeinträchtigend empfunden wird. („Wenn ich ein Kondom benutze, verringert sich meine Spontaneität beim erotischen Verhalten und meine Erlebnisintensität beim Sexualverkehr".)

- Selbstwirksamkeit ist definiert als die Überzeugung einer Person, dass sie erfolgreich das Verhalten aktivieren kann, das notwendig ist, um ein bestimmtes Ergebnis zu erzielen (Bandura 1977). („Ich werde mich dazu überwinden können, trotz einiger Nachteile beim Sexualverkehr immer ein Kondom zu nutzen"). Diese positive Erwartung, die Kompetenz für die Verhaltensänderung aufbringen zu können, beruht auf dem Ergebnis der Kosten-Nutzen-Analyse und der inneren Sicherheit, das fragliche Verhalten (etwa die Nutzung eines Kondoms) auch tatsächlich verfügbar und aktivierbar im eigenen Verhaltensrepertoire zu haben.

Die Leistungsfähigkeit des Health Belief Models

Das Gesundheits-Erwartungs-Modell ist ein rationales Verhaltensmodell und trägt noch einige Züge der „autoritativen" Konzeption der Gesundheitserziehung. Vor allem durch die Einbeziehung der Komponente „Selbstwirksamkeit" wurde aber der Anschluss an die Kompetenzorientierung erreicht. Hierdurch wird das Modell auch nicht mehr nur für Interventionen bei den lebensbedrohlichen Infektions- und Krebskrankheiten verwendbar, sondern auch bei Problemen wie Fehlernährung, Bewegungsmangel und Zigarettenrauchen. Eine Verhaltensänderung in diesen Bereichen ist immer auch eine langfristige Veränderung von Lebensgewohnheiten, die nicht nach einem reaktiven, sondern nach einem aktiven, reflexiven und selbstvergewissernden Muster umsetzbar sind (Schwarzer 1990). Dieser Aspekt wird durch das Konzept „Selbstwirksamkeit" berücksichtigt.

Das Gesundheits-Erwartungs-Modell ermöglicht eine pragmatische aber theoriegeleitete Planung von Programmen der Gesundheitserziehung. Das Zurückgreifen auf die einzelnen Komponenten des Modells ermöglicht es, in der Planung abzuschätzen, welche Mitglieder einer bestimmten Zielgruppe sich durch eine bestimmte Krankheit bedroht fühlen und glauben, dass ein bestimmtes

Verhalten diese Bedrohung signifikant reduzieren kann. Die Änderung von Gesundheitserwartungen und Gesundheitsverhalten zielgerichtet durchgeführt und gleichzeitig evaluiert werden.

Das Modell wird häufig um Vorstellungen aus der „Theorie des geplanten Handels" (Theory of Planned Behavior) ergänzt, bei dem es um Vorhersage einer Verhaltensabsicht geht, unabhängig davon, ob das Verhalten unter willentlicher Kontrolle steht oder nicht. In empirischen Untersuchungen konnte nachgewiesen werden, dass insbesondere die wahrgenommene Verhaltenskontrolle ein guter Prädiktor für die Verhaltensabsicht und das tatsächliche Verhalten ist (Ajzen, 1991).

Das Modell der Entwicklungsstufen des Verhaltens

Das Modell der Entwicklungsstufen des gesundheitsbezogenen Verhaltens wurde von der Forschergruppe um Prochaska und Di Clemente (1989) entwickelt. Es geht von der These aus, dass Verhaltensänderungen sich in einer Folge von einzelnen Stufen entwickeln, die konsequent aufeinander aufbauen. Das Modell integriert die Prinzipien mehrerer theoretischer Konzepte, darunter der Lerntheorie und der interaktionistischen Theorie, und wird deswegen auch als „transtheoretisches" Modell bezeichnet. In zahlreichen Studien wurde das Modell auf verschiedene Bereiche des Gesundheitsverhaltens übertragen, insbesondere auf Verhaltensänderungen bei Zigarettenkonsum, Alkohol- und Drogenmissbrauch, Angststörungen, Panikstörungen, Essstörungen und HIV/Aids-Gefährdung. Es hat damit seine Bedeutung für die Gesundheitserziehung mehrfach unter Beweis gestellt.

Das Modell basiert auf Annahmen über die Grundlagen menschlicher Verhaltensänderung und den ihr am besten entsprechenden Interventionen (Prochaska, Redding und Evers 1997). Es sieht Veränderungen im Verhalten, besonders auch im Gesundheitsverhalten, als einen Prozess an, der fünf aufeinander folgende Stufen durchläuft:

- *Prä-Kontemplation.* Auf dieser Stufe haben Menschen noch nicht die Absicht, in nächster Zukunft Schritte zur Veränderung ihres Verhaltens, etwa des Zigarettenrauchens, zu unternehmen. Sie schirmen sich von Informationen über die Gefährdung des Rauchens ab und verdrängen unangenehme Erlebnisse und Erfahrungen, die mit diesem Verhalten verbunden sind. Aufgabe der Intervention ist es, die Bedürfnisse und Verhaltensmotive genau zu erkunden, um eventuelle Ansatzpunkte für Einstellungsänderungen zu identifizieren.

- *Kontemplation.* Auf dieser Stufe haben Menschen die grundsätzliche Absicht, ihr Verhalten innerhalb der nächsten Zeit zu verändern. Sie sind sich nun sowohl der Vorteile als auch der Nachteile einer Verhaltensänderung, etwa das Einstellen des Rauchens, bewusst. Dieser Gleichgewichtszustand des Abwägens von Kosten und Nutzen kann sie über lange Zeit in einem Zustand der Ambivalenz gefangen halten, so dass eine tatsächliche Veränderung des Verhaltens noch auf sich warten lässt.

- *Vorbereitung.* Diese Stufe ist durch die aufkeimende Absicht charakterisiert, in naher Zukunft definitiv eine Veränderung des Verhaltens vorzunehmen. Vorangegangen sind Informationen über die Realisierung der Verhaltensänderung, etwa durch den Besuch einer Beratungsstelle für Raucherentwöhnung oder eine Konsultation des Hausarztes oder das Studium eines Ratgeber-Buches. Die Verhaltensänderung wird nun ganz konkret erwogen und in Gedanken durchgespielt.

- *Handlung.* Dies ist die Stufe der Einleitung und Durchführung von effizienten und signifikanten Verhaltensveränderungen. Als „signifikant" sind alle die Handlungen zu bezeichnen, die nach dem Stand der Wissenschaft das jeweilige Krankheitsrisiko nachhaltig vermindern. Für das Raucherverhalten heißt das, dass nur eine volle Abstinenz als signifikante und zum Ziel führende Handlung gezählt werden kann.

- *Aufrechterhalten.* Auf dieser Stufe geht es darum, das eingeleitete Verhalten (also etwa das Einstellen des Zigarettenrauchens) beständig aufrechtzuerhalten und Rückfälle zu vermeiden. Schritt für Schritt wird Selbstsicherheit zum Beibehalten der eingeschlagenen Verhaltensänderungen aufgebaut und die frühere Motivation zum Rauchen gelöscht. Es eine Selbstwirksamkeit aufgebaut, die auch bei Gefühlen von Angst, Depression, Einsamkeit oder Stress bestehen bleibt.

Das Vorrücken von einer Stufe zur nächsten ist von verschiedenen Parametern der Veränderung des Verhaltens abhängig. Prochaska, Redding und Evers (1997) identifizieren, auf empirische Daten gestützt, insgesamt zehn Veränderungsparameter:

- Bewusstwerdung: Neue Informationen und Hinweise aufnehmen, die eine Verhaltensänderung unterstützen;

- Erleichterung: Die negativen Emotionen (Angst, Sorge) wahrnehmen, die durch das ungesunde Verhalten ausgelöst werden;

- Selbstevaluation: Die Notwendigkeit zur Verhaltensänderung als Teil der eigenen Identität bedenken;

- Evaluation der Umwelt: Die negativen Effekte des ungesunden bzw. die positiven Effekte des gesunden Verhaltens auf die soziale Umwelt bedenken;

- Selbstmanagement: Den festen Entschluss zur Veränderung fassen;

- Helfende Beziehungen: Soziale Unterstützung für die Verhaltensänderung suchen und herstellen;

- Gegenkonditionieren: Das ungesunde Verhalten mit neuen, gesünderen Kognitionen und Verhaltensweisen ersetzen;

- Kontingenzmanagement: Gesundes Verhalten vermehrt und ungesundes Verhalten weniger verstärken;

- Stimuluskontrolle: Reize vermeiden, die an das ungesunde Verhalten erinnern und neue Reize für das gesunde Verhalten schaffen.

In der bisherigen Forschung gelang es, einen systematischen Zusammenhang zwischen der Entwicklungsstufe, auf der sich eine Person befindet, und den Veränderungsparametern herzustellen (Prochaska, Redding und Evers, 1997). Demnach setzen Menschen auf den frühen Stufen kognitive, affektive und evaluative Prozesse ein, während sie sich in späteren Stufen mehr auf ihr Engagement und auf Unterstützung aus der Umwelt konzentrieren. Für die Programme der Gesundheitserziehung bedeutet das, sich stets zu verdeutlichen, zu welchem Zeitpunkt es sinnvoll ist, eine bestimmte Strategie anzuwenden.

So ist es zum Beispiel hilfreich, auf Bewusstwerdung oder emotionale Erleichterung zurückzugreifen, um jemanden in der Entwicklung von Prä-Kontemplation zu Kontemplation zu unterstützen. Während Strategien zum Kontingenzmanagement, Gegenkonditionieren oder zur Stimuluskontrolle für Personen auf der Stufe der Handlung angemessen sind, wären sie für jemanden in der Situation der Prä-Kontemplation ein theoretischer, empirischer und praktischer Fehler. Am Beispiel der Einleitung einer Raucherentwöhnung heißt das: Zunächst sollten Strategien der Wissensvermittlung und Einstellungsänderung eingesetzt werden (Herstellung einer „Tabak-Distanz"), dann Strategien der Verstärkung des eigenen und des Verhaltens der gesamten Umwelt. Ziel ist die Entwicklung „maßgeschneiderter", an individuelle Entwicklungsstufen angepasster Interventionsprogramme.

Adressatenspezifische Interventionsprogramme

Die adressatenspezifische Ausrichtung von präventiven, edukativen Interventionsprogrammen ist eine der wichtigsten Aufgaben für die nächsten Jahre. Die unter dem Schlagwort „Präventions-Paradox" bekannt gewordene Problematik, wonach diejenigen Bevölkerungsgruppen am schwersten durch Gesundheitserziehung und -bildung zu erreichen sind, die objektiv eine solche Unterstützung am nötigsten hätten, gilt nach wie vor. Die wissenschaftliche Basis der bisherigen Interventionsprogramme und ihre praktische Umsetzung nimmt offenbar bisher auf die unterschiedlichen Lebensbedingungen und damit auf die Grundlagen des Gesundheits- und Krankheitsverhaltens von verschiedenen Bevölkerungsgruppen zu wenig Rücksicht. Das gilt für Bildungs- ebenso wie für sozioökonomische Unterschiede und solche zwischen ethnischen Gruppen.

Die meisten Ansätze in der Gesundheitserziehung gehen stillschweigend von der Annahme aus, die verschiedenen Adressatengruppen seien sich in den Determinanten ihres Gesundheits- und Krankheitsverhaltens ähnlich oder sogar gleich. Diese Annahme trifft aber nicht die Realität (Israel 1995). Auch darf nicht unterstellt werden, dass bei den Angehörigen einer bestimmten sozialen oder ethnischen Gruppe gleiche Voraussetzungen gegeben sind. Innerhalb einer sozialen Gruppe oder Ethnie können mehr personale Unterschiede bestehen als zwischen verschiedenen Ethnien, denn jede größere Gruppe setzt sich aus verschiedenen Subgruppen zusammen, deren Lebenserfahrungen und Werthaltungen stark variieren können.

Diese Lebenserfahrungen bilden eine jeweils eigene „Kultur". Mit diesem Begriff werden die Muster des Wissens, der Einstellungen und der Erwartungen bezeichnet, die im Kontext bestimmter Lebenserfahrungen, Ethnien, sozioökonomischer Bedingungen und Bildungspositionen entstehen. Pasick (1997) definiert in diesem Sinne Kultur als die charakteristischen, von Menschen in einem sozialen Lebenszusammenhang gemeinsam geteilten Werte, Erwartungen und Handlungsmuster, die direkt mit gesundheitsrelevantem Verhalten verbunden sind. Sind diese kulturellen Bedingungen bekannt, kann durch Gesundheitserziehung oder Gesundheitsförderung auch direkt auf die Ausgangssituation Einfluss genommen werden. Die kulturelle Orientierung kann entsprechend einen wichtigen Beitrag zum Erfolg oder Misserfolg einer Intervention haben, weil sie die Art und Weise beeinflusst, wie Menschen auf die Botschaft oder den Eingriff reagieren.

Für bestimmte Bevölkerungsgruppen stellt die heute stark vorherrschende Betonung von individualistischen Werten und Normen mit der Ausrichtung am Ziel der Selbstbestimmung ein Problem dar. Für Menschen, die aus einer kollektivistischen Kultur kommen, in der die Gruppe gegenüber dem Individuum den Vorrang hat und Verbindlichkeiten und Verpflichtungen gegenüber dem sozialen Netzwerk betont werden, kann eine solche Akzentsetzung bei Präventionsprogrammen irritierend sein. Entsprechende Interventionsbotschaften werden vielfach nicht angenommen, weil sie nicht in das Bezugssystem der betreffenden Gruppe passen (Triandis 1994).

Die meisten Konzepte der Gesundheitserziehung und Gesundheitsförderung sind auf die verhältnismäßig gut ausgebildeten und sozioökonomisch günstig positionierten Mittelschichtfamilien der einheimischen Kultur ausgerichtet. Die übrigen ethnischen Gruppen und auch diejenigen mit einem geringeren Bildungsgrad und schlechter sozioökonomischer Position werden durch diese Konzepte aber nicht erreicht. Erst in den letzten Jahren zeigen sich Bemühungen, spezifische Programme für diese Teilgruppen der Bevölkerung zu entwickeln. Ermutigende Erfahrungen werden zum Beispiel bei der Aufklärung von sexuell übertragbaren Krankheiten und Aids bei Drogenabhängigen gemacht, die in schlechten sozioökonomischen und hygienischen Verhältnissen leben (Janz 1996; Krämer und Stock 1996). Auch Strategien der Verbesserung der Vorsorgeuntersuchungen bei Brustkrebs bei Frauen aus der afroamerikanischen oder der Asien-amerikanischen Bevölkerungsgruppe (Lacey 1995), Präventionsprogramme für Obdachlose und Straßenjugendliche und für Menschen mit geringer Lese- und Schreibfertigkeit (Plimpton und Root 1994) wurden positiv evaluiert.

4.2 Stärkung der Kompetenz zur Krankheitsbewältigung

Im vorigen Abschnitt wurden Strategien der Gesundheitserziehung angesprochen, die sich an die überwiegend gesunden Gruppen der Bevölkerung und an Zielgruppen mit allenfalls ersten Anzeichen von Gesundheitsstörungen richten. In diesem Abschnitt geht es um sekundärpräventive, teilweise auch tertiärpräventive Strategien für Menschen, die bereits erkrankt sind, darunter auch Menschen, die mit einer dauerhaften und schweren Krankheit umgehen und leben müssen. Die hier zu besprechenden Strategien werden häufig auch als Gesundheitstraining, Patientenschulung, Patientenanleitung oder Patientenedukation bezeichnet.

Ziel dieser Strategien ist es, Patienten und Klienten so zu beraten, dass sie aufgeklärt, informiert, selbstbestimmt und selbstbewusst ihr krankheitsbezogenes Verhalten steuern, therapeutische und rehabilitative Versorgungsentscheidungen mit beeinflussen und in geeigneter Weise ihre verbliebenen Gesundheitspotentiale sichern können. Die Beratung von Patienten muss sich auch auf den Aufbau einer „Interaktionskompetenz" für den Kontakt mit dem Arzt oder einem anderen Gesundheitsprofessionellen beziehen, um eigene Bedürfnisse auf der Basis von Informationen über die Gesundheitsstörung einzubringen. Entsprechend orientieren sich diese Ansätze besonders stark an den Sozialisations- und Interaktionstheorien.

Patientenanleitung als Hilfe zur Krankheitsbewältigung

Mit der Verbreitung von chronischen, nicht heilbaren Krankheiten steigt der Bedarf an Informationen über Möglichkeiten der Krankheitsbewältigung, Stärkung verbliebener Gesundheitspotentiale und angemessenen Behandlungs- und Betreuungsstrategien. Jeder Patient hat das Bestreben, das jeweils beste Heilverfahren zu erhalten und keine Leistung auszuschlagen, die möglicherweise für die Genesung von Bedeutung sein könnte. Viele Patienten schalten deshalb verschiedene Heilverfahren hintereinander und schließen zum Beispiel bei einer Krebskrankheit an eine „schulmedizinische" Behandlung noch eine alternative Therapie an. Andere Patienten flüchten sich geradezu in die Symptombehandlung, obwohl sie ahnen, dass die eigentlich krankmachenden Ursachen an anderer Stelle liegen.

Auch auf Seiten der Therapeuten werfen die chronischen Krankheiten Probleme auf. Oft wird eine Heilung nur vorgespiegelt, wo es in Wirklichkeit um die Sicherung eines würdigen Weiterlebens mit einer unvermeidbaren körperlichen und psychischen Einschränkung geht. Besonders Ärzte werden in unserem Kulturkreis immer noch überwiegend als „Heiler" wahrgenommen und verfügen deshalb über ein hohes Sozialprestige, aber die meisten chronischen Krankheiten ermöglichen ihnen keine echte Kuration mehr, sondern nur noch eine Linderung von Schmerzen, Begleitung während des Krankheitsverlaufs und Vermeiden von Nebenfolgen (Siegrist 1995).

Chronische Krankheiten können nur bewältigt werden, wenn ein gegenseitiges Einvernehmen zwischen Therapeut und Patient besteht, das eine angemessene und die Eigenverantwortlichkeit von Patientinnen und Patienten sicherstellt. Ein überzeugendes Muster hierfür ist die „Patientenanleitung" („Patientenschulung" oder „-edukation"), wie sie zuerst bei Asthma und Diabetes, inzwischen bei fast allen chronischen Krankheiten praktiziert wird (Bernhard-Bonin 1995; Colland 1993; Sullivan 1993; Wigal, Creer und Kotses 1990). Unter fachkundiger Anleitung werden Patienten darin geschult, möglichst selbständig und so weit wie möglich in Eigensteuerung mit ihrer chronischen Krankheit zu leben, Krisenfälle und -phasen rechtzeitig zu erkennen und ihr soziales Umfeld so zu strukturieren, dass es auf die Erkrankung Rücksicht nimmt. Die Erfolge sind beachtlich:

- Studien zu Anleitungs- und Schulungsprogrammen für asthmakranke Kinder und ihre Familienangehörigen weisen nach, dass solche Kurse zu einer Senkung der Behandlungskosten und gleichzeitig zu einer Steigerung der Lebensqualität der betroffenen Kinder führten (Lob-Corzilius und Petermann 1997; Scholtz, Lob-Corzilius und Gebert 1996). Auch Modellprojekte der ambulanten Betreuung nach schweren Operationen, so bei geriatrischen und bei Aids-Patienten, konnten zeigen, dass durch ein intensives Training im Umgang mit der Krankheit der Krankenhausaufenthalt verkürzt und die Zahl der Wiederaufnahmen in das Krankenhaus reduziert werden konnten, bei gleichzeitig größerer Zufriedenheit der betroffenen Patientinnen und Patienten (Leenerts, Koehler und Neil 1996).

- Durch die Stärkung von verbliebenen Gesundheitspotentialen bei beeinträchtigter Gesundheit gelingt eine Art Schadensbegrenzung mit dem Ziel, die Gefahr der Ausweitung und Verschlimmerung der chronischen Krankheit zu senken. Ziel ist es, eine optimale Einstellung zur unvermeidlich bestehenden Krankheit zu erreichen und die verbliebenen körperlichen, psychischen und sozialen Ressourcen zu aktivieren. Damit soll die Rückgewinnung oder Aufrechterhaltung einer autonomen Lebenspraxis trotz der chronischen Beeinträchtigung gesichert werden (Schaeffer 1995). Meist ist mit dem Auftreten einer schweren chronischen Krankheit eine völlige Umgestaltung von Lebensrhythmus, Selbstbild und Zukunftsperspektive verbunden, bei schweren Formen wie etwa Krebskrankheiten und Aids auch eine Auseinandersetzung mit Sterben und Tod. „Die Endlichkeit des Lebens und die Grenzen des Körpers - der bislang so erlebt wurde, als wohne ihm unbegrenzte Handlungskapazität inne - treten unumstößlich ins Bewusstsein, erschüttern die ohnehin brüchig gewordene Identität und zwingen zur Revision der Selbstkonzeption. Ähnliches gilt für die Erkenntnis, dass das zukünftige Leben eines mit körperlichen Beeinträchtigungen und zunehmender Versehrtheit sowie mit begrenztem Zeithorizont sein wird" (Schaeffer 1995, S. 146).

- Wichtige Voraussetzungen für die Bewältigung der Krankheit und die Sicherung der verbliebenen Gesundheit kann eine intensive Information über die Krankheit liefern, einschließlich der Konsequenzen in der Gestaltung des Alltagslebens, Möglichkeiten der Alltagsbewältigung mit der Krankheit und der Aufklärung über Erleichterungs- und Unterstützungsmöglichkeiten. Beratende und animierende Angebote sind wichtig, um Ansprechpartner für die Probleme des Patienten bei der Krankheitsanpassung zu finden, die notwendige soziale Unterstützung zu sichern und eine der Krankheit angemessene Lebensweise einzuleiten.

- Jede chronische Krankheit hat, wie die interaktionstheoretische Forschung zeigt, eine eigene Dynamik von Verschlimmerungs- und Verbesserungsphasen, auf welche die unterstützenden und fördernden Impulse ausgerichtet sein müssen (Gerhardt 1981). Der Krankheitsverlauf ist nicht nur durch das Krankheitsgeschehen selbst bestimmt, sondern auch durch das Handeln aller an der Krankheitsbewältigung beteiligten Akteure, also des Patienten, seiner Angehörigen und der verschiedenen professionellen und möglicherweise auch - wie es etwa bei Krebskrankheiten, Abhängigkeitskrankheiten und Aidskrankheiten zunehmend der Fall ist - nichtprofessionellen Helfer aus Verwandtschaft und Nachbarschaft. Das Handeln aller dieser Beteiligten muss möglichst eng an den faktischen Verlauf angelehnt und aufeinander abgestimmt werden. Mit jeder neuen Krankheitsphase müssen die Einschätzungen und Strategien im Umgang mit der Krankheitssituation neu eingestellt werden (Strauss 1964).

In der gegenwärtigen Praxis fehlt es vor allem an der notwendigen gleichberechtigten Kooperation der medizinischen, pflegenden, sozialpädagogischen, psychologischen und seelsorgerischen Berufe und ihrer Orientierung an den Bedürfnisses des einzelnen Patienten. Aus diesem Grund haben viele von chronischen Krankheiten betroffene Patienten den Anschluss an Selbsthilfegruppen gesucht. Diese sind Zusammenschlüsse von Menschen, die von gleichen Gesundheitsbelastungen oder Krankheitsproblemen betroffen sind und sich auf einer gemeinsamen Erfahrungs- und Kompetenzplattform gegenseitig helfen (Grunow 1998, S. 690). In der Entstehungszeit vieler Selbsthilfeeinrichtungen in den 1960er und 1970er Jahren wurden die Selbsthilfegruppen zunächst von den professionellen Therapeuten als Konkurrenz, teilweise sogar als Angriff auf die berufliche Kompetenz verstanden und ausgegrenzt. Durch die großen Erfolge der Selbsthilfegruppen bei der Begleitung insbesondere von chronischen Krankheiten ist es aber inzwischen zu einem Umdenken gekommen. Mehr und mehr hat sich eine Koexistenz von professionellen Therapeuten und Selbsthilfe eingespielt, die in vielen Fällen schon zu einer produktiven Kooperation geführt hat.

Medien der Gesundheitskommunikation

Für die Information von (potentiellen) Patienten werden verschiedene Medien verwendet. Je nach Adressaten und Krankheitsbild kann es sich um Broschüren, Aufsätze, Bücher, Hörkassetten, Videoclips, Computerprogramme und Internetangebote handeln. Solche Angebote werden heute von öffentlichen Einrichtungen, etwa dem Gesundheitsdienst der Kommunen, der Länder und des Bundes (z.B. der „Bundeszentrale für gesundheitliche Aufklärung") ebenso angeboten wie von den gesetzlichen und privaten Krankenkassen, Wohlfahrtsverbänden und gemeinnützigen Vereinen und Privatfirmen, insbesondere den Pharmafirmen und ihren Tochterorganisationen und sich eigens zu diesem Zweck gründenden Agenturen. Je breiter das Spektrum der Anbieter, desto vielfältiger werden die Produkte und Informationen und desto geringer die Gefahr von einseitiger Information. Zugleich aber wird der „Markt" auch unübersichtlicher und verlangt nach Orientierungshilfen (Badura, Hart und Schellschmidt 1999).

In den USA ist die Entwicklung am Markt von Medien der Gesundheitskommunikation weiter als in Deutschland. Das gilt vor allem für Informationsmaterialien, die Patienten und Klienten zum Selbsterkennen ihrer Gesundheitsstörungen und gezielten Einholen von Hilfe anleiten, in unkomplizierten Fällen auch zur Selbsttherapie. Dazu müssen die Informationsmaterialien sprachlich sensibel gestaltet und zugleich interessant aufgebaut sein, auch optisch und ästhetisch. Ziel ist es, unterschiedliche Kategorien von Gesundheitsstörungen darzustellen, so dass die Adressaten unterscheiden können, bei welchen Symptomen sie sich selbst helfen wollen und bei welchen sie einen therapeutischen Rat durch Fachkräfte benötigen. Die meisten Informationsmaterialien enthalten direkte Hinweise, wo weiterführende Hilfen und Informationen erhältlich sind (Weßler 1995).

Es ist zu erwarten, dass auch in Deutschland Informationsmaterialien für Patienten in den nächsten Jahren einen immer größeren Stellenwert einnehmen werden. Ihr Wert wird in dem Maße ansteigen, wie sie auf abgesicherter wissenschaftlicher Basis arbeiten. Ziel sollte gewissermaßen eine „evidence based information", eine auf abgesicherten wissenschaftlichen Erkenntnissen aufgebaute Gesundheitsinformation sein, um Patienten und Klienten alternative Entscheidungsmöglichkeiten für ihr Verhalten zu eröffnen.

Direkte Patientenberatung

Neben der Verbreitung von Informationsmaterialien bietet sich für die Intensivierung der Gesundheitskommunikation die direkte persönliche Beratung im Gespräch an. Sie kann in Arztpraxen, psychologischen Beratungsstellen, Krankenhäusern und Apotheken, Verbraucherverbänden und Krankenkassen stattfinden. Jede dieser Einrichtungen hat ein eigenes Interessen- und Kompetenzprofil, weswegen eine möglichst breite Angebotspalette durchaus erwünscht ist.

Das Beratungsangebot der Krankenkassen ist zum Beispiel dann besonders sinnvoll, nachdem ein Patient die Diagnose erhalten hat, an einer bestimmten

Krankheit zu leiden. Der Beratungsbedarf ist sehr hoch, die subjektive Bereitschaft zur Annahme von Hilfe besteht, und deshalb können Beratungsstellen der Kassen über die verschiedenen Angebote von Diagnostik und Therapie informieren und Präferenzen für das weitere Vorgehen erörtern. Bei der Identifizierung einer chronischen Krankheit wird die Weiche für eine möglicherweise sehr lang andauernde Therapie und Betreuung gestellt, und deshalb ist ein solches frühes Beratungsangebot mit orientierender „Lotsenfunktion" nicht nur im Sinne des Patienten, sondern auch seiner Krankenkasse. Die Beratung kann sich auf bestimmte therapeutische Eingriffe beziehen (Herzkatheter, Hüftgelenkersatz, Psychopharmaka) und es können die verschiedenen Möglichkeiten und ihre Wirksamkeit, Nebenwirkungen, Kosten und Grenzen der verschiedenen Eingriffe dargestellt und erörtert werden. Die Patientenberatung kann in Case-Management übergehen, indem eine kontinuierliche Begleitung eines Patienten über einen längeren Zeitraum durch eine fachkundige Beratung erfolgt (Schaeffer 1999).

Bisher verstehen sich die Krankenkassen überwiegend als Versicherer in einem engen Wortsinn, nämlich als Institutionen, die auf der Basis von gesetzlichen Regelungen für die Erstattung der Kosten von Krankenbehandlungen ihrer Mitglieder verantwortlich sind. Die Beratung ihres Kundenkreises über die besten Versicherungskonditionen hat durch den Wettbewerb der Kassen untereinander bereits eingesetzt, eine Beratung der Mitglieder über den kompetenten Umgang mit Gesundheitsstörungen und Krankheiten wäre hierzu eine sinnvolle Ergänzung. Möglicherweise lassen sich als Nebeneffekt auch die Kosten senken, auf jeden Fall aber ist eine Steigerung der Zufriedenheit der Kunden der Krankenversicherung mit ihren Unternehmen zu erwarten (Jäger 1999).

Stärkung der Interaktionskompetenz der Patienten

Gezielte Gesundheitsinformation und -beratung durch verschiedene Träger soll die Interaktionskompetenz von Patientinnen und Patienten beim Umgang mit Therapeuten und bei der Auswahl von Versorgungsangeboten stärken. Hinweise auf ausgewiesene Fachleute, einschlägige Literatur, Informationsmaterialien, bereits existierende Selbsthilfeinitiativen, Angebote für Einzelberatung und Informationsnetze dienen einem Patienten bei der aktiven Auseinandersetzung mit der Krankheit. Dieses Beratungsangebot kann in erster Linie von Experten für Beratung und Kommunikation geleistet werden. Deswegen gehören dem Beratungspersonal auch nur in kleinem Maße Mediziner und Psychologen an, während Kommunikationsfachleute und Gesundheitswissenschaftler eine wichtige Rolle spielen.

Einen hohen Stellenwert nehmen Beratungen zu Rechtsfragen ein. Das ist besonders dann der Fall, wenn Qualitätsmängel in den erbrachten Leistungen von Arztpraxen und Krankenhäusern, Rehabilitationseinrichtungen und Pflegestationen geltend gemacht werden und ethische Probleme im therapeutischen Prozess aufgetreten sind (Kranich und Böcken 1997). Hier geht es darum, die

Rechte der Patienten gegenüber den Anbietern von Dienstleistungen im Gesundheitswesen zu sichern, wobei auch die Rechte gegenüber der Krankenkasse mit angesprochen werden müssen. Der ideale Ort für dieses Beratungsangebot dürfte deshalb bei Verbraucherzentralen und unabhängigen Verbänden liegen (Badura, Hart und Schellschmidt 1999).

Neben der direkten Einzelberatung kommt auch der Gruppenberatung über öffentliche Veranstaltungen, Kurse, Seminare und Workshops eine große Rolle zu. Es kann sich zum Beispiel um Nachmittags- oder Abendvorträge mit anschließender Diskussion handeln, aber auch um ein- oder zweitägige Kurse, die in einer Sequenz aufgebaut sind. Inhalt solcher Kursangebote kann zum einen die Auseinandersetzung mit bestimmten Krankheitsbildern, ihren Ursachen, Erscheinungsformen und den verschiedenen Therapiemöglichkeiten sein. Zum zweiten können Informationen über die Stärkung von Gesundheitspotentialen vermittelt werden, einschließlich der biographischen, persönlichen und subjektiven Verankerungen von Gesundheitsstörungen.

Bei solchen Kursangeboten kann unmittelbar auf Zielgruppen eingegangen werden, die einen besonderen Bedarf und ein spezifisches Bedürfnis nach Informationen und Beratung haben (Jäger 1999). Beispiele hierfür sind:

- Schwangere: Eine gesundheitsfördernde Beratung für schwangere Frauen ist besonders wirksam, weil in diesem Lebensabschnitt wichtige Weichenstellungen für die Gesundheit sowohl des sich entwickelnden Kindes als auch der Mutter vorgenommen werden. Hinweise für die Gestaltung des Tagesrhythmus, Hygiene und Ernährung können insbesondere durch Fachleute aus dem öffentlichen Gesundheitsdienst, durch Hebammen und durch Kinder- und Frauenärzte vermittelt werden.

- Jugendliche: Das Jugendalter ist, wie in Kapitel 1 dargestellt, durch einen starken Umbruch von körperlichen, psychischen und sozialen Anforderungen gekennzeichnet und verlangt deswegen eine gezielte und sensible fachkundige Begleitung. Zugleich aber ist die Versorgungsstruktur schwierig, da die Zuständigkeit der Kinderärzte ausklingt und die der Hausärzte noch nicht voll greift. Entsprechend wichtig sind gezielte Beratungen an solchen Orten, an denen sich Jugendliche aufhalten, also etwa Schulen, Jugendzentren, Sportveranstaltungen, Diskotheken, Freizeiteinrichtungen. Die wichtigsten Themen liegen nicht nur im körperlichen Bereich, wie etwa Akne, Entwicklung der Sexualorgane, Übergewicht, Asthma, Hochdruck, sondern auch im gesundheitsrelevanten Verhalten. Hier geht es vor allem um Beratung bei Sexualität einschließlich der Verhütung von Schwangerschaften und sexuell übertragbaren Krankheiten, Ernährungsberatung und Beratung bei Drogenkonsum.

- Eltern: Der Umgang mit Entwicklungs- und Gesundheitsproblemen von Kindern und Jugendlichen ist für viele Eltern heute schwierig. In diesem Bereich fehlt ein gezieltes Angebot und eine hilfreiche Beratung, die auf wichtige Rahmenbedingungen für den Erziehungsprozess hinweist und Empfehlungen für den Umgang mit entsprechenden Störungen der körperlichen und psychischen Gesundheit gibt. Von Konzentrationsschwierigkeiten und Hyperaktivität schon bei Kindern im Kindergarten über Leistungsabfall und Drogenkonsum bei Jugendlichen in der Pubertät bis hin zu Beziehungs- und Stimmungsproblemen bei Jugendlichen in der Ablösungsphase von den Eltern sollte das Beratungsspektrum reichen. Die Grenzen zwischen einer Gesundheitsberatung und einer allgemeinen Erziehungsberatung sind dabei fließend. Deswegen sollten pädagogische Fachkräfte intensiv in die Beratung mit einbezogen werden.

- Migranten: Bevölkerungsgruppen ausländischer Herkunft haben, wie in Kapitel 1 dargestellt, besondere körperliche und psychische Gesundheitsprobleme und auch besondere Schwierigkeiten, sich Unterstützung, Hilfe und therapeutische Beratung zu holen. Deswegen sollte sich die Patientenberatung und Patientenschulung der besonderen Situation dieser Menschen verstärkt widmen. Dabei muss auf die kulturellen, religiösen und auch sprachlichen Ausgangslagen und Interessen eingegangen werden.

- Alte Menschen: Im Alter ergeben sich, wie ebenfalls schon erörtert, große gesundheitliche Belastungen und damit auch ein besonders hoher Bedarf an Kenntnissen über Gesundheitsstörungen und die Struktur der Gesundheitsversorgung. Gerade im Alter herrschen auch chronische, nicht heilbare Krankheiten vor, so dass besonders ältere Menschen durch Beratung in die Lage versetzt werden, mit ihren Problemen und Gebrechen so selbständig wie möglich umzugehen und nicht von rein medizinisch gesteuerten Behandlungsabläufen abhängig zu werden. Deshalb ist eine Kenntnis der wichtigsten Grenzen von Therapien hilfreich, ebenso eine Stärkung der Kapazität zur Selbsthilfe und ein aktiver Umgang mit den natürlichen Alterungsvorgängen.

Zur Stärkung der Rolle des Patienten und Klienten im Spektrum der gesundheitlichen Versorgung sollte die Einführung eines „Patientenpasses" erwogen werden. Erste Erfahrungen gibt es aus Selbsthilfegruppen und von Patientenschulungen, so zum Beispiel beim „Diabetikerpass" der Deutschen Diabetesgesellschaft, der alle Krankheitsepisoden dokumentiert, die wichtigsten Informationen zur Krankengeschichte und alle wesentlichen Befunde aufnimmt und diagnostische und therapeutische Aktivitäten auflistet. Mit einem solchen Dokument soll erreicht werden, dass die Patienten selbst die entscheidenden Informationen über ihr Krankheitsbild und den Krankheitsverlauf griffbereit zur Verfügung haben und bei Notfällen, Überweisungen, Arztwechsel und Ortswechsel eine zuverlässige und vollständige Information zur Verfügung steht.

Stärkung der Rolle des Patienten

Im Zentrum eines jeden therapeutischen Prozesses steht die Interaktion zwischen Therapeut (z.B. Arzt, Psychologe, Ergotherapeut) und Patient (Roter und

Hall 1997). Durch geeignete Beratung kann die Rolle des Patienten in dieser Beziehung gestärkt werden.

Die Stärkung der sozialen Kompetenz der Patienten sollte sich beziehen auf (Kaplan, Greenfield und Ware 1989):

- Die Fähigkeit, die eigenen Wünsche und Bedürfnisse klar zu benennen;
- Informationen zu den Behandlungsalternativen und ihren Wirkungen und Nebenwirkungen zu erhalten;
- sich an der Ausgestaltung der therapeutischen und der sie begleitenden Betreuungsprozesse aktiv zu beteiligen;
- Spielräume für eigene Entscheidungen zu erkennen;
- die letzte Entscheidung für alle relevanten Schritte im Behandlungsprozess zu besitzen;
- Hilfen bei der Auseinandersetzung mit Krisen und psychischen Existenzfragen bis hin zum Sterben anzufordern.

Die Gesundheitsberatung ist dann besonders effektiv, wenn auch die Therapeuten für die Interaktion geschult werden. Die Ausbildung und das berufliche Training von Ärztinnen und Ärzten nimmt bisher kaum hierauf Rücksicht. Ärzte werden ganz überwiegend in der Wahrnehmung von innerkörperlichen Prozessen geschult und erwerben ein breites Wissen über biomedizinische Zusammenhänge. Sie sind aber oft nicht geschult, die soziale und psychische Lage des erkrankten Patienten mit dem komplexen Geflecht aus Ängsten und Gefühlen zu verstehen, die mit einer Krankheit einhergehen (Kleinman 1980).

Typen der Arzt-Patient-Beziehung

Die in der Praxis vorherrschenden Muster der Arzt-Patient-Beziehung können in vier Typen zusammengefasst werden, die nach den folgenden Dimensionen unterschieden werden (Roter und Hall 1997):

- Ausmaß des Einflusses des Arztes auf die Beziehung.
- Ausmaß des Einflusses des Patienten auf die Beziehung.

Abbildung 21 zeigt die vier sich so ergebenden Typen der Arzt-Patient-Beziehung.

Abb. 21: Typen der Arzt-Patient-Beziehung

		Einfluss des Patienten	
		hoch	niedrig
Einfluss des Arztes	Hoch	**Gegenseitigkeit**	**Bevormundung**
	Niedrig	**Konsumhaltung**	**Gleichgültigkeit**

Quelle: Roter und Hall 1997, S. 216.

Die vier Typen lassen sich wie folgt charakterisieren:

- Der häufig anzutreffende Beziehungstyp *Bevormundung* bildet ein Interaktionsmuster, bei dem der Arzt eine hohe und der Patient wenig Kontrolle ausübt. In der strukturfunktionalistischen Rollentheorie von Parsons (1981) wird dieser Beziehungstyp als Regelfall dargestellt. Parsons weist darauf hin, dass sich ergänzende soziale Erwartungen gegeben sind: Der Krankenrolle des Patienten steht komplementär die berufliche Hilfeverpflichtung des Arztes als Professionellem gegenüber. Es besteht aber kein Anlass zur analytischen Verklärung dieses Beziehungstypus. Freidson (1979) verweist zu Recht auf die Gefahr der einseitigen Machtbeeinflussung, die sich aus der Dominanz des Arztes ergibt. Oft gibt zum Beispiel der Arzt sein Wissen in strategischer Absicht nicht an den Patienten weiter, um aus diesem Wissensvorsprung Gewinn für seinen Status und sein professionelles Ansehen zu ziehen. Bei chronischen Krankheiten ist, wie bereits erwähnt, dieser Beziehungstyp nur selten funktional.

- Der Beziehungstyp *Konsumhaltung* bezeichnet das gegenteilige Kräfteverhältnis mit einer Dominanz des Patienten. Ein solches Verhältnis kann auftreten, wenn routinemäßige und krankheitsbegleitende Betreuungen in den Vordergrund treten oder aus anderen Gründen der gestaltende Einfluss des Arztes verloren geht (Reeder 1972). Der Arzt verliert die Autoritätsrolle des fachlichen Anweisers und muss alternative Angebote unterbreiten, um den Patienten an sich zu binden. Unter diesen Umständen fließen Elemente einer „Nachfrageorientierung" in die Arzt- Patient Beziehung ein, der Patient wird zum Konsumenten der ärztlichen Angebote (Haug und Lavin 1983). Dieser Beziehungstyp kann in bestimmten Phasen einer Krankheitsbewältigung für den Patienten hilfreich und wirkungsvoll sein, etwa dann, wenn es darum geht, in einer stabilen relativen Krankheitsphase regelmäßigen Kontakt zu halten.

- Der Beziehungstyp *Gleichgültigkeit* ist durch das vollständige Fehlen von Einfluss auf beiden Seiten, also sowohl beim Patienten als auch beim Arzt, gekennzeichnet. Die Arztbesuche des Patienten gleichen einem Ritual, der Patient selbst beteiligt sich nicht aktiv an seiner Heilung, der Arzt kann umgekehrt aus Kompetenzgründen keinen Einfluss auf den Patienten nehmen. Dieser Beziehungstyp dürfte nur hilfreich sein, wenn ein Patient überwiegend Bedarf an unterstützenden sozialen Kontakten hat. Bei bedeutsamen Weichenstellungen in der Krankheitskarriere ist dieser Beziehungstyp nicht tragfähig.

- Der Beziehungstyp *Gegenseitigkeit* ist durch das wechselseitige Aushandeln und den aufeinander gerichteten Einfluss beider Partner gekennzeichnet. Sowohl Arzt als auch Patient bringen Interessen und Handlungsimpulse in die Beziehung ein, der Entscheidungsprozess ist durch ein Abwägen von Wegen und Möglichkeiten der Behandlung und Betreuung bestimmt. Die Aufgabe des Patienten ist es, die Beziehungsgestaltung aktiv mit zu übernehmen und Teil einer partnerschaftlichen Beziehung zu werden, Aufgabe des Therapeuten als Experten, die partizipative Rolle des Patienten als „Mit-Therapeut" und Mitproduzent von Gesundheitsrückgewinn anzuerkennen (Cassel 1971).

Qualität der Arzt-Patient-Kommunikation

Angesichts des Vorherrschens von chronischen Krankheiten dürfte der Beziehungstyp Gegenseitigkeit in Zukunft häufiger werden. Dieser Beziehungstyp gibt Raum für eine qualitativ einfühlsame und vielschichtige Kommunikation zwischen Arzt und Patient. Roter und Hall (1992) unterscheiden dabei zwischen einer Aufgabenebene und einer sozial-emotionalen Ebene:

- Aufgabenebene: Das Verhalten des Arztes auf dieser Ebene bezieht sich auf das sachlich-praktische Problemlösen. Grundlage dafür ist das „Expertenwissen". Aufgabenbezogene Verhaltensweisen bestehen im Sammeln von Daten, Diagnose, medizinischer Aufklärung und angemessener Behandlung und Beratung. Dem Patienten soll hierdurch das Gefühl vermittelt werden, dass seine Situation verstanden wird. Hierzu muss sich der Patient ebenfalls aufgabenbezogen verhalten, nämlich vollständig und umfassend über gegenwärtige Symptome berichten, aufmerksam auf die Diagnose achten und die Behandlungsvorschläge möglichst genau aufnehmen, mit seinen eigenen Verhaltensmöglichkeiten abgleichen und schließlich einen Konsens mit dem Arzt erzielen.

- Sozial-emotionale Ebene: In jeder Interaktion von Arzt und Patient werden immer auch affektive Inhalte ausgetauscht und empfangen. Roter und Hall (1992) unterscheiden eine emotionale Dimension (Zustimmung, Kritik, Sorge, Versicherung und Empathie), eine vermittelnde Dimension (die Art des Sprechens und die Stimmlage, die affektive Färbung der Kommunikation) und eine interpretierende Dimension, die den Gesamteindruck feststellt.

Wie die Untersuchungen von Roter und Hall zeigen, strahlt die Aufgabenebene deutlich auf die sozial-emotionale Ebene aus. Das problembezogene Verhalten des Arztes vermittelt bereits affektive Botschaften an den Patienten, gerade bei Routineaufgaben wie Diagnostizieren, Informieren und Ratgeben. Der Patient verbindet dieses Verhalten mit einer emotionalen Bedeutung. Er sieht im Informieren und Ratgeben ein Verhalten, dass ihm zeigt, ob der Arzt an ihm interessiert ist oder nicht. Ein neutrales, aufgabenbezogenes und dem Patienten zugewandtes Verhalten löst offenbar große Zufriedenheit aus und stärkt die sozial-emotionale Kommunikation (Roter und Hall 1997). Folge sind kürzere Krankenhausaufenthalte, weniger Gebrauch von Schmerzmitteln und verminderte Angstgefühle (Devine 1992; Mishler 1984). Nach diesen Studien hat das kompetente Handeln des Arztes eine Art „Placebowirkung", bevor die gezielte Therapie eingeleitet worden ist. Die Autoren vermuten, dass etwa ein Drittel der Erfolge von Ärzten auf einen solchen „Autoritätseffekt" zurückzuführen sind, vergleichbar dem „blinden Vertrauen" in ein von Fachleuten empfohlenes Medikament.

Verbindung von Compliance und Empowerment

Der Beziehungstyp der Gegenseitigkeit verlangt eine Verbindung von Therapietreue und kompetenter Eigensteuerung. Die Therapietreue („Compliance") des Patienten, also die sorgfältige Berücksichtigung der Anordnungen und Anweisungen des Arztes, die sich auf die Medikamentierung und das krankheitsverträgliche Verhalten beziehen, ist eine Voraussetzung für den gelingenden Prozess der Bewältigung einer chronischen Krankheit, etwa Asthma (Petermann und Warschburger 1997). Die Therapietreue muss sich mit der Kompetenz zur Selbststeuerung des Verhaltens beim Umgang mit der eigenen Krankheit verbinden. Hierfür hat sich in Anlehnung an die Stress- und Bewältigungstheorien der Begriff der „Stärkung der eigenen Bewältigungskompetenzen" durchgesetzt, oft auch mit dem amerikanischen Begriff „Empowerment" bezeichnet.

Die Leitidee ist: Helfen kann sich der Patient mit einer schweren chronischen Krankheit letztlich nur selbst, denn er ist der Experte für seine eigene körperliche und seelische Verfassung und weiß, wie sich die Medikamentierung auf seine körperliche und seelische Verfassung auswirkt. Der Arzt kann gar nicht die Kenntnis haben, wie die psychische Innenwelt des Patienten beschaffen ist und er seine eigene Krankheit verarbeitet und bewältigt. Der Patient selbst muss deshalb darin trainiert werden, den Krankheitsverlauf realistisch einzuschätzen und nach eigenem Dafürhalten im richtigen Moment die vom Arzt empfohlene Linderung und Beeinflussung von Symptomen einzuleiten.

Um wirkliche Gegenseitigkeit in der Beziehung von Arzt und Patient zu sichern, dürfen Compliance und Empowerment also nicht im Widerspruch zueinander stehen. Vielmehr sollte das Arzt-Patient-Verhältnis ein enges Interaktionsverhältnis sein, bei dem nicht Anordnung und Ausführung, aber auch nicht unverbindliche Empfehlung bei eigenständiger Auswahl des Verhaltens durch den Patienten vorherrschen. Vielmehr handelt es sich um ein intensives, aufeinander bezogenes Arbeiten beider Seiten mit einem kontinuierlichen Austausch. Hierdurch werden Arzt und Patient nicht zu Gleichen. Der Arzt ist und bleibt der Experte, der die objektiven fachlichen Kriterien beherrscht und „von außen" eine Empfehlung für eine Therapie ausspricht, der Patient ist der „Übersetzer" der Empfehlung für innerkörperliche und seelische Prozesse. Beide sind aufeinander angewiesen, denn die Krankheitsbewältigung ist nur möglich, wenn sowohl die objektiven Regeln für die Auseinandersetzung mit der Krankheit eingehalten als auch die subjektiven Bedingungen für die Krankheitsbewältigung beachtet werden.

Es sollte darüber nachgedacht werden, ob der Begriff „Patient" noch in allen Fällen angemessen ist oder ob der Begriff „Klient" die Beziehung besser zum

Ausdruck bringt. Dieser Begriff wird bereits in der psychotherapeutischen und rechtlichen Beratung verwendet. Er drückt ein weniger passives und „erduldendes" Verhalten der Person aus, auf die sich die fachliche Beratung und Unterstützung richtet. Im Übrigen gilt die hier für die Arzt-Patient-Beziehung exemplarisch geführte Diskussion analog auch für psychologische, sozialtherapeutische und pflegerische Gesundheitsprofessionen.

Stärkung der Selbstverantwortung für die Gesundheit

Die allgemeine gesundheitspolitische Diskussion kreist meist um Kosten- und Systemfragen und verliert den Kern der gesundheitsbezogenen Arbeit aus den Augen, nämlich die hier diskutierte unmittelbare Zusammenarbeit von Therapeut und Klient. In einer demokratischen Gesellschaft korrespondiert mit der Rolle des mündigen Bürgers die des selbstverantwortlichen Patienten/Klienten als Nutzer von Versorgungsleistungen (Badura, Hart und Schellschmidt 1999). Dieser Rollenwandel lässt sich in Analogie zu der im vorigen Abschnitt 4.1 vorgestellten Entwicklung von der autoritativen zur partizipativen Gesundheitserziehung auch als ein Wandel von der Fremdverantwortung zur Selbstverantwortung für die Krankheit beschreiben (Abbildung 22).

Abb.22: Wandel der Rolle des Patienten/Klienten von der Fremd- zur Selbstverantwortung

Fremdverantwortung f. d. Krankheit	Selbstverantwortung f. d. Krankheit
Der Gesundheitsexperte definiert und bestimmt, wie die Behandlung abläuft. Der Nachfrager ist als Patient abhängig und wird durch den Experten gesteuert. Die Krankheit ist „Eigentum" des Experten.	Der Patient ist ein Partner des Arztes, er berät sich mit ihm und den übrigen Gesundheitsexperten. Die Krankheit ist Eigentum des Patienten/Klienten, er ist Mitproduzent beim Wiedergewinn von Gesundheit.
Diagnose und Therapie werden dem Patienten nur in Umrissen verständlich und teilweise auch nur in groben Elementen bekannt. Der Patient befolgt die Anweisungen des Gesundheitsexperten, ohne immer genau über die Logik und die Begründung informiert zu sein.	Diagnose und Therapie werden dem Patienten/Klienten in dem Ausmaß bekannt gemacht, wie er es selbst wünscht. Entsprechend ist er aktiv an der Erarbeitung der Konsequenzen für das eigene Gesundheits- und Krankheitsverhalten beteiligt. Der Klient entscheidet, inwieweit er genau den Anweisungen des Arztes folgt.
Der Patient verlässt sich darauf, dass die Vorgaben und Behandlungsanweisungen des Gesundheitsexperten (Arzt, Psychologe usw.) gut durchdacht und richtig sind.	Der Patient/Klient holt sich zusätzliche Information bei anderen Gesundheitsexperten und bildet sich hieraus einen Eindruck vom richtigen Behandlungsablauf.
Der Patient hat wenige zusätzliche Informationsquellen und wird vom Gesundheitsexperten auch nicht auf weitere Quellen hingewiesen. Entsprechend besteht ein geringer Informationsaustausch mit Mitpatienten, die von dem gleichen Gesundheitsproblem betroffen sind.	Der Gesundheitsexperte macht auf andere Behandlungs- und Beratungsstellen und Selbsthilfegruppen aufmerksam. Es kommt zu Eigeninitiative im Umgang mit der Krankheit und der Krankheitsbewältigung.

Mit zunehmender Selbstverantwortung wird der Nutzer des Gesundheitssystems zu einem Akteur, der sich in eigener Initiative die notwendigen Informationen und Angebote einholt, die für die Bewältigung seiner Gesundheitsstörung nötig sind. Er nutzt nicht nur den Rat und die Hilfe des Arztes, sondern auch den anderer professioneller Personen, etwa Psychologen, Apotheker, Krankenkassenexperten und Experten von Selbsthilfegruppen und Verbraucherverbänden. Er übernimmt die Verantwortung für sich selbst, für seine Gesundheit und für seine Krankheit und bedient sich des Arztes und weiterer Professionen als Gesundheitsberatern. Es kann erwartet werden, dass in den nächsten Jahren über Selbsthilfegruppen und Patientenverbände die Interessenvertretung der Nutzer des Gesundheitssystems neue Impulse erhält.

Die zunehmende Bedeutung der Selbstverantwortung hängt auch mit einem Rückgang von Fortschrittsgläubigkeit bei medizinischen Behandlungen zusammen. Die Leistungen der Medizin und der ihr zugrunde liegenden Wissenschaften sind unbestritten, aber ihre Grenzen sind seit den 1990er Jahren ebenfalls in das öffentliche Bewusstsein getreten. Vermutlich sind nur 20 % aller heute bekannten Krankheiten kausal behandelbar, 80 % bestenfalls symptomatisch. Deshalb ist es nicht überraschend, dass neben der vorherrschenden „Schulmedizin" alternative, komplementäre Modelle aus Medizin, Psychologie und Lebensphilosophie an Boden gewinnen (von Weizsäcker 1947). In einer zunehmend gut gebildeten und aufgeklärten Öffentlichkeit finden solche Positionen zunehmend Resonanz. Viele Menschen verstehen eine Krankheit nicht nur als etwas Negatives, das zu unterdrücken ist, sondern sehen darin auch ein Signal mit Impulsen für eine gesunde Lebensführung. Vom „Opfer" der Krankheit wird ein Mensch damit im Sinne des griechischen Arztes Hippokrates wieder zum „Gestalter" seiner Gesundheit.

Am eigenständigen Kauf und Gebrauch von Arzneimitteln in den westlichen Ländern lässt sich ablesen, wie weit die Verselbstständigung von gesundheitsbezogenen Entscheidungen in einzelnen Segmenten des Gesundheitssystems schon vorangeschritten ist. Arzneimittel werden in zunehmendem Maße ohne die Entscheidung und Empfehlung eines Arztes erworben und wie ein Konsumprodukt privat bezahlt. Schon bei 80 % der Bevölkerung ist es bei leichteren Krankheiten und Beschwerden üblich, eine Selbstdiagnose und eine Selbstmedikation mit rezeptfreien Arzneimitteln vorzunehmen. Die Verbreitung der Selbstmedikation (Over The Counter Products, OTC-Produkte) wächst weiter an. Naturheilmittel, präventive Angebote und alternative Heilverfahren gewinnen dabei schnell an Marktanteilen. Nicht nur Apotheken, sondern auch Kaufhäuser, Supermärkte, Drogerien, Versandhäuser und Internetvertriebe drängen in diesen neuen Markt (kritisch hierzu Kühn 1993).

4.3 Stärkung der Rolle als Konsument von Gesundheitsleistungen

Wie in anderen gesellschaftlichen Sektoren sind auch die Nutzer des Gesundheitssystems in gewisser Weise „Konsumenten". Ein dritte Strategie der Veränderung des Gesundheitsverhaltens besteht in der Stärkung der Rolle als Konsument von Versorgungsleistungen für Gesundheit und Krankheit. Hierzu ist im Idealfall eine Information über Aufbau und Funktion der verschiedenen Einrichtungen des Gesundheitssystems sowie ihrer Arbeitsprinzipien und Leistungen notwendig.

Ziel ist es, Konsumenten von gesundheitlichen Versorgungsleistungen in die Lage zu versetzen, die verschiedenen Angebote souverän zu nutzen und dafür ein für sie geeignetes Angebot auszuwählen. Eine bewusste und gezielte Auswahl von Versorgungsleistungen kann zu einer besseren Passung von Bedarf und Angebot führen, weil unwirksame und überflüssige Diagnosen und Behandlungen vermieden werden. Als Effekt kann eine Kostensenkung eintreten, die im unmittelbaren Interesse der Konsumenten liegt, da sie über die Krankenversicherung indirekt oder direkt an der Finanzierung des Gesamtsystems beteiligt sind (Haddix, Teutsch, Shaffer und Dunet 1996).

Konsumentensouveränität im Gesundheitswesen

Die Rolle des Konsumenten setzt die autonome Auswahl aus einem Gesundheitsangebot mit verschiedenen Alternativen voraus: „Ein Konsument im Gesundheitswesen lässt sich folgendermaßen beschreiben: Dem Konsumenten werden verschiedene Alternativen von Gesundheitsleistungen angeboten, zu denen er jeweils Informationen über Nutzen und Risiken erhält. Der Entscheidungs- und Auswahlprozess wird durch die Prioritäten und individuellen Werte des Konsumenten gesteuert. Die Entscheidungsmitgestaltung ist dabei nicht auf Diagnose und Therapie beschränkt, sondern beinhaltet auch Wahlmöglichkeiten über Versicherung oder Auswahl von Anbietern von Gesundheitsleistungen. So subsumiert der Begriff des Konsumenten Patienten, Versicherte, Beitragszahler und Leistungsempfänger und hebt die Trennung zwischen kranken und gesunden Personen auf" (von Reibnitz und Litz 1999, S. 15)

„Konsumentensouveränität" ist ein Grundgedanke der Marktwirtschaft und besagt, dass Konsumenten durch ihre Nachfrage die Produktion steuern. Voraussetzung hierfür sind:

- Geeignete Mitbestimmungsmöglichkeiten und klar verankerte Rechte, vor allem auf Beteiligung an der Therapie und Entschädigung bei Behandlungsfehlern. Patientenpartizipation stellt in diesem Sinn auch ein Merkmal der Demokratisierung des Gesundheitssystems dar (von Reibnitz und Litz 1999). Zugleich ist die Partizipation auch wegen des hier zur Diskussion stehenden „Leistung" notwendig, denn das Produkt „Gesundheit" kann, wie in Abschnitt 4.2 bereits erörtert, von den Health Professionals allein nicht hergestellt werden, sondern der Patient muss eine Rolle als Mitproduzent spielen. Ohne Einbeziehung des Patienten sind die Interventionen möglicherweise unproduktiv und schädlich. Sie können nur dann bedarfs- und bedürfnisgerecht sein, wenn der Empfänger der Intervention in geeigneter Weise beteiligt ist.

- Stärkung der Nachfrageseite. Von der Struktur her bestimmen im deutschen Gesundheitssystem die Anbieter in den Praxen, Krankenhäusern und Versorgungseinrichtungen das Behandlungs- und Pflegegeschehen. Die starke Position der Anbieterseite wird durch die verbandliche Interessenvertretung der Ärzte und der anderen Gesundheitsprofessionen untermauert. Demgegenüber verfügen die Patienten, also die Nachfrageseite, kaum über organisierte Vertretungen. In Ansätzen können Selbsthilfegruppen diese Funktionen übernehmen, zunehmend bilden sich Patientenstellen und Patienteninformationsnetze, teilweise in Koordination mit Verbraucherverbänden, die im Interesse der Nachfragerseite auftreten.

Anreize für ein intelligentes Nachfrageverhalten. Dieses könnte zum Beispiel durch eine Vertragsfreiheit von Kassen und kassenärztlichen Vereinigungen, verbunden mit neuen Formen der ärztlichen Vergütung, stimuliert werden. Auch sollte das Abrechnungssystem reformiert werden. In der Gesetzlichen Krankenversicherung könnte jeder Versicherte zumindest einmal im Quartal eine Kopie der Abrechnungen an die Kassenärztliche Vereinigung und - falls ein Krankenhausaufenthalt notwendig war - die Krankenhausgesellschaft erhalten, wenn Leistungen nachgefragt wurden. Es könnten neue Versicherungsmodelle erprobt werden, die Anreize zur Selbstverantwortung schaffen, indem bei geringer Inanspruchnahme von Leistungen eine symbolische Rückerstattung von Beiträgen erfolgt. Solche Beitragsvergütungen sind aus der Kraftfahrzeugversicherung bekannt und haben sich bewährt. Weiterhin wäre das Modell der Kaskoversicherung denkbar, bei dem der Versicherte einen bestimmten Betrag pro Jahr selbst übernimmt und die darüber hinausgehenden Kosten von der Versicherung getragen werden.

Gesicherte Informationen über medizinische Leistungen

Zur Stärkung der Rolle als potentieller und tatsächlicher Konsument von Gesundheitsleistungen ist eine transparente und nachvollziehbare Information über Arbeitsweise und Erfolge von medizinischer und physiotherapeutischer Behandlung unabdingbar. Patienten und Klienten, die wissenschaftlich abgesicherte Informationen über Diagnosen und den Erfolg bestimmter Therapien besitzen, können entsprechend selbstbewusst auftreten. Deswegen spielt die Diskussion um eine wissenschaftliche Absicherung medizinischen Handelns (Evidence Based Medicine) nicht nur für die professionellen Berufsgruppen im Gesundheitswesen eine Rolle, sondern auch für die Nutzer der Leistungen. Die als nicht leistungsfähig nachgewiesenen Therapien und Diagnosen sind eine kostenmäßige Beanspruchung des Gesundheitssystems und zugleich auch eine psychische, soziale und körperliche Belastung der Patienten.

Eine auf nachgewiesene Fakten ausgerichtete Gesundheitsinformation spielt deswegen für die Stärkung der Kompetenz zur selbstbestimmten Nutzung der Gesundheitsversorgung eine Schlüsselrolle (Jäger 1999). Dazu gehört ein realistisches Bild von der Leistungsfähigkeit der Medizin. In einer international vergleichend angelegten Untersuchung konnten Domenighetti, Grilli und Liberati (1997) nachweisen, dass bis zu 80 % der Erwachsenenbevölkerung in den europäischen Ländern Medizin für eine exakte Wissenschaft und entsprechend die Autorität der Mediziner für unangreifbar halten. Entsprechend fügen sich 85 % der Befragten vorbehaltlos unter die Autorität von Ärzten, nur 15 % orientieren sich an dem oben als „Gleichberechtigung" bezeichneten Beziehungsmodell und fragen nach der Leistungsfähigkeit einer Diagnose und der wissenschaftlichen Absicherung einer Therapie. Hierbei handelt es sich überwiegend um die gut ausgebildeten Gruppen der Bevölkerung. Die Autoren betonen, dass ein überproportional hoher Anteil von medizinischen Dienstleistungen, besonders auch chirurgische Eingriffe, bei der weniger gut gebildeten und im Sozialstatus niedrigen Bevölkerung erbracht werden, was nach ihrer Analyse mit der vorbehaltlosen Unterordnung dieser Patientinnen und Patienten unter die ärztlichen Vorgaben zusammenhängt.

Die Stärkung der Konsumentenrolle, die zu einem höheren Grad von Autonomie in den Entscheidungen führt, kann auch als Vorteil für die Professionellen gesehen werden, weil sie eine bessere Kommunikation mit dem Patienten/Klienten durch klare Erwartungshaltungen fördert. Der Druck auf die Professionellen, durch eine starke Patientenposition das eigene Handeln zu rechtfertigen und stets transparent zu machen, hat positive Wirkungen, weil aufgeklärte Patienten den Therapeuten dazu zwingen, das eigene Handeln ständig auf dem neuesten fachwissenschaftlichen Stand zu halten und gegenüber Patienten und der Öffentlichkeit zu rechtfertigen. Nur durch eine gleichberechtigte und gegenseitige Beziehung ist demnach die vielfach verbreitete Unzufriedenheit von Therapeuten mit Rückmeldungen zu ihrer Arbeit zu bewältigen (Reiser 1993).

Modelle des Nachfragemanagements

Die systematische und gezielte Beeinflussung der Nachfrage nach vorbeugenden, therapeutischen, betreuenden, rehabilitativen und pflegerischen Leistungen wird in den USA seit den 1990er Jahren als „Nachfragemanagement" bezeichnet. Es ist meist in die Organisationsformen der gemeinnützig oder privatwirtschaftlich verfassten „Managed Care"-Gesellschaften einbezogen, in denen der Versicherte einen Vertrag mit einer Organisation abschließt, die ihm zu festen Beitragszahlungen ein genau definiertes Versorgungsangebot macht (Lynch 1997).

In die Leistungen dieser Organisationen werden zunehmend Angebote aufgenommen, um die Versicherten in eine aktive Rolle zu versetzen, gezielt Wissen einzuholen und am Ende bessere Entscheidungen bei der Inanspruchnahme von Gesundheitsleistungen zu treffen. Das erklärte Ziel ist es, größere Selbstverantwortung der Versicherten für ihre Gesundheit zu erreichen, indem unnötige

Nachfrage nach Leistungen im Gesundheitssektor vermieden und eine frühere und gezieltere Nutzung des Angebots gefördert wird (Goodman, Steckler und Kegler 1997).

Die Bemühungen richten sich auf die Verbesserung des vorbeugenden Gesundheitsverhaltens, die Stärkung der Fähigkeit zum selbständigen Umgang mit Gesundheitsstörungen und leichten Krankheiten und die Qualifizierung des Nachfrageverhaltens als Nutzer und Konsument bei der Krankheitsbewältigung. Das übergeordnete Ziel ist die Kostenreduktion (Chapman 1998). Einige der Strategien dürften auch auf das deutsche Gesundheitssystem übertragbar sein:

- Unterstützung bei der Selbstversorgung. Über gebührenfreie Telefonnummern oder über das Internet kann eine medizinische Hilfs- oder Pflegekraft angesprochen werden, um für ein akutes Gesundheitsproblem direkte Hinweise oder Empfehlungen für eine professionelle Beratung zu geben. Zu diesem Angebot gehört auch die Vermittlung medizinischer Handlungsanleitungen zur Selbstbehandlung bei leichten Beschwerden und das Bereitstellen von Informationen über verschiedene Medien.

- Unterstützung der Bewertung von Informationen über gesundheitsrelevante Versorgungsangebote nach ihrer Glaubwürdigkeit und Aussagekraft. Hierzu werden neutrale, wissenschaftlich kontrollierte und supervisierte Informationsagenturen eingerichtet, an die sich Patienten und Konsumenten wenden können, wenn sie entsprechende Fragen haben.

- Anreize zur aktiven Mitarbeit. Dazu gehört die finanzielle Belohnung eines versicherten Patienten, wenn er durch gesundheitsförderliche Handlungen (z.B. Reduzierung von Alkoholkonsum, fettreiche Verzicht auf Speisen zur Senkung eines zu hohen Blutdrucks, Beachtung des Cholesterinwertes von Nahrungsmitteln) seinen Gesundungsprozess aktiv beschleunigen.

Eine ebenfalls in den USA verbreitete Strategie der Stärkung der Konsumentensouveränität ist das „soziale Marketing" (Kotler und Roberto 1989; Lefebvre und Rochlin 1997). Hierbei geht es darum, nach den Spielregeln der Verbreitung von Produkten und Dienstleistungen, die aus dem kommerziellen Markt bekannt sind, die gesundheitsbezogene Nachfrage zu beeinflussen. Soziales Marketing hat einen „gemeinnützigen" Wert, weil im Unterschied zum kommerziellen Marketing der Nutzen nicht im Profit für eine Organisation liegt (Andreasen 1995). Es wird kein Produkt, sondern eine wertvolle Information („Botschaft") für die Steuerung der eigenen Gesundheit „verkauft".

Lefebvre und Rochlin (1997) fassen die wichtigsten Merkmale des sozialen Marketings in folgenden Punkten zusammen:

- Orientierung am Verbraucher, die anerkennt, dass nur seine Bedürfnisse den Anstoß für jede Initiative („Botschaft") geben dürfen. Im Unterschied zu den „top-down" Ansätzen von Gesundheitskampagnen, die durch Politiker oder

Experten bestimmt werden, stehen die Bedürfnisse der Nutzer und Konsumenten im Vordergrund.

- Analyse der spezifischen Bedürfnisse und Interessen von Teilgruppen der Bevölkerung (Kinder, Jugendliche, Alte, Migranten), die als Adressaten für Informationen je nach ihren kulturellen, wirtschaftlichen und Bildungsmerkmalen und damit gezielt nach ihrer Motivationslage angesprochen werden sollen.
- Analyse der Verbreitungs- oder Kommunikationskanäle, um diejenigen Zeiten, Orte und Situationen festzustellen, an denen die Zielgruppe mit der größten Wahrscheinlichkeit eine Botschaft aufzunehmen bereit ist.
- Kontrollierende Rückmeldeschleifen, die den Programmplanern eine Beobachtung des Aufnahme- und Verarbeitungsprozesses einer Botschaft ermöglichen und dabei helfen sollen, das Konzept und seine Umsetzung flexibel an veränderte Bedingungen anzupassen.

Am Beispiel eines Programms des US-amerikanischen Office of Cancer Communication (OCC) soll illustriert werden, wie das Brustkrebs-Informations-Programm (Breast Cancer Education Program, BCEP) entwickelt und eingesetzt wurde, das Frauen einen guten Informationsstand über diese Krankheit und einen Überblick über die Auswahl von geeigneten Angeboten und Hilfen zur Vorbeugung und zur Krankheitsbewältigung vermitteln soll (Lefevre und Rochlin 1997, S. 393).

- Im ersten Schritt wurde eine Bestandsaufnahme über die Verbreitung von Brustkrebs und über die Nutzung von Vorsorgeuntersuchungen und die Kenntnisse über die Krankheit vorgenommen wurde. Es wurde festgestellt, dass nur etwa ein Drittel der Frauen die Vorsorgeangebote kannte und nutzte. Deshalb wurden Informationsprogramme entwickelt, um auf die Bedeutung eines regelmäßigen Screenings aufmerksam zu machen. Die Zielgruppenanalyse zeigte, dass vor allem Frauen aus afroamerikanischen und latinoamerikanischen Bevölkerungsgruppen über einen geringen Informationsstand verfügten. Deshalb wurde für diese Zielgruppen ein besonderes Programm entwickelt und umgesetzt.
- Als Verbreitungs- und Kommunikationskanäle wurden Printmedien und Rundfunk, Gesundheitsämter, religiöse Gruppen und verschiedene Initiativen der ethnischen Gruppen der Schwarzen und Latinos ausgewählt. Zu den Materialien zählten Broschüren und Videos, Presseinformationen und Werbespots in Rundfunk und Fernsehen, Leitfäden für Veranstaltungen in der Gemeinde, Handkoffer mit Materialien für Vorträge und Material zum Verteilen, wie Lesezeichen oder Handspiegel. Im Vortest wurden die Materialien auf Verständlichkeit, kulturelle Angemessenheit und Benutzerfreundlichkeit überprüft. Für jedes Produkt und jede Aktivität wurde eine eigene Werbestrategie entwickelt. Dabei wurde ein integrierter Ansatz mit verschiedenen Kommunikationskanälen gewählt, um eine maximale Reichweite zu gewährleisten.

- In das Programm wurde eine Prozess- und Ergebnisevaluation eingebaut. So wurde per Telefonumfrage die Reichweite und Akzeptanz der eingesetzten Medien ermittelt. Die Ergebnisse der gesamten Kampagne sind eindeutig: Die Daten des staatlichen Gesundheitsberichts zeigen, dass die Zahl der Frauen, die jemals ein Screening gemacht haben, sich nach der Durchführung dieser Social Marketing Strategie fast verdoppelt hat. Der Unterschied in der Nachfrage nach Mammographieangeboten zwischen weißen Frauen und Frauen aus Minderheitengruppen konnte fast ausgeglichen werden.

Gesundheitsinformationen über Massenmedien

Kommunikationsprozesse in den Massenmedien spielen eine große Rolle für die Gesundheitserziehung. Die Medien haben eine wichtige Funktion, weil sie Informationen auswählen und zugleich als Sozialisationsagenturen einen nachhaltigen Einfluss darauf haben, welche Verhaltensnormen in einer Gesellschaft als akzeptiert und normleitend gelten. Das Wissen um die Möglichkeiten zur Beeinflussung dieses Prozesses ist deshalb für die Krankheitsprävention von großer Bedeutung.

- Die Erfahrung mit dem sozialen Marketing haben gezeigt, wie wichtig eine genaue Kenntnis der Eigenschaften der Zielgruppe ist. Wissen und Information sind nicht gleichmäßig in der Bevölkerung verteilt. Menschen mit einer höheren Bildung nehmen mehr Informationen auf und haben ein größeres Wissenspotential als Menschen mit niedriger Schulbildung (Finnegan und Viswanath 1997). Informationen über das eigene Gesundheitsverhalten werden von Menschen mit einem höheren Bildungsgrad relativ stärker genutzt und umgesetzt. Diese Erkenntnis ist für öffentliche Informationskampagnen von größter Wichtigkeit. Sie widerspricht der allgemeinen Annahme, dass öffentliche Interventionen ein Allheilmittel für die Lösung sozialer und gesundheitlicher Problem seien, und sie sieht den Einfluss der Medien differenzierter als bisher. Der Einfluss und die Wirkung der Medien hängt nach diesen Erkenntnisse von den sozialen und kulturellen Lebensbedingungen ab, die in einer Bevölkerungsgruppe existieren.

- Viele Studien bestätigen, dass das Fernsehen grundsätzlich das Potential hätte, einen Ausgleich im Wissensniveau verschiedener Bevölkerungsgruppen zu erreichen, weil es Menschen mit unterschiedlichem Bildungsgrad anspricht (Shinghi und Mody 1976). Die Unterschiede zwischen den Gruppen mit hohem und niedrigem Bildungsstatus sind nach Ettema und Kline (1977) die Folge von verschieden Profilen der Motivation, des Interesses und der damit einher gehenden unterschiedlichen Bewertung bestimmter Themen. Unterstützung findet diese Interpretation in Studien, die einen engen Zusammenhang von Wissen mit Interesse, Bewertung, Motivation und Beteiligung zeigen (Ettema, Brown und Luepker 1983; Fredin, Monnet und Kosicki 1994; Yach 1998).

- Massenmedien vermitteln dem Publikum nicht nur die Themen, die generell wichtig sind, sondern sie beeinflussen auch die Aufmerksamkeitsstrukturen durch die Symbole und Begriffe, die sie in ihrer Berichterstattung verwenden (Kosicki 1993; Iyengar und Kinder 1987). Alle öffentlichen Themen, auch Gesundheitsthemen, sind letztlich soziale Konstruktionen. Gruppen, Institutionen und Lobbyisten befinden sich im Wettstreit um die Identifizierung von Problemen, um das öffentliche Interesse daran und um die symbolische Definition dieser Themen (Hilgartner und Bosk 1988). Die Themenauswahl der Medien auch bei gesundheitlichen Problemen verläuft entsprechend nicht unabhängig und neutral, sondern wird von verschiedenen Interessengruppen und Institutionen beeinflusst.

- Die Massenmedien steuern die Wahrnehmung von „gesundheitspolitischer Realität" beim Publikum. Dabei kann es zu berechtigten und unberechtigten Skandalisierungen kommen, etwa bei der Berichterstattung über die Belastung von Nahrungsmitteln mit Giftstoffen oder den Zusammenhang von Zigarettenrauchen und Brustkrebs. Diese „Kommunikation über Risiken" ist ein Gebiet, das die individuelle Motivation stark anspricht, weil Menschen die Information unmittelbar in Bezug zu sich selbst setzen und auf dieser Basis ihr Verhalten ändern (Glanz und Yang 1996; Weinstein 1984). Die Beeinflussung der öffentlichen Meinung über Risiken kann zur Reaktion der Politik beitragen, vor allem dann, wenn eine wissenschaftlich begründete Information über das Risiko zugrunde liegt, die große Unruhe auslöst („Empörungsfaktor"). Diese Unruhe hat wiederum Einfluss darauf, wie breit das Risiko in der Bevölkerung diskutiert und damit letztlich auch, ob und mit welcher politischen Strategie dem Risiko begegnet wird.

Zusammenfassend kann gesagt werden, dass unter den drei in diesem Kapitel erörterten präventiven Strategien besonders die dritte Strategie, die Vermittlung von Kompetenz zur informierten und selbstgesteuerten Nutzung der Angebote und Leistungen des Gesundheitssystems, in den nächsten Jahren an Bedeutung zunehmen wird. Auch wird es Querverbindungen zu den beiden anderen Strategien, also der Gesundheitserziehung/Gesundheitsbildung als primärpräventivem Vorgehen und der Anleitung zum selbständigen und selbstbewussten Umgang mit der Patientenrolle und einer eigenen Krankheit als sekundär- und tertiärpräventives Vorgehen kommen.

Schon heute zeichnet sich ab, dass Programme der Gesundheitsinformation, wie sie für die Stärkung der Konsumentensouveränität von besonderer Bedeutung sind, auch für die primärpräventiven, sekundärpräventiven und tertiärpräventiven Vorgehensweisen eine große Rolle spielen. Umgekehrt ist anzustreben, die seit Jahrzehnten herangereiften Erkenntnisse aus den primärpräventiven Strategien der Gesundheitserziehung und den sekundärpräventiven Strategien der Patientenanleitung in die Strategien der Stärkung der Konsumentensouveränität intensiver aufzunehmen als bisher.

5. Strategien der Veränderung der Gesundheitsbedingungen

Dieses Kapitel konzentriert sich auf Strategien der Gesundheitsförderung, also solche Interventionen, die auf die Veränderung der Gesundheitsbedingungen gerichtet sind. Damit stehen die Strukturen der sozialen und materiellen Umwelt im Vordergrund, die Einfluss auf psychische Merkmale und soziale Verhaltensweisen ausüben und damit indirekt auch das Gesundheitsverhalten bestimmen.

Das Kapitel ist in drei Abschnitte untergliedert:

- Im ersten Abschnitt werden Strategien der Förderung von unterstützenden sozialen Netzwerken erörtert. Ausgehend von den klassischen Studien des Soziologen Durkheim werden die Bedingungen analysiert, die Menschen benötigen, um eine gesunde Persönlichkeitsentwicklung zu durchlaufen. Die Wirkmechanismen von sozialer Unterstützung werden rekonstruiert, um hieraus Folgerungen für geeignete Interventionen abzuleiten.

- Im zweiten Abschnitt werden Strategien der Gesundheitsförderung erörtert, die sich auf die unmittelbare soziale und physische Umwelt in Stadt und Kommune beziehen. Bei diesen Ansätzen geht es darum, die alltäglichen Umweltbedingungen der Einwohner so zu gestalten, dass durch Angebote und Anreize, aber auch durch Einschränkungen und Verbote positives Gesundheitsverhalten stimuliert und solches Verhalten zurückgedrängt wird, das der Gesundheit der Menschen nicht zuträglich ist.

- Im dritten Abschnitt werden Strategien der Gesundheitsförderung vorgestellt, die sich auf die Beeinflussung der Gesundheitsbedingungen in einzelnen sozialen Organisationen beziehen. Dazu werden zunächst die Konzepte der Gesundheitsentwicklung in Organisationen theoretisch erörtert, um anschließend am Beispiel von Betrieben, Dienstleistungs- und Bildungseinrichtungen zu demonstrieren, wie diese Konzepte umgesetzt werden können.

5.1 Förderung von unterstützenden sozialen Netzwerken

Der französische Soziologe Emile Durkheim hat schon zu Beginn dieses Jahrhunderts in einer Studie über den Selbstmord auf die Zusammenhänge zwischen fehlender sozialer Integration und psychischer Gesundheit aufmerksam gemacht. Während der „anomische" Selbstmord seine Ursachen in einem Defizit gesellschaftlicher Regulation habe, lägen die Ursachen des egoistischen Selbstmords in einem Defizit gesellschaftlicher Bindungen, vor allem im religiösen und sozialen Bereich. So wie die sinnstiftende Kraft der Religion mit ihren inneren Bindungen und praktischen Orientierungen zur Bewältigung kritischer Lebenssituationen und damit zur Vermeidung von Selbstmord beiträgt, tut dies nach Durkheim die Familie mit ihren sozialen Beziehungen (Durkheim 1897/1973, S. 198). Auch wenn sich diese Befunde in neueren Untersuchungen nicht in jedem Detail halten lassen, gebührt Durkheim das Verdienst, auf die „Schutzfunktion" sozialer Bindungen gegenüber Lebensbelastungen als erster hingewiesen zu haben.

Die Bedeutung sozialer Bindungen

Studien aus den letzten 20 Jahren bestätigen grundsätzlich die These von Durkheim:

- Berkman und Breslow (1983) konnten im Umfeld von San Francisco den Zusammenhang von gesundheitsrelevanten Verhaltensweisen mit der positiven Einbindung in Familienbeziehungen nachweisen. Eine funktionierende eheliche Lebensgemeinschaft erwies sich dabei als günstige Ausgangslage für die Aufrechterhaltung von Wohlbefinden und Gesundheit. Eine solche Partnerschaft steigert auch die Bereitschaft, sich einer Behandlung zu unterziehen, wenn gesundheitliche Beeinträchtigungen eintreten. Die Mortalitäts- und Morbiditätsraten bei verheirateten erwachsenen Personen liegen insgesamt deutlich unter denen bei geschiedenen und allein lebenden. Die Autoren erklären diese Zusammenhänge im Wesentlichen durch die Bedeutung, die soziale Bindungen für das eigene Verhalten haben. Die Existenz einer engen menschlichen Beziehung hat demnach einen disziplinierenden und kontrollierenden Effekt für das Verhalten und fördert gesundheitsrelevante Handlungsmuster.
- Thoits (1986) weist besonders auf die Rolle der Stabilität der sozialen Unterstützung hin. Belastende Lebensereignisse können am besten ertragen werden, wenn über einen längeren Zeitraum hinweg ein hoher Grad von sozialer Unterstützung zur Verfügung steht. Als sehr wichtig erweist sich auch die Vielfältigkeit von verschiedenartigen Trägern der sozialen Unterstützung in einem Netzwerk. In Belastungssituationen ist es demnach besonders günstig, wenn eine Person auf mehr als nur einen Träger von sozialen Unterstützungsleistungen zurückgreifen und gute Querverbindungen zwischen den verschiedenen Bezugspersonen herstellen kann (Kahn und Antonucci 1980).
- Diese Studien zeigen: Je stärker eine Person in ein soziales Beziehungsgefüge mit wichtigen Bezugspersonen eingebunden ist, desto besser kann diese Person mit ungünstigen sozialen Bedingungen, kritischen Lebensereignissen und andauernden Belastungen umgehen und desto weniger treten Symptome der Überforderung auf. In Analogie zu biologischen Schutz- und Immunsy-

stemen kann deshalb auch vom sozialen Netzwerk als „sozialem Immunsystem" eines Menschen gesprochen werden (Keupp und Röhrle 1987).

- Badura (1981, S. 35) plädiert dafür, den Begriff des „sozialen Netzwerkes" von dem Begriff der „sozialen Unterstützung" zu unterscheiden. Das soziale Netzwerk ist das Gefüge von sozialen Beziehungen, in das eine Person einbezogen ist. Die strukturelle Beschaffenheit sowie die Qualität und Funktion der Beziehungen in einem Netzwerk entscheidet über das mögliche Unterstützungspotential dieses Netzwerkes. Es ist jeweils genau zu untersuchen, welche Teile des sozialen Kontakt- und Beziehungsnetzwerkes einer Person wirklich als „Unterstützungs"-Netzwerk bezeichnet werden und welche anderen Teile nicht unterstützend oder sogar belastend sein können.

Merkmale eines Unterstützungsnetzwerkes

Die soziale Unterstützung geht, den vorliegenden Untersuchungen zufolge, von verschiedenen Bezugspersonen aus, die Mitglied dieses Netzwerkes sind: Eltern, Geschwister, Freunde, Kollegen, Verwandte, Lehrer, Vorgesetzte, Beratungs- und Hilfspersonal. Das effektive sozioemotionale oder instrumentelle Ausmaß an Hilfe unterscheidet sich typischerweise jeweils nach sozialen Bezugspersonen oder Bezugsgruppen (Nestmann und Hurrelmann 1994).

Badura klassifiziert die verschiedenen Nähe- und Integrationsstufen von Beziehungsnetzwerken in drei Schritten:

- „Confidantbeziehung: Als Confidant bezeichnen wir einen Menschen, mit dem auch die persönlichsten Probleme besprochen werden können, dem man unbedingt vertraut und dessen Hilfe jederzeit in Anspruch genommen werden kann. (. . .) Eltern, Freunde bzw. Freundinnen, Ehepartner, Geschwister oder Kinder kommen als die vermutlich häufigsten Confidantkandidaten in Betracht.

- Enge Beziehungen: Die Enge der Beziehung kann einmal von der Häufigkeit der Interaktion und der dadurch bedingten Wahrscheinlichkeit gemeinsamer Werte und Interessen abhängen. Sie kann aber auch abhängen von der Intensität positiver gegenseitiger Gefühle bzw. positiver sozialer Wertschätzung, bedingt etwa durch prägende - möglicherweise schon eine geraume Zeit zurückliegende - gemeinsame Erfahrungen oder Erlebnisse. (...) Kandidaten für enge Beziehungen sind Familienmitglieder, Freunde, Arbeitskollegen.

- Eher oberflächliche Bekanntschaften: Bei dieser dritten Gruppe sozialer Beziehungen besteht nur ein geringes Maß gegenseitiger Verpflichtung. Die Dauer der Beziehung kann kurz, der Inhalt durch Abwesenheit von Emotionalität gekennzeichnet sein. (...) Gemeinsamer Arbeitsplatz, gemeinsamer Wohnort, gemeinsame Interessen, gemeinsame Mitgliedschaften in Organisationen, Vereinen, Religionsgemeinschaften, politischen

Gruppierungen, gemeinsame Probleme bilden den Anlass oder den äußeren Rahmen solcher Beziehungen" (Badura 1981, S. 36).

Als Strukturmerkmale eines sozialen Netzwerkes sind relevant:

- Größe: die Zahl der miteinander verbundenen Individuen;
- Dichte: das Verhältnis der tatsächlich bestehenden zu den potentiellen Verbindungen;
- Häufigkeit: Die Anzahl der Kontakte pro Zeiteinheit;
- Intensität: persönliche Bedeutung der Kontaktinhalte;
- Dauerhaftigkeit: zeitliche Existenz der Beziehung;
- Gerichtetheit: Ein- oder Zweiseitigkeit, Gleichgewichtigkeit der Kontakte;
- Inhalte: Breite des ansprechbaren thematischen Spektrums und
- Vielfältigkeit: Zusammentreffen unterschiedlich gearteter Kontaktkreise.

Von diesen Merkmalen lässt sich nicht direkt auf die Unterstützungsqualität schließen. Offensichtlich sind es nicht nur Kriterien wie Dauerhaftigkeit, Häufigkeit und Intensität der Interaktionen, die von Bedeutung für die Qualität der Unterstützung sind. Es spielt auch eine Rolle, wie die Typen unterstützenden Verhaltens im Einzelnen aussehen. Hier lässt sich mit House und Kahn (1985) zwischen emotionaler Unterstützung (Ausdruck von Wertschätzung und Akzeptanz), instrumenteller Unterstützung (Angebot von finanzieller Hilfe, tatkräftiges Helfen), informationeller Unterstützung (Bereitstellung von Informationen und Kenntnissen) und Einschätzungsunterstützung (Angebote zur Bewertung und Lösung von Situationen) unterscheiden.

Die bisherige Forschung zeigt, dass Größe und Dichte eines Netzwerkes nicht immer von Vorteil sind. Es hängt vielmehr von den Funktionen und Aufgaben ab, die in einer Interaktion jeweils im Vordergrund stehen, ob sich Dichte und Größe positiv auswirken:

- Die Stärke der engen Netze liegt in ihrer nachhaltigen Hilfe bei Dauerbelastungen. Vor allem die Kleinfamilie muss als zentrale Instanz der Vorsorge und Bewältigung betrachtet werden. Freunde und Bekannte scheinen hingegen einen wichtigen Kreis von Informations- und Unterstützungsquellen zu bieten, dessen Aktivitätsschwerpunkt vor allem bei kurzfristigen und spontanen Hilfen liegt. Freunde werden nicht bewusst zu „Helfern" gezählt und können gerade deshalb eine besonders wirkungsvolle Unterstützung anbieten. Hier existiert keine Verpflichtung und keine moralische Verantwortung, sondern die Unterstützung wird freiwillig geleistet und ist wegen ihrer Nicht-Selbstverständlichkeit besonders wirksam (Nestmann 1988). Dasselbe kann für gute nachbarschaftliche Beziehungen gelten (Froland, Pancoast, Chapman und Kimboko 1981).
- In den kleinen und dichten Familiennetzen sind die Unterstützungen oft einseitig und mit Verpflichtungen verbunden. Belastungen, Spannungen und Konflikte mischen sich mit unterstützenden Komponenten. Diese Netzwerke bilden ein festes Normengefüge und haben die Macht, diese Normen durch

Sanktionen bei ihren Mitgliedern durchzusetzen. Demgegenüber haben die Freundschaftsnetze eher lockere Bedingungen und bieten wichtige Informations- und Verweisquellen, die es den Personen ermöglichen, über den begrenzten Rahmen enger Beziehungen hinauszuschauen. Dadurch kann tendenziell mehr Wissen und Zugang zu externen Informations- und Hilfsquellen erschlossen werden als in Familiennetzen. In neuartigen Lebenssituationen und beim Übergang in neue Lebensphasen gestatten diese schwächere Beziehungen schnelle Umdispositionen und raschen Neuaufbau von Freundes- und Nachbarschaftskontakten (Röhrle 1994).

Enge, kleine, dichte und multifunktionale Unterstützungsnetze sind demnach einerseits verlässlich und hinsichtlich Problemschwere und Dauerstrapazierbarkeit sehr belastbar, andererseits aber auch kontrollierend, normativ regulierend und damit auch fremdbestimmend. Lockere und weite Beziehungen sind hingegen offen, haben viele Anregungsfacetten, sind selbstbestimmbar und meist frei gewählt, andererseits aber unsicherer, riskanter, erst auszuhandeln und tendenziell in Breite, Intensität und Dauer der Wirksamkeit von Unterstützungsleistungen begrenzt (Nestmann 1988, S. 113).

Die Wirkung von unterstützenden Netzwerken ist nach Berkman (1995 und Israel 1985) auf drei miteinander verbundenen Ebenen zu sehen:

- Abschirmwirkung: Soziale Unterstützung, verbunden mit dem Angebot zur aktiven Beteiligung, kann die Wahrscheinlichkeit für das Auftreten belastender Situationen senken, weil eine gute Integration in soziale Beziehungen in der Regel mit einer hohen Kompetenz zur vorbeugenden Bewältigung von Krisensituationen einher geht.

- Pufferwirkung: Soziale Unterstützung kann helfen, mit belastenden Situationen umzugehen, weil psychische und praktische Hilfen zur Verfügung stehen, die eine produktive Verarbeitung der Anforderungen fördern. Unterstützung mit Beteiligungsangebot kann insbesondere dazu führen, dass ein positives Selbstwert- und Selbstwirksamkeitsgefühl aufgebaut und hierdurch Belastungen verkraftet werden können.

- Toleranzwirkung: Soziale Unterstützung kann die Fähigkeit stärken, direkt mit bereits eingetretenen Symptomen der Belastung umzugehen. Werden Hilfe und Trost empfangen und wird zugleich nachvollziehbar, dass die Lebenssituation grundsätzlich veränderbar ist, dann lassen sich psychische und körperliche Krankheiten leichter ertragen.

Ziele der Netzwerkförderung

Strategien der Veränderung von Gesundheitsbedingungen sollten, wie diese Studien belegen, auf die Förderung von sozialen Netzwerken im Nahraum abstellen, weil hierdurch wichtige Voraussetzungen für die Beeinflussung des Gesundheitsverhaltens ganzer Bevölkerungsgruppen geschaffen werden. In Anlehnung an Heaney und Israel (1997) lassen sich die wichtigsten strategischen Ziele von unterstützenden Interventionen wie folgt benennen:

- Bestehende soziale Bindungen verstärken. Bestehende Netzwerkbindungen bergen ein oft nicht voll genutztes Potential. Interventionen, die darauf abzielen, diese Bindungen zu bestätigen und zu verstärken, fördern das Bewusstseins der Beteiligten über die Wirkung von sozialer Unterstützung und bieten auch Hinweise, wie eine Unterstützung effektiv aufgesucht und empfangen werden kann. Daneben können sich die Unterstützungen auch gezielt auf ein bestimmtes Gesundheitsverhalten beziehen. Familienmitglieder können beispielsweise für Angehörige mit Bluthochdruck instrumentelle Hilfe wie die Durchführung der Blutdruckmessung und affektive Unterstützung geben. Der Lebenspartner kann als enger Vertrauter in Interventionen zum Nichtrauchen (Cohen 1988) oder bei der Behandlung von Alkoholmissbrauch (Marlatt und Gordon 1985) hinzu gezogen werden.

- Neue Netzwerkbindungen entwickeln. Interventionen, die darauf ausgerichtet sind, neue Bindungen in einem Netzwerk einzugehen, sind dann besonders hilfreich, wenn das bestehende Netzwerk zu klein und nicht in Lage ist, effektive Unterstützung aufzubauen. Gute Erfahrungen wurden mit Mentoren und Ratgebern gemacht, die selbst bereits die Belastung oder Krankheit bewältigt haben, die der Adressat der Unterstützung gegenwärtig durchlebt (Thoits 1986). Bei der Selbsthilfegruppe der Anonymen Alkoholiker wird beispielsweise ein Mitglied der Gruppe zum Mentor eines akut Betroffenen erklärt und begleitet ihn bei allen Schritten der Bewältigung der Krankheit. Selbsthilfegruppen wie diese bieten oft ein komplettes neues Netzwerk. In ihnen wird die Rolle des Gebenden und des Empfängers von Unterstützung wechselseitig von den Mitgliedern eingenommen, was die Verbindlichkeit und die gegenseitige Empathiefähigkeit erhöht (Katz 1993).

- Die Helfer in das alltägliche Umfeld der Gemeinde einbinden. Für die Akzeptanz einer Hilfeleistung ist es günstig, wenn sich die Helfer in vertrauten Rollen im Stadtteil und der Nachbarschaft bewegen (Israel 1985). Hoch respektierte und bekannte Persönlichkeiten in einer Gemeinde eignen sich als Multiplikatoren für Unterstützungen und können auch für Interventionsprogramme gezielt eingesetzt werden. Wichtig ist, die jeweilige Vertrauensrolle, die diese Persönlichkeiten haben, nicht zu verändern, sondern sie für die spezifische Unterstützungsleistung zu nutzen. Interventionen zur Einbindung von Helfern im „natürlichen" alltäglichen Umfeld wurden bereits in verschiedenen Projekten mit Erfolg durchgeführt (Eng, Briscoe und Cunningham 1990).

- Den Empfängern der Unterstützung Wahlmöglichkeiten einräumen. Zusammensetzung, Größe und Struktur des Netzwerkes hängen in entscheidendem Maße von der Eigenaktivität eines Menschen ab. Jeder nimmt einen spezifischen Einfluss auf die Unterstützungspotentiale seines sozialen Netzwerkes. Soziale Unterstützung entwickelt sich, wird durch vorhergegangene

Erfahrungen beeinflusst und verändert sich, auch angesichts der Einflüsse von belastenden Ereignissen. Sie muss von einem Menschen aktiv angenommen und gestaltet werden. Da jeder Mensch anders auf Belastungen und kritische Lebensereignisse reagiert, sollte es das Ziel der Interventionen in diesem Bereich sein, mehrere Angebote für die Auswahl und Gestaltung von sozialen Netzwerken zur Verfügung zu stellen.

Familienbezogene Netzwerkförderung

Wie schon in Kapitel 1 erwähnt, stehen Familien mit Kindern heute unter besonders großen Anforderungen. Kinder benötigen nicht nur eine hohe finanzielle, sondern auch soziale und emotionale Unterstützung, für die ihre Eltern kaum öffentliche Bestätigung und Gratifikation erfahren. Besonders beansprucht sind Familien mit mehr als drei Kindern, darunter viele Migrantenfamilien, und Ein-Eltern-Familien (Alleinerziehende). Alleinerziehende und ihre Kinder schneiden nach den vorliegenden Untersuchungen im Vergleich zu Zwei-Eltern-Familien in ihrer Gesundheitsbilanz schlecht ab. Sowohl der Elternteil als auch die Kinder leiden stärker unter psychischen und körperlichen Störungen. Die Ursache liegt hauptsächlich in den haushalts- und familienorganisatorischen Schwierigkeiten, die zur Überforderung der einzig verantwortlichen Erziehungsperson führen können. Auch die finanzielle Situation der Ein-Eltern-Familien ist ein Auslösefaktor für Belastungen. In Deutschland sind über ein Drittel der Alleinerziehenden von Sozialhilfe abhängig und leben damit mit an der Grenze der relativen Armut (Klocke und Hurrelmann 1995).

Die Familie gewinnt ihre sozialen Ressourcen für Pflege, Zuwendung, Unterstützung, Erziehung und Versorgung durch Austauschprozesse mit der sozialen Umwelt. Sie ist dabei auf die Leistungen von externen Sozialsystemen angewiesen, die bei der Erfüllung ihrer Aufgaben herangezogen werden können. Die Familie kann nicht aus sich selbst heraus ihre sozialen Funktionen erfüllen, sondern ist auf die Unterstützung durch solche externen Serviceleistungen angewiesen. Unterbleiben sie oder sind sie unzureichend, dann kann das innerfamiliale Interaktions- und Versorgungssystem in eine Krise geraten (Sussman und Steinmetz 1987).

Kaufmann, Herlth und Strohmeier (1980) haben drei Formen von externen sozialen Ressourcen unterschieden, die das Familiensystem benötigt:

- Ökologische Ressourcen. Sie beziehen sich auf die Ausstattung mit Wohnraum, langfristigen Gebrauchsgütern und Verbrauchsgütern und den von der sozialen Umwelt bereitgestellten sozialen Hilfen und Diensten (Reparaturdienste, Möglichkeiten zur Vergabe von Haushaltstätigkeiten wie Waschen und Kochen, Kindererziehung, Familienberatung).
- Ökonomische Ressourcen. Dieses sind die finanziellen Mittel, die Familien verfügbar haben, um die Bedürfnisse nach ökologischen und kulturellen Ressourcen zu befriedigen.

- Kulturelle Ressourcen. Sie beziehen sich auf die Partizipation an gesellschaftlichem Wissen und Handeln und das damit verbundene Engagement der Familienmitglieder.

Die Chancen für die Aneignung der Ressourcen durch eine Familie sind durch die sozialstrukturelle und sozialökologische Lebenslage und die Umwelt der Familie bestimmt, insbesondere auch durch die Integration in die Nachbarschaft (Kessler und McLeod 1985). Sozialpolitische Leistungen müssen die sozialstrukturellen und sozialökologischen Dimensionen der Lebenslage der Familie berücksichtigen, um die Möglichkeiten der „Umweltpartizipation" der Familienmitglieder zu steigern. Physisches, psychisches und soziales Wohlbefinden der Familienmitglieder ist in diesem Sinn abhängig von Art und Grad der Integration in das Beziehungsnetzwerk der Nachbarschaft und der Teilnahmechancen an politischen Entscheidungen der Gemeinde (Albee 1987; Cochran 1987, Eng und Parker 1994).

Gezielte Gesundheitsförderung für Familien ist aus den genannten Gründen sinnvoll und notwendig. Sie wurde bislang noch verhältnismäßig wenig praktiziert. Familien sind ein sensibles Gefüge für die soziale Unterstützung und das Erleben von Eingebundensein und Anerkennung. Auch sind Familien der soziale Ort, um einen gesundheitsförderlichen Lebensstil zu entwickeln, weil Familienmitglieder gegenseitig ihren Wunsch nach Veränderung ihres Verhaltens beobachten und kontrollieren können. Eine Stärkung dieser Leistungen und Funktionen von Familien ist deshalb ein wirkungsvoller Beitrag zur Gesundheitsförderung.

Familiale Gesundheitsförderung

Wie die Analyse von Gesundheitsstörungen und Krankheiten bei Kindern und Jugendlichen gezeigt hat, sind in etwa einem Fünftel aller Familien heute ungünstige Voraussetzungen für Kinder und Jugendliche gegeben, um sich mit ihren alltäglichen Anforderungen im Leistungs- und Freizeitbereich auseinanderzusetzen. Fehlregulierungen des Ernährungs- und Bewegungsverhaltens sowie der Krisen- und Stressbewältigung haben ihre Wurzeln in gestörten und instabilen Familienbeziehungen:

- Besonders betroffen sind Familien in wirtschaftlicher und sozialer Problemlage, nur wenige der für Kinder und Jugendlichen typischen Gesundheitsstörungen (etwa Allergien, Essstörungen) greifen bereits bis in die gut situierten Mittelschicht-Familien über. Viele Familien sind offenbar überfordert, dasjenige Maß an Regulations-, Kommunikations- und Kopperationsfähigkeit zu erbringen, das Kinder und Jugendliche benötigen, um mit der täglichen Auseinandersetzung mit den inneren und äußeren Anforderungen erfolgreichen zurecht zu kommen.
- In Familien muss entwicklungsbedingt ein bestimmtes Ausmaß an elementarem Vertrauen, sozialer Bindung, Liebe und Zuneigung vermittelt werden,

möglichst in einem entspannten, den kindlichen Bedürfnissen entsprechenden Sozialklima. Die richtige Kombination aus Anerkennung, Akzeptanz, Anregung, Förderung von Selbständigkeit und Etablierung von sozialen Regeln mit entsprechenden Sanktionen bei deren Verletzung fällt vielen Familien heute schwer. Hier liegen die Ursachen für einen Teil der psychosomatischen Störungen, die bei Kindern und Jugendlichen heute zu verzeichnen sind.

- Die Planung und Realisierung eigener Lebensentwürfe beginnt im Kontext der Familienbeziehungen und setzt eine nicht nur wirtschaftliche und soziale, sondern auch emotional und psychisch intakte Familienkultur voraus. Sie ist angesichts der sich anspannenden finanziellen Rahmenbedingungen bei etwa einem Fünftel der Familien heute nicht mehr gesichert, aber auch wegen der in allen hoch entwickelten Gesellschaften sich abzeichnenden Veränderung der Bindungsqualität in den Familien gefährdet. Hier sollten entsprechend die Konzepte der Förderung von unterstützenden Netzwerken und insbesondere auch der Gesundheitsförderung ansetzen.

- Verschiedene Aktivitäten des Familienalltags sind gesundheitsrelevant und verdienen es deswegen, in Konzepte der Prävention und Gesundheitsförderung einbezogen zu werden. Das gilt für Nahrungszubereitung und Nahrungsaufnahme, Regenerationsverhalten (Schlafen, Entspannung, Körperpflege), die Wohnsituation einschließlich der ökologischen Bedingungen, Freizeitgestaltung, körperliche Betätigung, emotionale Anerkennung und Unterstützung und auch das unmittelbar gesundheitsförderliche oder gesundheitsschädigende Verhalten im hygienischen Bereich sowie bei der Bewältigung von auftretenden Gesundheitsstörungen und Krankheiten.

- Aus den oben vorgestellten Untersuchungen ergibt sich, dass eine die psychische Funktionsfähigkeit von Familien stärkende Unterstützung zugleich auch eine effektive Gesundheitsförderung für alle Familienmitglieder darstellt. Deswegen sind alle sozialpolitischen Schritte zur Sicherung der wirtschaftlichen und finanziellen Verhältnisse der heute benachteiligten Familien und effektive Angebote der familienergänzenden Kindererziehung und Beratung bei Familienkrisen und Erziehungsproblemen nicht nur ein Beitrag zur allgemeinen Familienpolitik, sondern gezielt auch zur familienorientierten Gesundheitspolitik.

Zu den für die Gesundheitsentwicklung der Familienmitglieder wichtigen Ressourcen gehört das Angebot von medizinischer, psychotherapeutischer und sozialpädagogischer Beratung und Unterstützung. Die Zugänglichkeit solcher Hilfesysteme spielt gerade für sozial benachteiligte Familien eine Schlüsselrolle (Klocke und Hurrelmann 1998). Bei Kindern und Jugendlichen aus wirtschaftlich und sozial benachteiligten Familien ist ein Direktangebot an Gesundheitsberatung in Kindergarten und Schule von Bedeutung, wenn es gut mit den familiären Bedingungen abgestimmt wird (Settertobulte, Palentien und Hurrelmann 1995). Unabhängig davon sollten Versuche unternommen werden, um durch Elternseminare und Angebote der Elternberatung das Erziehungsverhalten und das damit eng verbundene Gesundheitsverhalten von Eltern beim Umgang mit ihren Kindern positiv zu beeinflussen. Hierbei sollte eng mit der Gesundheitsförderung im kommunalen Raum zusammengearbeitet werden.

Familien sind in allen westlichen Gesellschaften nach wie vor diejenigen sozialen Systeme, die für die Persönlichkeitsentwicklung vor allem der jungen Generation, aber auch für weite Teile der Erwachsenenpopulation die entscheidenden Voraussetzungen liefern. Sie sind Systeme, die durch ein hohes Maß von Eigenverantwortung und Eigensteuerung gekennzeichnet sind und insofern typisch für moderne Sozialstrukturen, die sich einem direkten Steuerungseingriff staatlicher Instanzen entziehen. Entsprechend sollte eine wirkungsvolle Familien- und Gesundheitspolitik auf eine Stärkung der Kompetenz aller Familienmitglieder gerichtet sein, einen gemeinsamen Haushalt zu betreiben, Verantwortung für einander zu übernehmen und sich bei der Entwicklung der jeweils eigenen Lebensentwürfe zu unterstützen.

5.2 Gesundheitsentwicklung im kommunalen Raum

Städte und Gemeinden sind ein wichtiges Praxisfeld von gesundheitsbezogenen Interventionen. Die „kommunale Gesundheitsentwicklung" umfasst alle Aktivitäten, mit denen Stadtteile und ganze Gemeinden, aber auch Familien, Nachbarschaften und Vereinen in einer Kommune geholfen wird, interne Probleme zu identifizieren, Ressourcen zu deren Bewältigung zu mobilisieren und Strategien zur Lösung zu entwickeln. Der aktiven Beteiligung der Menschen in den sozialen Kontexten kommt dabei die entscheidende Rolle zu.

Kommunale Gesundheitsentwicklung entfaltet ihre Wirksamkeit, weil sie im unmittelbaren kulturellen und sozialen Nahbereich stattfindet, in dem Menschen sich tagtäglich aufhalten. Die Wohn- und Lebensbedingungen, die der kommunale Raum bereitstellt, sind für jeden Bewohner der Gemeinde hautnah spürbar und praktisch unentrinnbar, und deswegen üben sie unvermeidlich eine strukturierende Wirkung auf das Verhalten aus (Cohen und Syme 1985). Gelingt es, in die Strategien der Gesundheitsförderung die Interessen und Bedürfnisse der in der Gemeinde lebenden Menschen direkt mit einzubeziehen, können diese Aktivitäten eine hohe Kraft entfalten.

Das gesundheitsfördernde Potential einer Gemeinde als sozialer und ökologischer Nahraum liegt darin, Menschen mit verschiedenen sozialen und biographischen Hintergründen zusammenzuführen, ihre jeweiligen Interessen, Bedürfnisse und Wertvorstellungen zu identifizieren und auf dieser Basis nach gemeinsamen Handlungsmöglichkeiten zu suchen. Durch Strategien der Gemeinschaftsbildung („community building", Walter 1997) wird versucht, Menschen in der Gemeinde anzuregen, sich so auf die Gestaltung der unmittelbaren Lebensbedingungen einzulassen, dass sie ihre Identität mit der Gemeinde verbinden und sich in ihrem persönlichen Lebensstil an der Gemeinde orientieren.

Diese Strategien zielen auf die Selbstorganisation der Gemeindemitglieder. Sie nehmen Elemente der traditionellen Gemeindeplanung mit auf, vermeiden aber die hier meist praktizierte, durch Experten gesteuerte und damit notwendigerweise abstrakte und anonyme Lösung von Problemen. Durch die intensive Beteiligung der Gemeindemitglieder soll vielmehr ein Gemeindebewusstsein („community consciousness") entstehen, das Kräfte für die eigenaktive Bewältigung von Krisen und Spannungen im sozialen Nahraum freisetzt (Häußermann und Siebel 1996).

Das Konzept der „gesunden Gemeinde"

Die Fähigkeit zur Selbststeuerung von als sozialen Systemen wird oft mit dem bereits in Kapitel 4 eingeführten Begriff „Empowerment" bezeichnet (Rappaport 1984). Wörtlich lässt sich der Begriff mit „Stärkung der Fähigkeit zur Selbststeuerung" übersetzen. Der Begriff wird, wie erwähnt, in der Gesundheitserziehung zur Bezeichnung der individuellen Fähigkeit der Selbststeuerung verwendet und bezieht sich auf die Befähigung von Individuen als „personalen Systemen", Kontrolle über ihr Leben und ihre Umwelt zu gewinnen. Zunehmend wird der Begriff auch zur Bezeichnung der Befähigung eines sozialen Systems verwendet. In diesem Sinn wird mit Empowerment das Erreichen von gleichen und gerechten Strukturen in der Gemeinde, der Aufbau der Kapazität einer Gemeinde, Probleme aus eigener Kraft zu identifizieren und Lösungen einzuleiten (Braithwaite et al. 1989; Cottrell 1983) und die Stärkung der Beteiligung und Mitbestimmung aller Mitglieder der Gemeinde (Florin und Wandersman 1990; Labonte 1994) verstanden.

Empowerment kann demnach als ein Prozess definiert werden, durch den Gemeinden Kontrolle über die in ihnen ablaufenden Vorgänge erhalten, indem sie die Fähigkeit zur genauen Selbstbeobachtung entwickeln und ihre sozialen und politischen Strukturen zugunsten von sozialer Gleichheit und Verbesserung der Lebensqualität der Einwohner verändern, und zwar unter deren intensiver Beteiligung. Ist bei personalen Systemen die individuelle Kohärenz (nach Antonovskys salutogenetischer Theorie) das Ziel, so ist es im Falle von sozialen Systemen die soziale Kohärenz im Sinne von gegenseitiger Unterstützung und gemeinsamer Handlungsorientierung. Empowerment auf sozialer Ebene bezieht bewusst eine Machtkomponente mit ein und betont die Fähigkeit eines sozialen Systems, Veränderungen im sozialen und politischen Bereich auch tatsächlich durchzuführen - mit der möglichen Folge, dass sich die Machtverhältnisse zwischen den wichtigen Gruppen in der Gemeinde hierdurch verändern.

Wird die Fähigkeit einer Gemeinde zur Selbststeuerung ihrer Belange und Probleme gestärkt, dann verändern sich die Kontakte zwischen den Gemeindemitgliedern, indem mehr Austausch und Gegenseitigkeit entsteht. Hierdurch wiederum gestalten sich, wie Untersuchungen zeigen, die sozialen Strukturen in der Gemeinde in Richtung von Gleichheit und Gleichberechtigung um. Auf der individuellen Ebene schwinden Gefühle und Wahrnehmungen von Ohnmacht und Machtlosigkeit, weil die soziale Umwelt als ein beeinflussbarer Raum empfunden wird, über den man Kontrolle hat. Psychologisch gesehen verstärkt dieser Eindruck die Empfindung der Selbstwirksamkeit und erhöht die Motivation, selbstverantwortlich zu handeln (Coleman 1988; Zimmermann 1990).

Die Fähigkeit zur Selbststeuerung ist Voraussetzung für die „Gesundheit" der Gemeinde. In Analogie zu dem Konzept der individuellen Gesundheit als gelingende Auseinandersetzung mit den inneren und den äußeren Anforderungen kann auch die Gesundheit des sozialen Systems „Gemeinde" als Gleichgewicht zwischen Innenanforderungen und Außenanforderungen verstanden werden:

- Als die Innenanforderungen können die Wünsche und Bedürfnisse der Gemeindemitglieder, ihr Bedarf an Partizipation und Mitentscheidung über die Gemeinschaftsangebote und die zur Verfügung stehenden sozialen Netzwerke innerhalb der Gemeinde, die räumlichen und die Wohnungsangebote sowie die Sicherheitsstruktur bezeichnet werden. Sie sind zugleich die Ressourcen dafür, mit den Außenanforderungen an die Gemeinde so umzugehen, dass ein Gleichgewicht im Sinne der oben angesprochenen Selbststeuerung und des Empowerment entsteht.

- Die Außenanforderungen sind durch Arbeitsmarktprobleme gegeben, die durch nationale und internationale politische Entscheidungen entstehen, durch soziale Desintegrations- und Desorganisationsprozesse, wie sie für die westlichen Gesellschaften typisch sind, soziale Ungleichheit, Knappheit von finanziellen Ressourcen sowie die politischen und gesetzlichen Vorgaben.

In Abbildung 23 ist das Zusammenspiel von Innenanforderungen und Außenanforderungen symbolisch dargestellt. Die Gemeinde wird als ein lebendiges soziales System betrachtet, das ebenso in seine „Gesundheit" investieren muss wie ein Individuum. Voraussetzung für das Gelingen der Verbindung von Innenanforderungen und Außenanforderungen ist soziale Kompetenz zur Selbststeuerung, die von der Gemeinde als sozialem System entwickelt werden muss.

Abb. 23: Das „Gesundheitsgleichgewicht" des sozialen Systems Gemeinde

Das Konzept der „kompetenten Gemeinde"

Im Konzept des Empowerment ist die Vorstellung von der „Kompetenz" der Gemeinde enthalten, die internen Probleme und externen Herausforderungen aus eigener Kraft zu bewältigen. Die „kompetente Gemeinde" wird von Cottrell (1983) als eine Gemeinde definiert, die in der Lage ist, eine effektive Zusammenarbeit ihrer Mitglieder einzuleiten und sie darin zu unterstützen, gegenseitig ihre Stärken und positiven Ressourcen auszutauschen mit dem Ziel, die bestehenden Probleme und Spannungen einer Lösung zuzuführen:

- Eine kompetente Gemeinde schafft es, einen Konsens über Ziele und Prioritäten für die anstehende Arbeit zu erreichen; sie kann Wege und Mittel zum Erreichen dieser Ziele finden und die notwendigen Schritte effektiv koordinieren. Hierdurch wird die Qualität des Zusammenlebens gesteigert, was sich auch in der Verbesserung der gesundheitlichen Lage der Gemeindemitglieder niederschlagen kann. So zeigen Studien, dass langfristig durchgehaltene Strategien des Empowerment solche Schlüsselindikatoren der Gesundheit wie den Anteil an Alkoholikern, die Zahl der Scheidungen und die Rate der Selbsttötungen beeinflussen können (Minkler 1992; Minkler und Wallerstein 1997).

- Einer der wichtigsten Ausgangsschritte in der Praxis der kommunalen Gesundheitsentwicklung ist es entsprechend, die Aufgaben zu identifizieren, die der Gemeinde wichtig sind. Dazu gehört der Abbau von Gewalthandlungen in öffentlichen Plätzen oder das Zurückdrängen von Drogenkonsum. Diese Aufgaben müssen in einfacher und verständlicher Form definiert sein und die Menschen in der Gemeinde direkt ansprechen. Die Definition muss die Mitglieder der Gemeinde vereinen und sie in sinnvoller Weise beteiligen, um Lösungen für Probleme zu erreichen (Bretschneider 1995).

- Das hohe Maß von Ungleichheit hat in den meisten Städten zur Folge, dass sich bestimmte Bevölkerungsgruppen vom ökonomischen und kulturellen Leben ausgeschlossen fühlen. Hierdurch bildet sich ein großes Konfliktpotential, weil diese Gruppen - zum Beispiel arbeitslose Jugendliche und Angehörige von ethnischen Minderheiten - sich auf ihre eigenen Netzwerke konzentrieren und diese nach außen abschotten. Die für Städte und Kommunen so wichtige Überschneidung von Netzwerken und Einflusszonen, die Toleranz für das Zusammenleben aufbaut, wird hierdurch blockiert. Die Gruppen orientieren sich aus Unsicherheit und in dem überzogenen Bemühen um die Sicherung ihrer Identität an sich selbst und diskriminieren aggressiv und kämpferisch andere Gruppen, die ihnen fremd sind. Die Bindungskräfte der städtischen Welt verlieren so an Stärke, es kommt zu einer Desorganisation des kommunalen Lebens (Karstedt 1999).

- Ist die Ausdünnung und Erosion von sozialen Netzwerken einmal eingeleitet, ergibt sich ein Verlust an informeller sozialer Kontrolle, zugleich verfällt auch die öffentliche Infrastruktur von Freizeiteinrichtungen, Schulen und Jugendzentren, so dass die sozialen Problemsituationen sich weiter aufschaukeln können. Gegen diese Tendenzen kann nur angegangen werden, wenn leistungsfähige und tragfähige soziale Netzwerke entwickelt oder bereits bestehende gestärkt werden. Zwar kann nicht gegen gesellschaftliche Makrotendenz gearbeitet und zum Beispiel die Ausdünnung von Verwandtschaftsbeziehungen, das Zurückgehen der Zahl von Mehrgenerationen-Familien und von funktionierenden Kernfamilien gebremst werden, doch die Tendenz zur Orientierungslosigkeit und Anomie wird zumindest abgefangen. Gegenseitige Hilfe, ehrenamtliches Handeln, bürgerschaftliches Engagement und informeller Austausch in Krisensituationen können wenigstens ein Mindestmaß an sozialen Bindungen herstellen und das notwendige „soziale Kapital" bereitstellen.

Bildung von „sozialem Kapital"

Stärkung der Fähigkeit der Selbststeuerung mit der Intensivierung von sozialer Unterstützung wird auch unter dem Begriff der „sozialen Kapitalbildung" gefasst. In der Definition von Putnam (1995) wird soziale Kapitalbildung als die Entwicklung solcher Strukturen eines sozialen Systems definiert, die eine gegenseitige Verzahnung von Beziehungen, Verstärkung der Koordination und Kooperation und Entwicklung von gegenseitigem Vertrauen und Verantwortlichkeit fördern. Der Begriff spielt also darauf an, dass in Analogie zur Stärkung von persönlichen Kompetenzen, wie sie etwa mit den Konzepten des Kohärenzsinns von Antonovsky oder der Selbstwirksamkeit von Bandura bezeichnet sind, für soziale Systeme die Kompetenz zur Gegenseitigkeit und Unterstützung gefördert wird:

- Die gegenseitigen, meist uneigennützigen Unterstützungen zwischen Nachbarn oder innerhalb von locker organisierten Vereinen fallen ebenso hierunter wie alle Bemühungen, Vertrauen in die Arbeit städtischer Organisationen einschließlich der Kontrollorganisationen von Justiz und Polizei zu gewinnen. Entscheidend ist das Gefühl aller Mitglieder eines sozialen Nahsystems, sich aufeinander verlassen zu können und im Konfliktfall auf Regeln zu stoßen, die fair die Interessen jedes Einzelnen sichern und klare Sanktionsmechanismen beim Bruch von Vereinbarungen zur Verfügung stellen.

- Der Begriff „soziales Kapital" umfasst „Empowerment" und „Social Support". Die Analogie zum Konzept „Humankapital" ist erwünscht, weil durch Investitionen in das soziale Kapital auch die Fähigkeit zur individuellen Problembewältigung und Lebenszufriedenheit aller Einzelpersonen in einem sozialen System gesteigert werden kann (Coleman 1988). Die Erfahrung von Solidarität, Beteiligung, Integration, Funktionsfähigkeit von sozialen Diensten und gesellschaftlichen Kontrollen strahlt demnach positiv auf die individuelle Gesundheit aller Mitglieder einer sozialen Gemeinschaft aus. Eine „zivilisierte soziale Umwelt" schafft sich nach diesem Konzept gewissermaßen auch entsprechend zivilisationsfähige Mitglieder. Ist erst einmal ein Mindestmaß von gegenseitig anerkannten und respektierten Normen und Umgangsformen, Netzwerken und damit verbundenem gegenseitigen Vertrauen geschaffen, dann kann ein sich selbst unterstützender Stabilisierungsprozess entstehen, der die kommunikative Kompetenz aller Beteiligten weiter erhöht.

In vielen Gemeinden wird ein hohes Ausmaß von Drogenkonsum, Delinquenz und Gewalt besonders in Nachbarschaften beobachtet, in denen wenig Bindung unter den Einwohnern besteht, kaum gemeinsame Aktivitäten und Identifikationen mit dem Wohnviertel auftreten und außerdem durch die baulichen Gegebenheiten Anonymität und Verwahrlosung drohen (Heitmeyer 1997). Meist führt diese Konstellation zu einem Rückzug der Einwohner in ihre Privatwohnungen, wodurch jede Form der sozialen Kontakte und damit auch alle Formen der sozialen Kontrolle unterblieben. Ein Ansatzpunkt für Interventionen ist deshalb die Forderung von Gestaltbarkeit und Verantwortlichkeit für das eigene Wohnviertel. Schlüsselpersonen aus dem öffentlichen Bereich wie Geschäftsleute, Lehrer, Polizisten und Gastwirte spielen hierbei eine große Rolle (Freudenberg 1995). Ziel ist es, soziale Kreise und Netzwerke zu aktivieren, die sich gegenseitig überschneiden, um den kommunalen Segregationstendenzen und Spaltungsimpulsen entgegen zu wirken (Bracht 1990).

- Kriminalität, Gewalt und Drogenkonsum im Stadtteil führen bei vielen Menschen zu Gefühlen von Entfremdung, mangelnder Bindung, sozialer Irritation und Unsicherheit. Interventionsstrategien müssen deshalb auf Widerstandsfähigkeit gegen Störungen in der Lebensumwelt und Aufbau einer positiven Perspektive für das eigene Leben, Stärkung der sozialen Bindungen und emotionalen Beziehungen zu Familienmitgliedern, Verwandten und Freunden hinwirken. Auch geht es um klare und deutliche Normen und Regeln für den Umgang miteinander in den öffentlichen Zonen von Kindergärten und Schulen, Verkehrsmitteln und Plätzen und um eine Stärkung des Vertrauens in die Handlungsfähigkeit öffentlicher Dienste.

- Wichtig ist das schnelle und auch öffentlich wahrnehmbare Handeln auf allen Ebenen einschließlich der direkten persönlichen Hilfe. Werden zum Beispiel Organisationsprobleme von Familien als Risikofaktor identifiziert, so müssen Elterntraining und Familienfortbildungen angeboten werden; werden Aggressivität und Gewalt in Kindergärten beobachtet, so ist ein Programm der Kompetenz und der Konfliktschlichtung einzuleiten. Ähnlich sind bei schulische Problemen Verbesserungen in der Leistungsförderung und der Unterrichtsorganisation notwendig (Gerber, von Troschke und Stünzner 1993).

Evaluation der kommunalen Gesundheitsentwicklung

Ein großes Manko vieler Programme der kommunalen Gesundheitsentwicklung ist bis heute das Fehlen einer systematischen, wissenschaftlich abgesicherten Evaluation von Prozess und Ergebnis. Es herrscht nach wie vor eine Abneigung bei Praktikern und Politikern, ein einmal mit Engagement und Nachdruck eingeleitetes innovatives Programm kritisch überprüfen zu lassen. Oft wird auch einfach an den hierfür notwendigen Kosten (von erfahrungsgemäß etwa 10 % des jeweiligen Vorhabens) gespart. Es fehlt zusätzlich an der Erfahrung, angesichts der meist sehr komplex angelegten Programme in diesem Bereich einen methodisch angemessenen Weg der Evaluation zu finden.

Wie Conell (1995) gezeigt hat, ist die Evaluation von sozialökologischen Programmen der Gesundheitsförderung methodisch schwierig, weil es sich um Interventionen mit einer langfristigen und kontinuierlichen Entwicklung, um komplexe Aufgaben und mehrdimensionale Fragestellungen handelt und damit die traditionellen Verfahren der Evaluation nicht eingesetzt werden können. Diese sind meist auf das Feststellen von Ergebnissen ausgerichtet, wozu bestimmte Eingangs- mit bestimmten Ausgangsgrößen in Verhältnis zueinander gesetzt werden. Bei der ökologischen Gesundheitsförderung reicht dieser Zugang nicht aus, weil nicht allein die Ergebnisse zählen, sondern mindestens ebenso stark die dynamischen Entwicklungsprozesse, die auf der Systemebene eintreten, etwa Verbesserungen in der Zusammenarbeit von verschiedenen Institutionen der Gemeinde, der Beteiligung der Gemeindemitglieder an Problemlösungen und der Angleichung der Lebensbedingungen der Menschen in einem Stadtteil.

Hierfür müssen Evaluationsverfahren entwickelt werden, die solche Effekte messen können. Seit den 1980er Jahren gibt es bereits Schritte zur Entwicklung geeigneter Verfahren (Fetterman, Kaftarian und Wandersman 1996). Besonders interessant sind die Ansätze, die unter dem Stichwort „Empowerment Evaluation" bekannt geworden sind. Dabei wurden alle Schritte in die wissenschaftliche Überprüfung einbezogen, die zum Aufbau der Fähigkeit einer Gemeinde zur

Selbststeuerung gehören, von der ersten Identifizierung eines Problems über die Festlegung der gesundheitsbezogenen Aufgaben und die Entscheidung, wie diese anzugehen sind bis zur Umsetzung der Entscheidung und zur Beobachtung der Fortschritte in Richtung der Zielsetzung. Ausgangspunkt ist eine detaillierte „kommunale Gesundheitsberichterstattung", die eine Übersicht über soziale und gesundheitliche Probleme je nach Wohngebiet und wirtschaftlichen Bedingungen vermittelt (Murza und Hurrelmann 1996; Noll 1997).

Ein Beispiel für die fallbezogene kommunale Gesundheitsentwicklung und ihre Evaluation in den Vereinigten Staaten ist das kalifornische Tenderloin-Projekt, das sich auf einen Stadtteil in San Francisco mit Wohnheimen für alte Menschen mit niedrigen Einkünften bezieht.

- Die Lage der Einwohner war beim Start des Projekts durch schlechte körperliche Gesundheit, soziale Isolation und Ohnmachtgefühle gekennzeichnet (Minkler und Wallerstein 1997). Konkrete Probleme waren Armut, Depression, Fehlernährung, Alkoholmissbrauch, Infektionskrankheiten, Behinderungen, Angst vor Verbrechen und hohe Selbsttötungsquoten.

- Vom Forschungsteam der University of California wurde 1979 ein Programm entwickelt, das zwei Ziele verfolgte: (1) Die körperliche und seelische Gesundheit der Bewohner von Tenderloin sollte durch Abbau der sozialen Isolation und intensive Gesundheitserziehung verbessert werden. (2) Durch Gruppendiskussionen und Angebote zur Beteiligung sollte ein Prozess in Gang gesetzt werden, der die Bewohner darin bestärkt, zusammenzuarbeiten, um die gemeinsamen Probleme zu erkennen und Lösungen dafür zu finden.

- Als erstes wurden regelmäßige Gruppentreffen initiiert. Nachdem sich eine Vertrauensbasis gebildet hatte, fingen die Bewohner an, sich über ihre persönlichen Sorgen wie Angst vor Verbrechen, Einsamkeit oder finanzielle Schwierigkeiten auszutauschen. Diese Gespräche wurden durch Mitglieder des Forschungsteams moderiert. Ziel war es, aus diesen Gesprächen einzelne Themen als vorrangige Aufgaben zu identifizieren und eine Gruppenatmosphäre zu schaffen, die die sozialen Bedürfnisse der Bewohner berücksichtigte (Minkler 1992).

- Im Laufe mehrerer Monate konnte die Fähigkeit der Bewohner entwickelt werden, sich schrittweise aus eigener Kraft mit Problemen in ihren Wohnheimen auseinander zu setzen und Lösungen einzuleiten. Es war gelungen, einen Prozess der Selbststeuerung und des „Empowerment" zu initiieren. So gelang es den zunehmend selbst organisierten Gruppen, einen eigenen Sicherheitsdienst einzurichten, die Reparatur eines seit Monaten defekten Fahrstuhls zu organisieren und Automaten mit vitaminreichen Snacks aufzustellen.

- Die Begleitforschung konnte die verschiedenen Stadien der Entwicklung der Selbststeuerung festhalten und auf der Systemebene die verbesserten Partizipationsmuster analysieren. Auf individueller Ebene wurde eine Verbesserung der Gesundheitssituation viele Bewohner und eine Zunahme ihres Selbstvertrauens in die Lösung von Alltagsproblemen festgestellt (Minkler und Wallerstein 1997).

Weitere Beispiele für konstruktive Evaluationen kommen aus dem Netzwerk „Healthy Cities" der Weltgesundheitsorganisation (WHO) für Europa. Auch hier werden moderne Konzepte der Überprüfung von Prozessen und Ergebnissen der kommunalen Gesundheitsforschung eingesetzt, die in einigen Jahren zu abgesicherten Resultaten führen dürften (de Leeuw 1999).

Sozialökologische Gesundheitsförderung

Die Weltgesundheitsorganisation hat in ihren programmatischen Dokumenten mehrfach auf die Notwendigkeit hingewiesen, Gesundheitsentwicklung über den kommunalen Nahraum hinaus greifen zu lassen. Ein entsprechender sozialökologischer Ansatz wurde zuerst im sogenannten Lalonde-Report der WHO (Lalonde 1974) angemahnt. Der Report postuliert, dass breit angelegte umweltorientierte Initiativen der Gesundheitsförderung benötigt werden, weil die kommunale Gesundheitsversorgung alleine nicht in der Lage ist, die öffentliche Gesundheit zu verbessern.

In den 1980er Jahren wurde dieser Ansatz weiterentwickelt und als Kernaussage in das bis heute wichtigste programmatische Dokument der WHO zur Gesundheitsförderung, die Ottawa Charta von 1986, aufgenommen. Die Verbindung der soziokulturellen und physischen Umwelt und der Gesundheitslage der Bevölkerung wird in dieser Charta nachdrücklich betont. Die Charta fordert explizit einen Ansatz in der Gesundheitsförderung, der den Aufbau einer unterstützenden Umwelt gleichberechtigt neben die Entwicklung individueller Fähigkeiten und die Weiterentwicklung des Gesundheitssystems stellt. Dieses ökologische Denken ist eng mit den Ursprüngen der Gesundheitswissenschaften verbunden (Moos 1979, Sallis und Owen 1997, Stokols 1996).

Dem Einfluss von Umweltfaktoren auf die Entstehung und Entwicklung von Krankheiten wurde schon im 19. Jahrhundert Bedeutung zugemessen. Die systematische Untersuchung ökologischer Faktoren wie schlechte Arbeitsbedingungen, wirtschaftliche Armut und mangelnde Hygiene und ihrer Auswirkungen auf Krankheit und Sterblichkeit der Bevölkerung wurde am Ende des 19. Jahrhunderts erstmals mit wissenschaftlichen Methoden vorgenommen. Der deutsche Sozialmediziner Virchow führte in seiner berühmt gewordenen Studie eine Typhusepidemie in der schlesischen Arbeiterschaft zu gleichen Teilen auf soziale, ökonomische und hygienische Faktoren zurück und legte damit den Grundstein für eine bevölkerungsbezogene Medizin und, wie man es damals nannte, „Sozialhygiene". Dieser Ansatz ist bis heute aktuell, bezieht sich inzwischen aber auf die vorherrschenden chronischen Krankheiten (Labisch und Woelk 1998).

Die sozialökologische Gesundheitsförderung geht von einer Analyse der Ausgangsbedingungen auf der persönlichen, sozialen und ökologisch-materiellen Ebene aus (Hazard 1997). Hierzu werden verschiedene Methoden eingesetzt: medizinische Untersuchungen, Fragebögen, Verhaltensbeobachtung, chemische und physikalische Diagnosen und epidemiologische Erhebungen, um den gesundheitsrelevanten Einfluss von Umwelten auf das Wohlbefinden von Menschen einschätzen zu können (Fehr, Kobusch und Wichmann 1998). Auf diese Analyse baut dann die Intervention auf, die nach folgenden Prinzipien arbeitet (Sokols 1996, S. 288):

- Es werden diejenigen Umweltkomponenten identifiziert, die der Gesundheit möglichst vieler Menschen förderlich sind. Auf diese Komponenten sollen sich die Interventionen der Gesundheitsförderung richten, um Veränderungen im Gesundheitsverhalten zu erzielen. Dabei kann es sich um Aktivitäten im Umweltschutz, architektonische Pläne zur Verbesserung von Unfallsicherheit von Gebäuden, Verkehrsplanung zur Erhöhung der Sicherheit im Straßenverkehr, aber auch um Strategien zur Verbesserung der wirtschaftlichen und politischen Stabilität der Gemeinde oder Region handeln. Alle diese Strategien werden durch solche der Gesundheitserziehung und -information ergänzt.

- Die Interventionen sollen eine optimale Übereinstimmung der Bedürfnisse der Menschen und den Merkmalen ihrer Umgebung ermöglichen. Eine laute oder verschmutzte Wohngegend wirkt sich zum Beispiel negativ auf Gesundheit und Sicherheit aus. Demgegenüber führt eine gute Passung von Persönlichkeit und Umwelt dazu, dass Menschen einen hohen Grad an Kontrolle über ihre Umwelt erleben und die Möglichkeit haben, die Umweltbedingungen nach ihren Vorlieben zu verändern (Seligman 1986). Beispiele für erfolgreiche Interventionen sind die Entwicklung architektonischer und technischer Mittel zur Berücksichtigung der Bedürfnisse behinderter Menschen und Schallisolierung für Wohngebiete mit hohem Verkehrsaufkommen.

- Die Zusammenhänge zwischen physischer und sozialer Umwelt sollen berücksichtigt werden. Umweltbezogene Interventionen, die vereinzelte Bedingungen innerhalb eines Settings (beispielsweise die Luftgüte oder Lärmbelästigung in einem Wohnviertel) verändern, übersehen oft diese Zusammenhänge und bleiben deshalb wirkungslos. Die Wirkung erhöht sich, wenn die Umwelt als ein sozialer und physikalischer Lebensraum verstanden wird, dessen Qualität sowohl von den objektiven Bedingungen als auch der subjektiven Wahrnehmung dieser Bedingungen abhängt.

Am Beispiel der Beeinflussung der Bedingungen für Nahrungsproduktion und -konsumption kann die Vorgehensweise der sozialökologischen Gesundheitsförderung illustriert werden. Ungesundes Essverhalten, insbesondere fettreiche Ernährung und Mangel an Mineralien und Vitaminen ist mit den häufigsten Todesursachen in industrialisierten Ländern eng verknüpft, insbesondere koronaren Herzerkrankungen, bösartigen Neubildungen, Schlaganfall und Arteriosklerose (Barlösius 1999; Sallis und Owen 1997).

Eine wirkungsvolle Beeinflussung des Ernährungsverhaltens der Bevölkerung ist demnach nur möglich, wenn neben Informationsstrategien auch wirtschaftliche und gesetzliche Schritte eingeleitet werden. Die beste Information nützt wenig, wenn durch eine Subventionspolitik auf nationaler oder regionaler Ebene der Anbau bestimmter Nahrungsmittel begünstigt wird und diese dadurch konkurrenzlos preiswert sind (McLeroy, Bibeau, Steckler und Glanz 1988). Faktisch unterstützt eine solche Politik meist ungesunde Produkte, etwa durch die Milchförderung solche mit hohem Fettgehalt. Eine Folge ist auch eine Überproduktion von fettreichen Nahrungsmitteln wie Käse oder Fleisch.

Sozialökologische Interventionen müssen diese Zusammenhänge berücksichtigen. Sie sollten versuchen, die Entscheidung für gesunde Nahrungsmittel in den privaten Haushalten, aber auch den öffentlichen Einrichtungen, etwa Kantinen von Schulen, Universitäten, Betrieben und in Restaurants, zu einer sowohl im Lebensstil wie auch in der ökonomischen Rationalität sinnvollen Entscheidung zu machen. Die Alternativen können sich am Slogan der Weltgesundheitsorganisation „Make the healthier choice the easier choice" orientieren, also die gesündere Option so einfach zu machen, dass sie sich nach Abwägung aller Alternativen geradezu aufdrängt und nicht durch mühselige Überwindung von Barrieren erzwungen werden muss. Hierzu ist eine breit angelegte politische Einbettung der Interventionen notwendig, die Landwirtschaft, Umweltschutz, Finanzhaushalt und Verbraucherschutz mit einbezieht. Diese strukturellen Setzungen ergänzen die verhaltensbezogenen, gesundheitserzieherischen Programme, die Menschen darin bestärken, sich für die gesunde Alternative von Handlungsmöglichkeiten zu entscheiden.

Beeinflussung der Bedingungen für Risikoverhalten

Sozialepidemiologische Gesundheitsförderung ist für alle Formen des gesundheitlichen Risikoverhaltens relevant, also nicht nur angesprochene ungesunde Ernährungsverhalten, sondern auch Tabak-, Alkohol- und Drogenmissbrauch, Bewegungsmangel oder Nichtbenutzen von Schutzmitteln wie Kondomen oder Sicherheitsgurten (Jeffery 1997). Die sozialökologische Gesundheitsförderung kombiniert verhaltensbezogene und verhältnisbezogene Strategien. Durch breit angelegte und von den Massenmedien unterstützte Informations- und Aufklärungsstrategien konnte in den meisten westlichen Ländern erreicht werden, dass in breiten Schichten der Bevölkerung Zigarettenrauchen, Übergewicht, fettreiche Ernährung, Bewegungsmangel, Drogenmissbrauch und das Nichtanlegen von Sicherheitsgurten als für die Gesundheit potentiell gefährlich eingeschätzt werden. Das Problem ist aber, dass sich diese Einsichten nur in wenigen Fällen in einer tatsächlichen Veränderung der Verhaltensweisen niedergeschlagen haben. Bei der Vorstellung der „Risikofaktorentheorie" in Kapitel 2 war bereits auf diesen Sachverhalt verwiesen worden.

Werden Umweltbedingungen nicht in die Interventionshandlungen einbezogen, sind kaum durchschlagende Erfolge zu erwarten. So ist nach 30 Jahren gesundheitserzieherischer Kampagnen in den Vereinigten Staaten eine beträchtliche Reduktion der Prävalenz des Zigarettenrauchens eingetreten, annähernd ein Drittel der Population raucht aber noch immer und die Prävalenz ist bei jüngeren Frauen sogar angestiegen. Informationen zu Gesundheitsrisiken führen also nicht notwendigerweise zu Handlungen, selbst wenn sie verstanden werden (Jefferey 1997, S. 131).

Gesundheitsbezogene Informationen, so plausibel sie wissenschaftlich abgesichert sind, stellen für das subjektive Verhalten keinen unmittelbaren Impuls zur Veränderung dar. Die öffentliche Gesundheitserziehung hat deshalb zwar in vielen Fällen erfolgreich über viele Risikoverhaltensweisen informiert und aufgeklärt, damit aber nicht die subjektive Motivation der Menschen beeinflussen können. Hier greifen die strukturell orientierten sozialökologischen Strategien, die das Verhalten durch Beeinflussung seiner Rahmenbedingungen steuern, ohne dass die individuellen Überzeugungen vom eigenen Verhalten und die Selbststeuerung des Verhaltens verletzt werden

Zu den wichtigsten Strategien gehören:

- Ökonomische Anreize und Sanktionen, insbesondere durch Steuern, Strafgelder und Subventionen. Hierdurch werden die Preise von Produkten angehoben, die als gesundheitsschädlich definiert werden. Gesundheitsförderliche Produkte (flourierte Zahncreme, vitaminangereicherte Nahrungsmittel, jodiertes Salz) können subventioniert werden. Sondersteuern auf Alkohol und Tabak zum Beispiel sprechen dem Individuum das Recht, bestimmte Substanzen mit Missbrauchspotential zu benutzen, nicht ab, versuchen aber, Missbrauch niedrig zu halten (Jefferey 1997, S. 131).

- Passiver Schutz vor Umweltrisiken: Bei dieser Strategie werden physikalische Barrieren zwischen Individuen und Situationen oder Produkten erstellt, die Gesundheitsrisiken bergen. Auf konzeptioneller Ebene basiert dieser Ansatz eines passiven Schutzes auf der Annahme, dass die Wahrscheinlichkeit der Ausübung von Risikoverhaltensweisen zu einem großen Ausmaß von der Häufigkeit abhängt, in der Personen sich in Situationen wiederfinden, in denen diese Verhaltensweisen möglich sind. Entsprechende Strategien sind die Überwachung von Produktdesigns (z.B. feuerfeste Bekleidung für Arbeiter), die Begrenzung der Verkaufsbedingungen (z.B. Beschränkung auf bestimmte Uhrzeiten und Geschäfte), sowie bauliche Veränderungen der physikalischen Umwelt (z.B. straßenbauliche Maßnahmen) und das Tragen von Sicherheitsgurten in Autos (Jefferey 1997, S. 132). Historisch durchgreifende Beispiele sind die Einführung von Wasseraufbereitungs- und Abwasseranlagen. Aus heutiger Perspektive wäre etwa die Reduktion von Fett in der Ernährung oder auch von Nikotin im Tabak beziehungsweise die Zulassung von nikotinhaltigen Medikamenten eine mögliche Strategie auf dieser Linie.

- Beeinflussung des gesundheitsbezogenen Informationsangebotes: Ob für Produkte wie Tabak, Alkohol und gefährliche Nahrungsmittel frei geworben werden darf oder bestimmte Begrenzungen auferlegt werden, kann für das Verhalten von Individuen von erheblicher Bedeutung sein. Denkbar sind strenge Auflagen für die Werbung oder sogar ein komplettes Verbot, um damit die Informationskanäle zu steuern. Umgekehrt lässt sich an gezielte Werbekampagnen für gesundheitsfördernde Produkte denken.

Per saldo lässt sich sagen, dass verhaltens- und verhältnisbezogene Strategien einander ergänzen sollten, wenn effektive, strukturelle, verhältnisbezogene Gesundheitsförderung betrieben wird. Eine erfolgreiche Strategie der Kombination von verhaltens- und bevölkerungsbezogenen Ansätzen ist bei der Verwendung von Sicherheitsgurten in Autos zu verzeichnen. Hierdurch konnten in den meisten westlichen Industrieländern mit hoher Verkehrsdichte die Verletzungen erheblich reduziert und die Zahl der Todesfälle stark gesenkt werden. Es handelt sich um eine Schutzmaßnahme, die inzwischen weit akzeptiert und breit befolgt wird. Ein weiteres Beispiel ist der Nichtraucherschutz und - wie in einigen Staates der USA praktiziert - die Einschränkung oder sogar das Verbot des Zigarettenrauchens in öffentlichen Einrichtungen und Gebäuden. Verbunden mit vorbeugenden Kampagnen und Angeboten der Unterstützung bei der Raucherentwöhnung zeigen diese Interventionen erste Erfolge.

5.3 Gesundheitsentwicklung in sozialen Organisationen

Ein weiterer systembezogener Zugang der Gesundheitsförderung ist die Gesundheitsentwicklung in sozialen Organisationen. Organisationen sind in sich geschlossene Systeme mit bestimmten Zielsetzungen und Aufgaben, etwa Betriebe mit dem Ziel der Gewinnerzielung und der Aufgabe der Herstellung von spezifischen Produkten oder Dienstleistungseinrichtungen mit dem Ziel der Vermittlung von Wissen und Fertigkeiten. (Girschner 1990).

Soziale Organisationen haben feste Mitglieder (Arbeitnehmer, Schüler, Lehrer) und üben auf deren Verhalten wegen der stark reglementierten Erwartungen und Normen einen großen Druck aus. Die Mitglieder haben sich, meist per Arbeitsvertrag, bestimmten Erwartungen für ihr Verhalten verpflichtet. Sie unterwerfen sich den Organisationszielen und stellen andere Gesichtspunkte solange zurück, wie sie in ihrer Rolle als Mitglied handeln. Verletzen sie die Erwartungen der Organisation, dann müssen sie mit dem Entzug der Mitgliedschaft rechnen. Entsprechend intensiv können die Möglichkeiten des Einflusses auf das (Gesundheits-) Verhalten der Mitglieder sein (Karasek und Theorell 1990).

Theorien der Organisationsentwicklung

Charakteristisch für soziale Organisationen ist, dass sie sich praktisch ständig in Veränderung befinden. Nur Organisationen, die in einem gewissem Ausmaß Wandel gewährleisten, können ihre Lernfähigkeit erhalten, also neues Wissen, komplexere Sichtweisen ihrer Umwelt und instruktivere Problemdefinitionen schaffen und zu wirklich radikalen Innovationen fähig sein (Wolff 1999, S. 44).

Zum Verständnis der Arbeits- und Funktionsweisen von sozialen Organisationen wurden verschiedene Theorien entwickelt, die auf diesen permanenten Wandlungs- und Lernprozess eingehen. So versuchen „Stufentheorien" zu erklären, wie sich soziale Organisation in aufeinander folgenden Phasen immer wieder erneut Zielsetzungen, Programme, Technologien und Ideen erschließen und erarbeiten. Für jede Stufe ist eine besondere Strategie notwendig, damit sich die Innovationen weiterentwickeln können. Für Interventionen ist eine Kenntnis dieser Stufen nützlich, da jeweils gezielt in den Organisationsablauf eingegriffen werden kann, um möglichst spezifische Effekte zu erzielen (Grossmann und Scala 1994).

Mit dem Begriff „Organisationsentwicklung" werden alle Aktivitäten bezeichnet, die der Verbesserung der Handlungsfähigkeit einer Organisation und der Arbeitsbedingungen der Organisationsmitglieder dienen (Brown und Covey 1987). Die Organisationsentwicklung hat ihre Wurzeln in der „Human Relations" Bewegung der 1930er Jahre. Zuvor wurde in den Betrieben die Effektivität einer Organisation mit der Effizienz ihrer Struktur gleichgesetzt, was beispielsweise durch strenge Hierarchien erreicht werden sollte. In den 1920er und 30er Jahren konnten Untersuchungen, die als „Hawthorne Studies" bekannt wurden, nachweisen, dass eine Erhöhung der Aufmerksamkeit gegenüber den Mitarbeitern auch die Produktivität steigert. Durch diese Studien wurde die Motivation der Mitarbeiter als wichtiger Einflussfaktor für das Arbeitsergebnis einer Organisation entdeckt (Goodman, Steckler und Kegler 1997, S. 290).

In den 1950er Jahren wurde dieser Impuls aufgenommen und in das Konzept der „Humanisierung der Arbeitswelt" übertragen. Seitdem setzte sich immer mehr die Vorstellung durch, dass die individuellen Bedürfnisse der Arbeitnehmer und die Systemziele der Organisation nicht in Widerspruch zueinander stehen dürfen, sondern die Leistung der Organisation in dem Maße anwächst, wie sich die Arbeitnehmer mit der Organisation und ihren Aufgaben identifizieren. Damit wurden die früheren Vorstellungen, nur durch eine strenge Kontrolle könne ein gutes Organisationsergebnis erzielt werden, verworfen. Heute gehen alle Konzepte davon aus, dass Arbeit und Leistung der Natur des Menschen entsprechen und Arbeitnehmer deshalb bereit sind, die Anforderungen des Managements zu erfüllen, wenn die Zielsetzungen und Aufgabenstellungen transparent sind und eine gute Arbeitsumwelt geschaffen wird.

Dynamische Stufen der Organisationsentwicklung

Moderne Ansätze zur Organisationsentwicklung beschäftigen sich damit, wie die Normen und Werte einer Organisation verändert werden können (Porras und Robertson 1987). Im Vordergrund stehen dabei die Aktivitäten, die die

Umsetzung des Wandels sicherstellen sollen. Dabei werden die Entwicklungsstufen der Handlungssteuerung unterschieden:

- *Stufe 1: Diagnose.* Die Diagnose hilft einer Organisation, Probleme oder Lücken zu erkennen, die ihr reibungsloses Funktionieren behindern. Die Diagnose wird häufig durch einen externen Berater durchgeführt, der der Organisation hilft, ihr schwerwiegendstes Problem zu identifizieren. Die traditionelle Methode der Diagnose ist die formale Befragung der Organisationsmitglieder. Die Befragung erfasst Umweltfaktoren, Zielsetzung, Politik, Vorgehen, Strukturen und Technik der Organisation, persönliche Beziehungen, erwünschte Ergebnisse und die Motivation zum Handeln.

- *Stufe 2: Handlungsplanung.* Der Diagnose folgt die Handlungsplanung, um die wahrgenommenen Probleme zu lösen. Hierzu müssen die Voraussetzungen in der Organisation geklärt werden, um eine bestimmte Strategie umzusetzen. Weiterhin muss nach geeigneten Ansatzpunkten für die Veränderung und auch nach den Fähigkeiten der Organisationsfachleute gefragt werden, die ausgewählte Intervention auch tatsächlich umzusetzen. Ein entscheidender Bestandteil von Organisationsentwicklung ist also die Einschätzung der Machbarkeit (feasibility) verschiedener Strategien.

- *Stufe 3: Interventionen.* Es gibt verschiedene Formen für Interventionen in der Organisationsentwicklung. Eine der bekanntesten ist die Prozessberatung. Hier hilft der Berater den Mitgliedern der Organisation, Probleme, Fragen und Hindernisse im Hinblick auf eine erwünschte Veränderung zu erkennen, um dann zusammen mit der Organisation an diesen Schwierigkeiten zu arbeiten (Lippit, Langseth und Mossop 1985). Der Berater bietet dabei keine fertigen Lösungen an, sondern fördert vielmehr das Problemlösen unter den Mitgliedern der Organisation.

- *Stufe 4: Evaluation.* Der letzte und abschließende Schritt in der Handlungssteuerung ist die Evaluation. Hierbei wird eingeschätzt, welche Bemühungen in Richtung der geplanten Veränderung unternommen wurden. Die Organisation zieht eine Bilanz des Fortschritts auf das neue Ziel hin und legt fest, ob zusätzliche Veränderungen notwendig sind.

Ziel der Organisationsentwicklung ist es, einen kontinuierlichen Verbesserungsprozess aufrecht zu erhalten, die Organisation also als ein „lernendes System" zu verstehen, das sich selbst flexibel an neue interne und externe Herausforderungen anpasst (Alter und Hage 1993). Dabei spielt die Entwicklung der persönlichen Kompetenzen der Mitarbeiter, über die fachlichen Anforderungen hinaus, eine zentrale Rolle. Auch die gemeinsame Entwicklung von Leitbildern für die laufende Arbeit und die Zukunft der Organisation wird gefördert, um den Veränderungen eine von allen Mitarbeitern getragene Basis zu geben. Ein wichtiger Aspekt ist hierbei die Gewährleistung der angemessenen Qualität der Dienstleistung oder des Produkts der Organisation. Die Interessen und Wünsche der „Kunden" sollen durch eine ständige Qualitätssicherung der Leistungen berücksichtigt werden (Goodman, Steckler und Kegler 1997).

Betriebliche Gesundheitsförderung

Im Folgenden wird am Beispiel von verschiedenen Typen sozialer Organisationen erörtert, wie Konzepte der Gesundheitsentwicklung aufgebaut sind, die sich an den Erkenntnissen der Organisationstheorie orientieren, und wie sie umgesetzt werden können. Es werden einige besonders häufige Typen von sozialen Organisationen angesprochen, nämlich zunächst unternehmerisch arbeitende Betriebe und dann Dienstleistungseinrichtungen des Typus Krankenhaus und Schulen. Bei Betrieben geht es um Organisationen, die ein bestimmtes Produkt oder eine bestimmte Dienstleistung anbieten und verkaufen, bei Krankenhäusern und Schulen um Organisationen, die Dienstleistungen „am Menschen" durchführen („people processing organizations"), nämlich die Beseitigung von Krankheitssymptomen beziehungsweise Bildung und Erziehung (Brandenburg, Kollmeier und Kuhn 1990; Theorell 1995).

Für die betriebliche Gesundheitsförderung sind die in Kapitel 1 vorgestellten Ergebnisse der arbeitsbezogenen Gesundheitsforschung von Bedeutung. Je größer der Entfaltungs- und Entscheidungsspielraum am Arbeitsplatz und je höher das öffentliche Ansehen des ausgeübten Berufes, so hatten diese Studien gezeigt, desto besser sind die Voraussetzungen für die individuelle Gesundheit. Ein wichtiger Bestimmungsfaktor ist der Kontroll- und Entscheidungsspielraum der Beschäftigten. Eine inhaltlich interessante und abwechslungsreiche Arbeit, deren Ablauf und Einteilung selbständig gestaltet werden kann, wirkt anregend auf die Persönlichkeitsentwicklung und damit auch die Gesundheit. Hier scheint der Schlüssel zum Erfolg für alle Interventionsprogramme im betrieblichen Bereich zu liegen (Hacker, Rosenbrock und Siegrist 1996).

Untersuchungen zum Krankenstand in Betrieben bestätigen diese Aussagen:

- Der Krankenstand ist nur zu einem Teil auf medizinisch oder psychologisch zwingende Ursachen zurückzuführen. Einstellung und Motivation spielen bei der Entscheidung, dem Arbeitsplatz fernzubleiben, eine wahrscheinlich ebenso große Rolle. Krank ist derjenige, der sich krank fühlt. Viele sind bereit, mit Befindlichkeitsstörungen (Erkältungen, Kopfschmerzen und psychischen Beeinträchtigungen) zur Arbeit zu gehen, während andere sich unter den gleichen Bedingungen als krank entschuldigen. Wer sich gesundheitlich nicht wohl fühlt, steht vor der Frage, ob er zum Arbeitsplatz geht oder nicht. Die Entscheidung ist mit davon abhängig, ob man sich an seinem Arbeitsplatz wohl fühlt, ob man den Eindruck hat, dringend gebraucht zu werden oder nicht, eine hohe Verantwortung und die Vorgesetzten die eigene Arbeit für wertvoll und wichtig halten. In der Arbeitssituation selbst spielen Arbeitsbedingungen, Stress durch Über- oder Unterforderung, Arbeitsatmosphäre, Art der Tätigkeit, Gruppenklima, Zeitstruktur der Arbeit und das

Führungsverhalten der Vorgesetzten eine wichtige Rolle (Griefahn 1998; Heinz 1995)

- Der Dreh- und Angelpunkt für die Arbeitsmotivation ist das Ausmaß der Gestaltbarkeit und Beeinflussbarkeit der Arbeitsabläufe und deren Durchschaubarkeit, Verstehbarkeit und sinnvolle Perspektive für die eigene persönliche Lebenslage. Kann die Motivation erhöht werden, sinken die Fehlzeiten. Es kommt zur Produktivitäts- und Qualitätssteigerung, zum Abbau von Konflikten und zu einer Verbesserung der Durchsetzungsfähigkeit des Unternehmens am Markt. Aber auch die Vorteile für die Belegschaft sind eindeutig, denn eine erhöhte Motivation führt zu einer Steigerung der Wertschätzung der eigenen Arbeit, zu besseren sozialen Beziehungen, zum Abbau von Konflikten und auf diesem Wege letztlich auch zu einer Sicherung des Arbeitsplatzes (Badura, Ritter und Münch 1997).

Das Gleichgewichtsmodell von Gesundheit, wie es in Kapitel 2 entwickelt wurde, lässt sich ebenso wie auf das soziale System „Gemeinde" auch auf den Betrieb übertragen. So wie der einzelne Mensch innere und Umweltfaktoren in eine Balance bringen muss, um seine Gesundheit zu stabilisieren, ist es auch bei einem Betrieb die Balance zwischen den Innenanforderungen und Außenanforderungen, die über die Funktions- und Zukunftsfähigkeit (die „Gesundheit" des Betriebes) entscheidet. Personelle und infrastrukturelle Ressourcen müssen in das betriebliche Umfeld passen und zusammen eine gute Produktivität ergeben.

Auch beim Betrieb kann im übertragenen Sinne von der Kompetenz der Selbststeuerung gesprochen werden, indem nämlich die Innenanforderungen (die Qualifikation des Personals und die internen Arbeitsbedingungen) mit den Außenanforderungen (Mechanismen des Marktes, Kundennachfrage, Konkurrenzbeziehungen) in Einklang gebracht werden. Gelingen kann der „gesunde Betrieb" nur, wenn eine gute Unternehmenskultur, eine hervorragende Organisationsqualität, eine Beteiligung des Personals und ein guter Kommunikationsstil aufgebaut werden. Ein Betrieb muss, betrachtet als ein lebendiges soziales System, genauso in seine eigene Gesundheit investieren wie ein Mensch. In Abbildung 24 ist dieser Zusammenhang anschaulich dargestellt.

Ein Betrieb ist den Zielen der Produktivitätssteigerung und Profitmaximierung verpflichtet. Er muss aber auch mit den Selbsterhaltungsinteressen und den darauf bezogenen Handlungsstrategien seiner Unterabteilungen und Gruppen fertig werden, die bei einer Forschungsabteilung ganz andere sein können als in der Buchführung und beim Management. Personelle und technische Ressourcen müssen in das betriebliche Umfeld passen, zusammen eine gute Produktivitätsbalance ergeben und sich den wirtschaftlichen Gegebenheiten anpassen.

Nur wenn dieser Balanceakt gelingt, kann der Betrieb geschäftlich Erfolg haben, sich einen qualifizierten und motivierten Mitarbeiterstamm heranbilden, Kapitalreserven schaffen und sich auf diese Weise aktiv und flexibel mit den

Anforderungen und Problemen des Marktes auseinandersetzen. Wie beim individuellen Menschen, der das Vertrauen in die Fähigkeit der Selbst- und der Umweltkontrolle und der Selbststeuerung benötigt, um sich die für die Herstellung und Aufrechterhaltung von Gesundheit wichtigen Kenntnisse aneignen und in entsprechendes Handeln umsetzen zu können, werden also auch vom einzelnen Betrieb Fähigkeiten der Selbststeuerung verlangt. Die Analogie zum sozialen System „Gemeinde", wie im vorigen Abschnitt 4.2 dargestellt, ist offensichtlich.

Abb. 24: Das „Gesundheitsgleichgewicht" der betrieblichen Organisation

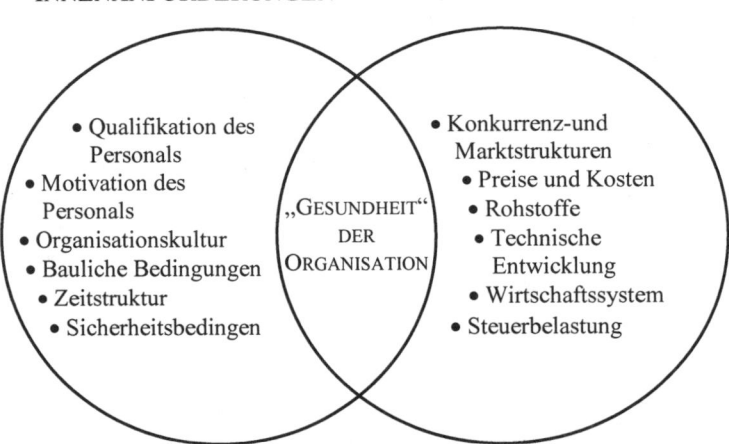

Gesundheitsförderung in Betrieben hat zum Ziel, das hohe Ausmaß von körperlichen und psychischen Gesundheitsstörungen abzubauen, das immer noch charakteristisch ist. Das kann gelingen, wenn Menschen an ihrem Arbeitsplatz erfahren, dass sie ihre Wünsche und Bedürfnisse auf Lebensgestaltung und Selbstentfaltung wenigstens zu einem Teil verwirklichen können und nicht zurückdrängen müssen. Im Idealfall müssen in allen privaten Unternehmen und im öffentlich-rechtlichen Dienstleistungsbereich die beruflichen Beziehungen und Anforderungen so gestaltet werden, dass sie ausreichende Belohnungen, Entscheidungsspielräume und Kooperations- und Kommunikationsangebote enthalten, die die körperlichen und seelischen Grundbedürfnisse aller Beteiligten ansprechen (Girschner 1990).

Arbeitsprozesse, die auf die menschlichen Grundbedürfnisse nicht eingehen, machen krank. Arbeitsprozesse hingegen, die menschliche Bedürfnisse befriedigen, können zu den belohnendsten menschlichen Aktivitäten überhaupt gehören, da sie intellektuelle Kreativität, kommunikative Kompetenzen, Vorausdenken und Vorausplanen, Anpassungsbereitschaft, Zuverlässigkeit und Gewissenhaftigkeit, selbständige Erledigung von Aufgaben, positive Rückmeldungen für das eigene Selbstwertgefühl und Stärkung des Selbstvertrauens vermitteln (Hartmann und Traue 1997).

Umsetzung der betrieblichen Gesundheitsförderung

Berufsbereich und Arbeitsplatz bieten wie kaum ein anderer gesellschaftlicher Ort die Möglichkeit, ein umfangreiches, langfristiges Interventionsprogramm mit großen, relativ konstanten Personengruppen durchzuführen. Betriebe haben für Interventionen auch den Vorteil, eine gemischte Altersstruktur ihrer Mitarbeiterschaft aufzuweisen, so dass auf spezifische Gesundheitsrisiken in verschiedenen Stadien des Lebenslauf eingegangen werden kann. Im Vergleich zu Gemeinden kann die Intervention mit einem höheren Verbindlichkeitsgrad durchgeführt werden. Die Bereitschaft zur Teilnahme an Gesundheitsprogrammen am Arbeitsplatz ist erfahrungsgemäß höher als in anderen Lebensbereichen (Rosenbrock 1993).

Dies gilt in besonderem Maße für Aktionen, die während der Arbeitszeit stattfinden. Sie wirken durch ihre kollektive Form. Eine Betriebsbelegschaft kann als soziales Netzwerk verstanden werden, welches den einzelnen Arbeitnehmer als Kollegen bei Veränderungen seines Gesundheitsverhaltens unterstützt. Hinzu kommt eine beträchtliche Breitenwirkung, die durch die indirekte (und auch direkte) Einflussnahme auf die Angehörigen der Beschäftigten erzielt werden kann. Eine Verbindung von betrieblichen Programmen und kommunalen Strategien der Gesundheitsentwicklung ist deshalb aussichtsreich.

Die bisher in Deutschland praktizierten Interventionsprogramme am Arbeitsplatz zielen meist auf eine Absenkung des Krankenstandes, eine Verbesserung des Betriebsklimas und eine Erhöhung der Arbeitsleistungen. Als leistungsfähiges Verfahren für die Einführung und Umsetzung von Schritten der betrieblichen Gesundheitsförderung haben sich „Gesundheitszirkel" erwiesen. Es handelt sich dabei um arbeitsplatznahe Gesprächskreise, die regelmäßig zusammentreffen und unter Leitung eines erfahrenen Moderators ein begrenztes Problem bearbeiten. Dem Arbeitskreis gehören Vertreter aller Gruppen von Mitarbeitern, der Vorgesetzten, des Betriebsrats und externe Experten für Arbeitsschutz oder Organisationsprobleme an.

Die Mitglieder in Gesundheitszirkeln erhalten Gelegenheit, das anstehende Problem als Betroffene aus ihrer Sicht darzustellen und zugleich die Sicht von anderen Gruppen und von externen Fachleuten einzuholen. Die zu bearbeitenden Probleme können von einfachen organisatorischen Abstimmungsproblemen über Konflikte mit den Vorgesetzten bis hin zu komplexen und dauerhaften Überforderungen durch Arbeitsüberlastung reichen (Slesina, Beuels und Sochert 1998). Die Gesundheitszirkel ermöglichen damit einen Austausch von Erfahrungswissen der unmittelbar am Arbeitsplatz Tätigen und Expertenwissen der mit betrieblichen Organisationsproblemen und mit Arbeitsschutz vertrauten Externen.

Die wichtigsten Aufgaben der Gesundheitszirkel lassen sich wie folgt benennen:

- Ermitteln der Arbeitsbelastungen durch die Teilnehmer;
- Ermitteln der auftretenden Beschwerden bei den Mitarbeiterinnen und Mitarbeitern;
- Erarbeitung von Vorschlägen für die Verbesserung der Arbeitsbedingungen;
- Verhütung arbeitsbedingter gesundheitlicher Beschwerden;
- gesundheitsgerechte Gestaltung von Arbeitssituationen;
- Erprobung neuer Praktiken im Alltag.

Die Ziele eines Gesundheitszirkels sind:

- Verringerung von Arbeitsbelastungen;
- Verringerung arbeitsbedingter gesundheitlicher Beschwerden;
- Verringerung arbeitsbedingter Erkrankungen;
- Verbesserung von Arbeitszufriedenheit und Wohlbefinden am Arbeitsplatz;
- Verbesserung der innerbetrieblichen Kommunikation;
- Stärkung individueller Kompetenzen der Problembewältigung;
- Verbesserung der Mitbestimmung am Arbeitsplatz;
- Erhöhung der Identifizierung mit dem Unternehmen.

In Abbildung 25 ist beispielhaft die Zusammensetzung eines Gesundheitszirkels dargestellt.

Abb. 25: Zusammensetzung und Aufgaben eines Gesundheitszirkels

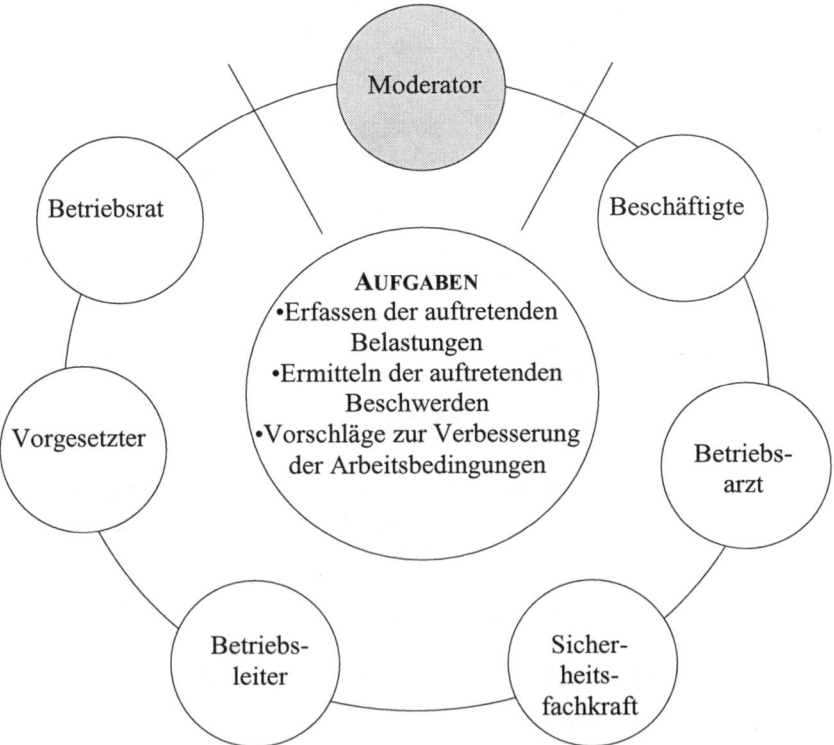

Die Zirkelarbeit ist nur dann wirkungsvoll, wenn sie nicht isoliert bleibt, sondern in die gesamte Organisationsentwicklung des Unternehmens einbezogen und mit anderen Programmteilen verbunden ist. Badura, Ritter und Münch (1997) haben Beispiele für Arbeitsergebnisse von Gesundheitszirkeln aufgeführt (siehe Abbildung 26). Die Beispiele werden danach untergliedert, ob sie vorrangig der Verbesserung der Gesundheitssituation der Belegschaft oder der Vermeidung von Gesundheitsrisiken dienen. Außerdem wird zwischen Interventionen unterschieden, die sich in erster Linie auf die Arbeits- und Organisationsstrukturen beziehen und solchen, die sich direkt an die Mitarbeiter richten.

Abb. 26: Beispiele für konkrete Vorhaben der betrieblichen Gesundheitsförderung

	Auf Organisationsstrukturen gerichtet	Direkt an die Mitarbeiter gerichtet
Verbesserung der Gesundheitssituation der Mitarbeiterinnen und Mitarbeiter	• Einführung eines Arbeitskreises Gesundheit • Erhöhung der Transparenz betrieblicher Entscheidungen • Erweiterung von Handlungsspielräumen • Partizipatorische Arbeits- und Organisationsgestaltung • Einführung von Gruppenarbeit • Mitarbeiterorientierte Arbeitszeitregelungen	• Kommunikationstraining • Schulung der Führungskräfte • Qualifizierung für Gruppenarbeit • Stressbewältigungsprogramm • Schulung für Zeitmanagement • Gesundheitsberatung • Sportangebote
Vermeidung von Gesundheits-Risiken	• Abbau von Über- oder Unterforderung durch Umorganisation von Abläufen • bessere Pausenzeitenregelungen • Arbeits- und Unfallschutz • Gesundheitsverträgliche Schichtsysteme • Vermeidung physikalischer und chemischer Gefährdungen	• Rückenschulen mit kombiniertem Arbeitsplatzprogramm • Schonarbeitsplätze • Bereitstellung bedarfsgerechter Arbeitsmittel • Schutz vor physikalischen und chemischen Gefährdungen • Aufklärung über Gefährdungen am Arbeitsplatz • Suchtpräventionsprogramme • Ernährungsprogramme

Nach Badura, Ritter und Münch 1997, S. 18.

Anreize für die betriebliche Gesundheitsförderung

Wie alle Interventionen sind auch die im betrieblichen Bereich nur dann durchsetzbar, wenn Vorteile für die Organisation und ihre Mitglieder entstehen. Vorteile für die Organisation müssen sich letztlich im finanziellen Gewinn eines Unternehmens niederschlagen, Vorteile für die Mitarbeiter vor allem in einer Verbesserung ihrer körperlichen und psychischen Gesundheit.

Es ist kein Zufall, dass die meisten der bisher in Deutschland eingeleiteten Interventionen im betrieblichen Bereich direkt oder indirekt auf die Absenkung des Krankenstandes gerichtet sind. Durch die gesetzliche Verpflichtung zur Lohnfortzahlung im Krankheitsfall eines Mitarbeiters entsteht ein manifestes Interesse aller Unternehmen, die hierfür aufzubringenden Kosten zu senken. Gleichzeitig ist das auch im Interesse der Mitarbeiter, solange jedenfalls, wie sie durch entsprechende Interventionen auch allgemeine, nicht nur für den Arbeitsplatz geltende Hilfen für die Stabilisierung ihrer Gesundheitsbalance erhalten (Demmer 1993; Demmer und Bindzius 1996).

Über die Senkung der „Fehlzeiten" hinaus existieren in Deutschland wegen der spezifischen gesetzlichen Vorgaben der Krankenversicherung wenige unmittelbare Anreize für Gesundheitsförderung in den Betrieben:

- Die Beiträge für die Krankenversicherung sind pauschalisiert und hängen nicht davon ab, ob eine Belegschaft im Vergleich zu anderen gesund oder nicht gesund ist. Nur dann, wenn der Gesundheitsstand auf die Produktivität des gesamten Unternehmens Auswirkungen hat, ändert sich die Lage. Diese Zusammenhänge dürften erklären, warum etwa im Vergleich zu den USA in Deutschland noch sehr wenige Programme der betrieblichen Gesundheitsförderung eingeleitet wurden. Die meisten Unternehmen sorgen sich um zusätzlichen Aufwand und noch mehr Kosten, die mit dem „Extra" der Gesundheitsförderung verbunden sein könnten (Lenhardt 1997).

- Die Konsequenz ist, dass sich nur einzelne Krankenkassen, und zwar meist unter Gesichtspunkten des Marketing, im Bereich der betrieblichen Gesundheitsförderung dauerhaft engagieren. Der Schwerpunkt ihrer Arbeiten liegt, wie im Sozialgesetzbuch vorgegeben, in der Erstellung betrieblicher Gesundheitsberichte auf der Basis von Belegschaftsbefragungen und der Durchführung von Arbeitskreisen für Gesundheit sowie der Förderung von Gesundheitszirkeln.

- Daneben sind die Träger der gesetzlichen Unfallversicherung nach wie vor in der betrieblichen Gesundheitsförderung aktiv, und zwar vor allem im Segment der Vermeidung von Gesundheitsrisiken. Vor allem die Berufsgenossenschaften haben durch ein Gesetz von 1996 einen beträchtlichen Aufgabenzuwachs erhalten, weil sie für die Verhütung von Arbeitsunfällen, Berufskrankheiten und arbeitsbedingten Gesundheitsgefahren zu sorgen haben (Lenhardt 1997).

Um die Möglichkeiten der betrieblichen Gesundheitsförderung zu demonstrieren, hat es seit den 1980er Jahren Modellprojekte gegeben, die aus Steuergeldern von Bund und Ländern finanziert wurden. Ein besonders gut ausgearbeitetes Betriebsprogramm wurde Ende der achtziger Jahre vom „Institut für Dokumentation und Information, Sozialmedizin und öffentliches Gesundheitswesen" (IDIS, inzwischen in das nordrhein-westfälische Landesinstitut für den öffentlichen Gesundheitsdienst überführt) entwickelt und seither mit Erfolg eingesetzt (Murza und Laaser 1990). Das Programm „Hab' ein Herz für Dein Herz" ist inhaltlich an den häufigsten Herz-Kreislauf-Risikofaktoren orientiert. Es sieht drei Aktionsbereiche vor:

- Angebot von kostenlosen diagnostischen Untersuchungen am Arbeitsplatz, vor allem Blutdruckmessungen, Ermittlung von Übergewicht, Cholesterinmessungen und ein Testprogramm zur körperlichen Fitness.
- Kursangebote und Vorträge zur Gesundheitsberatung, unter anderem zur Raucherentwöhnung, Ernährungsgestaltung und Stressbewältigung.
- Veränderung der betrieblichen Infrastruktur durch die Einrichtung rauchfreier Arbeitsplätze, Verbesserung des Gemeinschaftsessens („herzgesundes Kantinenmenü") und ein Programm mit Entspannungs- und Bewegungsübungen für spezifische Belastungen direkt am Arbeitsplatz.

Als Ziel der Untersuchungsangebote wurde nicht in erster Linie die Früherkennung von Mitarbeiterinnen und Mitarbeitern mit hohem Risiko gesehen, sondern vielmehr sollten durch die Untersuchungen Anlässe für Gespräche über gesundheitliche Probleme und damit eine Sensibilisierung für Risikofaktoren im eigenen Verhalten geschaffen werden. Die Erfahrungen zeigten, dass die Untersuchungssituation tatsächlich in hohem Maße motivierend auf die Teilnehmer wirkte, so dass in vielen Fällen die Bereitschaft entstand, an einem der angebotenen Kursprogramme teilzunehmen.

In den Vereinigten Staaten ist die Zahl der Programme zur Gesundheitsförderung am Arbeitsplatz um ein Vielfaches höher als in Deutschland. Etwa 80 % der Betriebe mit über 50 Angestellten bieten ihren Mitarbeitern zumindest ein Programm der Gesundheitsförderung an. Die Themen sind weiter gespannt als in Deutschland und reichen bis zu konkreten medizinischen Screenings auf chronische Krankheiten und ganz gezielte persönliche Gesundheitsberatung und Krankheitsbewältigung. Der Hintergrund für diese Aktivitäten ist darin zu sehen, dass im Unterschied zu Deutschland die US-amerikanischen Unternehmen direkte Vorteile erzielen, wenn ihre Mitarbeiter gesundheitsbewusst leben, weil hierdurch die von ihnen zu zahlenden Beiträge zur Krankenversicherung sinken (Büchner und Schroer 1996).

Betriebliche Gesundheitsförderung in Krankenhäusern

Krankenhäuser stellen eine spezifische Ausprägung von sozialen Organisationen im Dienstleistungsbereich dar. Sie haben klare Ziele (Beseitigung von Krankheitsursachen oder -symptomen bei ihren Patienten) und umgrenzte Aufgaben (Einsatz moderner therapeutischer Verfahren) und verfügen über einen Kreis von Mitgliedern in definierten Rollen (neben den Patienten therapeutisches und Pflege-Fachpersonal und technisches Personal).

Im Unterschied zu anderen Organisationen liegt die besondere Aufgabe der Krankenhäuser in der Arbeit an Menschen, sie sind „people processing organizations" (Pelikan, Demmer und Hurrelmann 1993). In ihnen halten sich sehr viele Menschen auf, die entweder in der Rolle als Patient oder in der Rolle als professionelles Mitglied in ständiger Auseinandersetzung mit Gesundheits- und Krankheitsproblemen stehen. Deshalb sind Krankenhäuser ideale Einrichtungen und „Settings" (um den häufig benutzten Begriff der Weltgesundheitsorganisation hierfür zu verwenden) für die Gesundheitsförderung. Wegen ihres Organisationsziels ist es besonders sinnvoll, sie in ihrem organisatorischen Kern zu „gesunden" und sich erfolgreich selbst steuernden sozialen Systemen zu machen. Schließlich geht es in Krankenhäusern nicht nur um Gesundheit am Arbeitsplatz für alle professionell dort Tätigen, sondern ihre Kernkompetenz ist direkt mit Krankheitsbekämpfung und damit indirekt mit Gesundheitsförderung verbunden (Pelikan und Wolff 1999).

- Krankenhäuser sind die Leitorganisationen für den gesamten Funktionsbereich „Krankenbehandlung". Sie sind das Modell für Standards der medizinischen Diagnostik und der angemessenen Therapie und Pflege. Sie beeinflussen die Gesundheit und Krankheit nicht nur ihrer Patienten, sondern auch die ihres Personals, und durch ihre Modellfunktion sind sie auch für die vielen Besucher und Kontakteinrichtungen (Zulieferer, Kooperationspartner usw.) ein Orientierungspunkt (Pelikan und Wolff 1999).

- Krankenhäuser haben massive Organisationsprobleme, die sich aus der Abschottung und Versäulung der verschiedenen Funktionsbereiche Therapie/ medizinische Versorgung, Pflege und Verwaltung ergeben. Die Aufgabe der Krankenversorgung kann aber nur durch eine enge Kooperation dieser drei Bereiche erfolgreich erfüllt werden. Die Abgrenzungsschwierigkeiten und Kompetenzstreitigkeiten zwischen dem Therapie- und dem Pflegesektor sind unübersehbar, und sie werden durch den sich beschleunigenden Prozess der Professionalisierung in den Pflegeberufen weiter gesteigert (Schaeffer, Moers, Steppe und Meleis 1997). Durch die schwieriger gewordenen ökonomischen Rahmenbedingungen besteht die Gefahr, dass der Funktionsbereich Verwaltung/Management übermächtig wird und die anderen Bereiche in ihrer Eigendynamik blockiert. Die erwähnten Abstimmungsprobleme sind auch häufiger Ausgangspunkt für Gesundheitsstörungen und Krankheiten, beim Personal im Therapie- und Pflegebereich (Badura und Feuerstein 1994).

Schwerpunkte der Gesundheitsförderung in Krankenhäusern

Als Einrichtung der Akutversorgung übernimmt das Krankenhaus heute in der Regel nur noch einen kleinen Ausschnitt in der langen Sequenz verschiedener Versorgungsangebote. Die Verweildauer der Patienten sinkt permanent, die stationäre Behandlung muss als ein integraler Bestandteil einer komplexen Versorgungskette gestaltet werden und ist nicht, wie es jahrzehntelang der Fall war, ein in sich abgeschlossenes Ereignis. Auch mit diesen veränderten Anforderungen muss sich die soziale Organisation „Krankenhaus" intensiv auseinandersetzen und neue Formen der internen und externen Verbindung und Koordination von Arbeitsvollzügen einleiten (von Eiff 1998).

Anforderungen an eine Neuorientierung ergeben sich auch aus dem Wandel des Krankheitspanoramas von den akuten zu den chronischen und degenerativen Krankheiten. Dieser Wandel setzt eine Neubestimmung der Beziehungen des Krankenhauses zu seiner fachlichen Umwelt voraus, nämlich die Vernetzung mit Einrichtungen der Patientenschulung, der Rehabilitation und der ambulanten Versorgung und Pflege. Dieser Prozess wird gerade erst eingeleitet.

„Krankenhäuser sind aufgrund der Komplexität und Dynamik dieser verschiedenen Entwicklungen gezwungen, in verstärktem Maß von sich aus interne Veränderungsprozesse einzuleiten. Das Krankenhaus in seinem traditionellen Selbstverständnis ist auf eine solche Aufgabe kaum vorbereitet. Zwar kann die Medizin auf eine lange Tradition der fachlichen Selbstbeobachtung zurückblicken, und in vielen medizinischen Abteilungen sind entsprechende Instrumente fest verankert. Ähnliches gilt zunehmend auch für die Pflege, in der die Dokumentation und die konzeptgeleitete Reflexion der täglichen Arbeit an Bedeutung gewonnen haben. Aber das Krankenhaus hat wenig Erfahrung mit der Selbstbeobachtung und Selbstauswertung als Organisation und hat in der Regel keine entsprechenden Verfahren etabliert" (Wolff 1999, S. 46).

Gesundheitsförderung im Krankenhaus setzt, wie in anderen betrieblichen Organisationen auch, an den Abstimmungsproblemen und den damit verbundenen personalen Spannungen im Betriebsablauf an:

- Die Planung der Stationsvisiten, die Warteschlangen vor den Operationssälen, Missverständnisse zwischen Ärzten und Pflegepersonal, Unzufriedenheit von Patienten, psychische Erschöpfung des Fachpersonals und finanzielle Sparzwänge können Gegenstand von Interventionsprogrammen sein und zum Beispiel in einem ersten Schritt in „Gesundheitszirkeln" bearbeitet werden. Alle oben für die betriebliche Gesundheitsförderung aufgeführten Angebote zur Verbesserung des Gesundheitspotentials der Mitarbeiter und zur Vermeidung von Gesundheitsrisiken sind auf das Krankenhaus übertragbar. Langfristig geht es um eine Verbesserung der Entscheidungsabläufe und den Aufbau einer selbststeuernden, lernfreundlichen und kooperativen Organisationskultur. Die Patienten müssen dabei als Adressaten der Dienstleistungen, aber auch als Mitproduzenten bei der Wiederherstellung ihrer Gesundheit einbezogen werden.

- Wegen des veränderten Krankheitspanoramas könnte den Strategien der Gesundheitsförderung im Krankenhaus eine langfristige programmatische Bedeutung zukommen. „Es erscheint heute nicht mehr sinnvoll, das Gesundheitssystem primär als Krankenbehandlungssystem zu organisieren. Demgegenüber könnte es zu einer Erhöhung der organisatorischen 'Intelligenz' im Krankenhaus führen, wenn der Reflexionswert 'gesund' stärker ins Blick-

und Aktionsfeld rückte" (Wolff 1999, S. 49). Das würde bedeuten, Heilung nicht in erster Linie als Beseitigung von Krankheitsursachen, sondern als zumindest gleichrangig auch als Schaffung von Gesundheitsbedingungen zu verstehen.

- Eine solche Vision wird in dem von der Weltgesundheitsorganisation ins Leben gerufenen Netzwerk „Health Promoting Hospitals" verfolgt. In diesem Netzwerk haben sich aus fast allen europäischen Ländern Krankenhäuser zusammengeschlossen, die ihre Organisationsstruktur und -kultur so verändern wollen, dass für Patienten und für das professionelle Personal eine Vergrößerung der Gesundheitspotentiale erreicht wird (Pelikan und Wolff 1999).

Gesundheitsförderung in Schulen

Die Weltgesundheitsorganisation hat auch für Schulen ein solches internationales Netzwerk eingerichtet, das für andere Bildungseinrichtungen wie Hochschulen und Berufsbildungsstätten geöffnet werden soll. Das Netzwerk „Health Promoting Schools" setzt sich ganz ähnliche Ziele wie das der gesundheitsfördernden Krankenhäuser, ist also ebenfalls auf Förderung einer verbesserten Organisationskultur ausgerichtet.

Schwerpunkte für die schulische Gesundheitsförderung in der Tradition dieses Netzwerkes sind (Barkholz und Homfeldt 1994):

- Verbesserung des Unterrichts, insbesondere die Berücksichtigung von Gesundheitsthemen in verschiedenen Fächern und die Einführung von kompetenzstärkenden Elementen;

- Verbesserung des Schullebens, insbesondere durch eine Stärkung des schulischen Betriebsklimas, Unterstützung von Teambildung im Kollegium und Kooperation zwischen Lehrern, Schülern und Eltern;

- Verbesserung der Verbindung zur schulischen Umwelt, insbesondere durch Vernetzung gesundheitsfördernder Angebote aus der Gemeinde mit denen der Schule.

Durch den Zusammenschluss in nationalen und internationalen Netzwerken soll ein Austausch von Kenntnissen und Umsetzungstechniken für Programme und über Erfahrungen mit bereits durchgeführten Interventionen gefördert werden. Der Schwerpunkt der bisherigen Interventionen lag eindeutig im Bereich der Verbesserung des unterrichtlichen Angebotes. So konnten Unterrichtsmaterialien entwickelt werden, die nach modernen Konzepten der Gesundheitserziehung auf eine Stärkung der Kompetenz der Schülerinnen und Schüler im Umgang mit Alltagsbelastungen abzielen, um damit gesundheitliche Störungen zu verringern. Die entsprechenden Konzepte wurden bereits in Abschnitt 4.1 vorgestellt und diskutiert.

Weniger beachtet und überprüft wurden hingegen die beiden anderen Schwerpunkte der schulischen Gesundheitsförderung, also die Verbesserung des Schullebens und der internen Kooperationsstrukturen und die Stärkung der Verbindungen zwischen Schule und Umwelt. Angesichts der sich häufenden Arbeitsbelastungen mit schwerwiegenden gesundheitlichen Folgen bei Lehrerinnen und Lehrern ist die Berücksichtigung dieser Schwerpunkte äußerst dringlich.

- Auch die Schule kann als eine Organisation vom Typus der „people processing organizations" bezeichnet werden. Ihre zentrale Aufgabe besteht in der Arbeit an Personen, nämlich der Erziehung und Bildung von persönlichen Eigenschaften und Fähigkeiten der Schülerinnen und Schüler. Diese „Arbeit an der Person des Schülers" wird von professionell ausgebildeten Lehrerinnen und Lehrern durchgeführt.

- Die Besonderheiten der Organisation Schule sind darin zu sehen, dass - anders als etwa im Krankenhaus - die Professionellen meist in einer sozial isolierten Arbeitssituation, hinter verschlossenen Türen im Klassenzimmer, stehen. Ihre Autonomie ist entsprechend hoch, sie verfügen über hohe Freiheitsgrade in der Ausgestaltung der Unterrichtssituation. Aber zugleich fordert das Unterrichten von ihnen ununterbrochen schnelle Entscheidungen und Reaktionen, die psychisch belasten. Deshalb ist der objektive Bedarf nach Unterstützung und Kooperation sehr hoch.

- Die Autonomie der Lehrkräfte ist auch deshalb widersprüchlich, weil gesetzliche Reglementierungen, bürokratische Schulaufsicht und die ständige Androhung von rechtlichen Überprüfungen der Beurteilung von Schülerleistungen immer weiter zugenommen haben. Belastend wirkt sich ferner aus, dass es keine klaren Kriterien für beruflichen Erfolg und keine professionelle Supervision gibt und die öffentliche Anerkennung des Lehrerberufes ambivalent ist.

- Aus diesen Gründen ist die Schule, die ein ähnlich personalintensiver Betrieb wie das Krankenhaus ist, auf eine intensive Personalpflege und Organisationsentwicklung angewiesen. Im Gegenteil zu den viel weniger personalintensiven Produktionsbetrieben aber hat es hier kaum nennenswerte Investitionen gegeben. Der Krankenstand und auch der Stand der Frühverrentungen bei Lehrerinnen und Lehrern ist höher als bei allen vergleichbaren Berufsgruppen im öffentlichen Dienst, was auf die Dringlichkeit von Organisationsreformen hinweist (Freitag 1998). Auch die gesundheitlichen Belastungen von Schülerinnen und Schülern haben in den letzten Jahren zugenommen, was zum Teil auf innerschulische Strukturen zurückgeführt werden kann (Kolip, Hurrelmann und Schnabel 1995).

- Bei Lehrkräften sind in den letzten Jahren beträchtliche Ausmaße von Gesundheitsstörungen und Erkrankungen feststellbar, allen voran psychosomatische Beschwerden vom Typus der chronischen inneren Erschöpfung (Burn-

Out). In der Regel werden drei Komponenten beobachtet, die zu diesem Ausgebranntsein führen: Gefühle der Überforderung und völligen Verausgabung, reduzierte Leistungsfähigkeit verbunden mit Inkompetenz und Unzufriedenheit und Unfähigkeit, sich auf die Persönlichkeit der Schülerinnen und Schüler einzulassen (Depersonalisation). Burn-Out-Prozesse werden von vielen Autoren als eine fehlgeschlagene Bewältigung der beruflichen und privaten Situation verstanden, in die sich eine Lehrerin oder ein Lehrer im Laufe einer längeren Periode in mehreren Stadien hineinsteigert. Neben persönlichen Merkmalen spielen dabei Merkmale der Arbeitssituation, insbesondere der Anforderungs- und Belastungsstrukturen und der Arbeitszufriedenheit, eine herausragende Rolle (Bauer und Kanders 1998).

- Lehrerinnen und Lehrer, deren gesundheitliche Belastungen hoch sind, können keine Vorbildfunktion für die Schüler ausüben. Die Verbesserung der Arbeitsbedingungen der professionellen Pädagogen sollte nach den gleichen Schritten erfolgen wie sie in anderen betrieblichen Organisationen üblich sind, also über die Erstellung einer Problemanalyse, die Erfassung der spezifischen Belastungen und Störungen am Arbeitsplatz bis zur Erarbeitung von Verbesserungsvorschlägen und ihrer Erprobung. Ähnlich wie in Betrieben muss es das Ziel sein, einen optimalen Personaleinsatz zu erreichen, der jeden Lehrer in die am besten geeignete Position bringt, die Kooperation im Kollegium durch feste Verfahren und klare Entscheidungsstrukturen zu verbessern und die organisatorischen Abläufe so zu verändern, dass die Berufs- und Arbeitszufriedenheit der Lehrer wieder ansteigt und sich ihr Gesundheitszustand bessert. Nur gesunde Lehrerinnen und Lehrer können die Produktivität und pädagogische Kreativität erbringen, die das „Unternehmen Schule" zum Organisationsziel führen kann.

Die für Betriebe und Krankenhäuser bereits erläuterten Strategien der Gesundheitsförderung sollten deshalb auf Schulen übertragen werden (Fechner 1999). Die bisher realisierten Programme der Gesundheitsförderung waren auf die Verbesserung der Gesundheit der Schüler gerichtet. Sie haben als Nebeneffekt für die Lehrer zu zusätzliche Arbeitsaufträgen und damit zu einer Mehrbelastung geführt und die Organisationsstruktur der Schulen fast ganz unberücksichtigt gelassen. Deshalb ist es dringlich, die schulische Gesundheitsförderung um diese Komponente zu erweitern (Hurrelmann, Leppin und Nordlohne 1995; Priebe, Israel und Hurrelmann 1993).

Schulen müssen als pädagogische Dienstleistungsunternehmen betrachtet werden, die nach ähnlichen Führungs- und Managementkriterien gesteuert werden wie andere Betriebe dieser Art. Entsprechend hat Gesundheitsförderung in der Schule auch die Arbeitsplatz- und Organisationsgestaltung zu umfassen, die an den Bedürfnissen und Belastungen von Lehrerinnen und Lehrern orientiert ist. Die heutigen ungünstigen Bedingungen hierfür erklären zu einem großen Teil die starke, gesundheitliche Beeinträchtigung dieser wichtigen Berufsgruppe.

6. Gesundheitsförderung als Paradigma der Gesundheitspolitik

Abschließend werden die Überlegungen aus den vorangehenden Kapiteln aufgenommen, um Vorschläge für die Weiterentwicklung gesundheitspolitischer Interventionen abzuleiten. Im Vordergrund steht dabei die Ausrichtung der gesamten Gesundheitspolitik auf Strategien der Krankheitsprävention und Gesundheitsförderung. Die Verzahnung präventiver Strategien mit therapeutisch-kurativen, rehabilitativen und pflegerischen Ansätzen und die Orientierung dieser Aktivitäten am Konzept der Gesundheitsförderung werden als Herausforderungen für die künftige Entwicklung des Gesundheitssystems dargestellt. In einem weiteren Schritt werden Konsequenzen für die Aus- und Weiterbildung von Gesundheitsprofessionellen abgeleitet. Es wird die These vertreten, dass die verschiedenen Berufe des Gesundheitswesens stärker als bisher kooperieren müssen, um ein bedarfsgerechtes Angebot für die gesamte Bevölkerung sicherzustellen. Allgemeine Qualifikationen für Gesundheitsprofessionelle und spezielle Anforderungen für Fachleute der Krankheitsprävention und Gesundheitsforschung werden erörtert.

6.1 Gesundheitspolitik als Erzielen von Gesundheitsgewinn

Gesundheitspolitik in hoch entwickelten Ländern sollte stärker als bisher an Prävention und Gesundheitsförderung orientiert sein. Hierfür sprechen die folgenden Argumente, die in den vorangehenden Kapiteln unterbreitet wurden:

- Ein Zurückdrängen von Krankheitsrisiken in der Bevölkerung ist nicht allein durch mehr Investitionen in den medizinisch-therapeutischen Bereich zu erreichen, sondern durch eine integrierte Interventionsstrategie, die das gesamte Gesundheitssystem einbezieht. Die Erörterung von Strategien der Krankheitsprävention hat gezeigt, wie hoch deren Leistungsfähigkeit ist. Sie wird bisher unterschätzt und spielt gegenüber den Interventionsformen Therapie, Kuration, Rehabilitation und Pflege eine untergeordnete Rolle. Kein Land der Welt kann es sich auf Dauer leisten, die oben vorgetragenen Erkenntnisse zu leugnen und auf die vorbeugenden Interventionen zu verzichten, die das insgesamt äußerst teure System der Krankenversorgung, Rehabilitation und Pflege erheblich entlasten und die gesundheitliche Lebensqualität der gesamten Bevölkerung stärken können. Die Gesundheitspolitik sollte den Erkenntnissen der interdisziplinären Forschung Rechnung tragen, wonach Verbesserungen im Gesundheitszustand der Bevölkerung dann am besten greifen, wenn sie nicht erst auf eine bereits ausgebrochene Krankheit gerichtet sind, sondern auf die Bedingungen, die zur Krankheit führen können (Hurrelmann und Laaser 1996; Steinkamp 1999).

- Nach den referierten wissenschaftlichen Erkenntnissen muss gesundheitsbeeinträchtigendes Verhalten als strukturell durch die gesellschaftlichen und kulturellen Lebensbedingungen determiniert verstanden werden. Entsprechend muss die Gesundheitspolitik ausgerichtet sein. Nach den in den Kapiteln 1 und 2 vorgestellten Befunden aus der psychologischen, sozialwissenschaftlichen und gesundheitswissenschaftlichen Forschung ist der individuelle Lebensstil, der die Gesundheits-Krankheits-Balance mitbestimmt, in seiner Disposition zwar genetisch und persönlichkeitsstrukturell verankert, zugleich aber durch die sozialen, beruflichen und ökonomischen Lebensbedingungen geprägt. Gesundheitsschädliche Verhaltensweisen wie Rauchen, Fehlernährung, Alkoholmissbrauch, Bewegungsmangel und Nichtbefolgen von Behandlungsplänen können nicht aus ihrem sozialen und kulturellen Entstehungskontext herausgelöst werden. Jedes gesundheitliche „Risikoverhalten" ist ein mit den alltäglichen Lebensbedingungen verbundenes Verhalten, ein Kompromiss zwischen subjektiven Interessen, Bedürfnissen, Ressourcen und gesellschaftlichen Anforderungen (Steinkamp 1999, S. 124). Gesundheitspolitik muss konsequenterweise nicht nur direkt auf das Gesundheitsverhalten wirken, sondern auch die Gesundheitsbedingungen beeinflussen, die das Verhalten bestimmen.

- Gesundheitspolitik ist, wie die Darstellung in den vorangegangenen Kapiteln gezeigt hat, in allen hoch entwickelten Industriegesellschaften nur als Querschnittspolitik effizient. Sie darf sich also nicht nur auf das Gesundheitssystem im engeren Sinne beziehen, sondern muss die Bedingtheit von Gesundheits- und Krankheitszuständen der Bevölkerungen durch alle Politikbereiche beachten. Eine Priorität für Gesundheit bedeutet deswegen nichts anderes, als der Verbesserung der Gesundheit der Bevölkerung einen ebenso hohen Stellenwert einzuräumen wie der sozialen und ökonomischen Entwicklung der Gesellschaft. Ein guter Gesundheitszustand der Bevölkerung und ein möglichst hoher Gesundheitsgewinn für alle Bevölkerungsgruppen kann als „Markenzeichen" einer zivilisierten Gesellschaft angesehen werden. Über diese kulturelle Wertschätzung hinaus ist der Gesundheitszustand einer Bevölkerung die entscheidende Basis für die soziale, kulturelle und wirtschaftliche Entwicklung einer Gesellschaft. In diesem Sinne müssen in allen Politikbereichen Entscheidungen danach überprüft werden, ob sie der Gesundheitsentwicklung der Bevölkerung förderlich oder abträglich sind. Finanzielle Ressourcen aus Steuermitteln müssen dort hin gelenkt werden, wo sie den größten Gesundheitsgewinn versprechen und dort abgezogen werden, wo sie den größten Gesundheitsverlust für die Bevölkerung produzieren (WHO 1999).

- Besonderen Bedarf an gesundheitspolitischen Leistungen haben sozial benachteiligte Gruppen. Entsprechend sollten Mechanismen zur Verfügung stehen, um die gesundheitlichen Bedarfe und Bedürfnisse dieser Bevölkerungsgruppen systematisch zu erfassen. Ein Abbau der Benachteiligung ist Voraussetzung für das Mindestmaß an sozialer Kohäsion, das in jeder Gesellschaft als Basis für eine gute Gesundheitslage der gesamten Bevölkerung gelten kann. Die Existenz von funktionierenden sozialen Netzwerken und das Vorhandensein von sozialem Vertrauen in die Fähigkeit, zum gegenseitigen Nutzen und Gewinn sozial zusammenzuleben, sind wichtige Ressourcen für die Gesundheit der Bevölkerung. Die Unterversorgung der gesundheitlich „verletzlichen" Bevölkerungsgruppen mit einem erkennbaren Risiko für Krankheiten ist nicht nur gesundheitspolitisch, sondern auch sozialpolitisch problematisch. Wird ihre Situation nicht ausreichend berücksichtigt, können soziale und gesundheitliche Probleme auf die gesamte Bevölkerung ausstrahlen. Interventionen sollten, wie die Erkenntnisse der Forschung zeigen, gezielt die Lebensweise dieser Bevölkerungsgruppen berücksichtigen. Sie sollten auf repressive Komponenten verzichten und die persönlichen Bedürfnisse dieser Bevölkerungsgruppen aufnehmen und ihr solidarisches Verhalten ebenso wie ihre Selbstbestimmung aktivieren.

- Soll Gesundheitspolitik eine effektive Gestaltungspolitik sein, dann müssen die Funktionen des Gesundheitssystems klarer bestimmt werden. Heute herrscht eine unklare Definition des Gesundheitssystems vor. Es ist im eigentlichen Wortsinn kein Gesundheitssystem, sondern ein Krankenversorgungssystem. Gesellschaftliche Ressourcen fließen diesem System in dem Ausmaß zu, wie es bereits eingetretene Krankheiten bearbeitet und begleitet. Das eigentliche Ziel des Gesundheitssystems sollte aber die Produktion von Gesundheit sein, und zwar - wie in Kapitel 3 dargestellt - durch Ausweitung von Gesundheitspotentialen und Zurückdrängen von Krankheitsrisiken. Heute greift das Gesundheitssystem im Wesentlichen dann ein, wenn nach einem festgelegten Code die Definition „krank" gegeben worden ist. Ziel einer erfolgreichen Gesundheitspolitik ist es aber, das Gesundheitssystem so zu gestalten, dass es nicht nach dem Muster „krank" handelt, sondern nach dem Muster „gesund" oder „gesundheitsförderlich". Wichtige Voraussetzung dafür ist die Klärung des Begriffes „Gesundheit". Hierzu wird in diesem Buch ein Beitrag geleistet. Nur mit einer tragfähigen Definition von Gesundheit wird es möglich sein, ein gesellschaftliches Teilsystem zu etablieren und effizient einzustellen, das diesen Namen trägt.

- Gesundheitspolitik ist auf eine permanente Evaluation ihrer Leistungen und Ergebnisse angewiesen. Dazu bedarf es transparenter und einheitlicher Maßstäbe. Die Leistungen in den kurativen und rehabilitativen Sektoren werden in der Regel danach beurteilt, ob sie effizient und wirkungsvoll sind. Die entstehenden Kosten werden im Verhältnis zu den erzielten Leistungen gesetzt. Bei Strategien im Bereich der Krankheitsprävention und Gesundheitsförderung wird heute noch meist die Forderung erhoben, sie müssten preiswerter sein als alle bisherigen und finanzielle Mittel einsparen. Dieses Kriterium ist nicht nachvollziehbar, vielmehr sollte auch für Krankheitsprävention und Gesundheitsförderung eine Kosten-Nutzen-Kalkulation als das entscheidende Bewertungskriterium herangezogen werden. Die aufgewendeten Mittel müssen auf ihre Effizienz und Kostennützlichkeit überprüft werden. Die bereits entwickelten Instrumente der Qualitätssicherung sind auf ihre Tauglichkeit für Gesundheitsförderung zu überprüfen und entsprechend anzupassen, damit sie erfolgreich angewandt werden können.

Gesundheitsförderung sollte, wie diese Überlegungen zeigen, zum Paradigma der Gesundheitspolitik in den hoch entwickelten Gesellschaften werden. Gesundheitsförderung sollte als eine Querschnittsaufgabe des politischen Sektors verstanden werden, die alle Lebens-, Arbeits- und Politikbereiche betrifft und deswegen nicht allein im Verantwortungsbereich des Gesundheitswesens liegt.

In Deutschland sollte entsprechend eine gesetzliche Festlegung des Vorrangs der Gesundheitsförderung erfolgen. Gesundheitsförderung sollte im Sozialgesetzbuch (SGB) als eine Aufgabe der Gesetzlichen Krankenversicherung definiert werden, die auch durch sie finanziert wird. Es ist zu wünschen, dass die Krankenkassen durch die Regelung des SGB beauftragt werden, ihre Versicherten über Gesundheitsgefährdung, die Verhütung von Krankheiten und die Pflegebedürftigkeit und auch über Leistungen der Gesundheitsaufklärung und Gesundheitsberatung zu informieren. Die Krankenkassen könnten dabei mit den Landesgesundheitsbehörden, den Landesvereinigungen für Gesundheitsförderung oder auch der Bundeszentrale für gesundheitliche Aufklärung zusammenarbeiten und ihre Aktivitäten nach Bedarf, Inhalten, Zielgruppenorientierung und Methodik abstimmen (Schwartz, Kickbusch und Wissmar 1998). Die in den vorangehenden Kapiteln erörterten Vorschläge zur Steigerung der Anreize für Gesundheitsförderung und Krankheitsprävention sollten entsprechend umgesetzt werden.

Integrierte Interventionskonzepte

Aspekte der Krankheitsprävention und Gesundheitsförderung spielen auch im medizinischen Versorgungssystem, das sich mit Krankheiten auseinander zu setzen hat, eine erhebliche Rolle. Eine bedarfsgerechte, dem heute vorherrschenden Krankheitsspektrum angemessene und an den Bedürfnissen der Patientinnen und Patienten orientierte gesundheitliche Versorgung kann, wie gezeigt wurde, nur nach integrierten Interventionskonzepten erfolgen. Fördernde, vorbeugende, heilende, wiederherstellende, betreuende und pflegende Funktionen sollten eng aufeinander bezogen sein und dürfen nicht, wie es in den meisten Gesundheitssystemen noch immer der Fall ist, stark voneinander abgegrenzt werden.

Chronische Krankheiten können nur angemessen begleitet und betreut werden, wenn sich die Interventionen und das Versorgungsgeschehen nicht an einer einzelnen Krankheitsepisode orientieren, sondern am gesamten Krankheitsverlauf ausgerichtet sind. Hierfür müssen die organisatorischen, finanziellen, versicherungstechnischen und auch ausbildungsorientierten Weichen gestellt werden. Der integrierten Intervention, der Verbindung von Krankheitsbehandlung einschließlich Rehabilitation und Pflege mit der Gesundheitsförderung und Krankheitsprävention, sollte deshalb in Zukunft besondere Aufmerksamkeit zugewendet werden.

Konzeptionell geht es bei jedem Stadium im Verlauf einer Krankheit darum, eine Verschlechterung des Zustandes zu vermeiden. Je nach Stadium ist dafür eine bestimmte Kombination von Formen der Intervention angezeigt (Klotter 1997). Daraus ergeben sich unterschiedliche Interventionskonzepte für die verschiedenen Adressatengruppen. Die Gruppe der Gesunden hat andere Bedürfnisse als die der Gesundheitsgefährdeten mit Risikomerkmalen und Risikoverhalten, der vorübergehend akut Erkrankten, der chronisch Kranken und der Schwerstkranken.

Abrahams, Emmons und Linnan (1997) haben ein Modell entwickelt, um die unterschiedlichen Ausprägungen von Gesundheit und Krankheit, die in der Bevölkerung auftreten, den verschiedenen Kombinationen von gesundheits- oder krankheitsbezogenen Interventionen zuzuordnen (Abbildung 27). Für die verschiedenen Gruppen sind jeweils spezifische Anforderungen von Krankheitsversorgung und Krankheitsprävention/Gesundheitsförderung notwendig, die insgesamt eine gut aufeinander abgestimmte Konzeption sicherstellen.

Abb. 27: Integration von Krankheitsbehandlung mit Gesundheitsförderung und Krankheitsprävention für verschiedene Adressaten

Adressaten	Krankheitsversorgung	Gesundheitsförderung
Schwerstkranke	dauerhafte, hoch spezialisierte Therapie Rehabilitation Pflege	psychosoziale Begleitung Sicherung verbliebener Gesundheit
Chronisch Kranke	dauerhafte Therapie Rehabilitation Pflege	Tertiäre Prävention Psychosoziale Unterstützung Krankheitsbewältigung Patientenschulung/-edukation Selbsthilfegruppen
Vorübergehend Erkrankte, Risikogruppen	primäre ambulante Versorgung kurzfristige stationäre Versorgung	Sekundäre Prävention Screening Gesundheitstraining Gesundheitsschutz Selbsthilfe Krankheitsaufklärung
Gesunde	Vorsorgeuntersuchungen Routineuntersuchungen Unterstützung bei Selbstdiagnose	Primäre Prävention Gesundheitsinformation Gesundheitserziehung Gesundheitsschutz Gesundheitsaufklärung Konsumentenschulung Selbsthilfe

Nach Abrahams, Emmons und Linnan 1997, S. 458

Für die vier Adressatengruppen entstehen die folgenden Anforderungen an ein integratives Interventionskonzept:

- Gesunde. Im unteren Teil der Abbildung findet sich die größte Gruppe der Bevölkerung, die keine oder nur geringe gesundheitliche Störungen und deshalb einen sehr kleinen Bedarf an therapeutischer Krankenversorgung hat. Diese Gruppe ist vorzugsweise der Adressat für die wenig eingriffsintensiven Interventionsformen der Gesundheitsförderung wie präventive Gesundheitsinformation und -erziehung und gemeinde- und umweltbezogenen Gesundheitsschutz mit starker Selbstbeteiligung an der Gestaltung der entsprechenden Angebote. Ziel der Interventionen ist es, die vorhandenen Kompetenzen der Selbststeuerung zu stärken, sie so weit wie möglich zu optimieren, und eventuellen sich abzeichnenden Risiken für das Gleichgewicht von Risiko- und Schutzfaktoren früh vorzubeugen. Im Versorgungsbereich sind Unterstützung von Selbstdiagnosen und Selbsthilfe bei kleineren Gesundheitsstörungen sinnvoll.

- Vorübergehend Erkrankte und Risikogruppen. Im zweiten Segment findet sich die ebenfalls relativ große Bevölkerungsgruppe mit vorübergehender, akuter und heilbarer Erkrankung und die mit Risikofaktoren für spezifische Krankheiten, die angeboren (Herzfehler, körperliches oder psychisches Handicap) oder auf einen bestimmten Lebensstil zurückzuführen sind (Zigarettenrauchen, Fehlernährung, Bewegungsmangel). Diese Gruppe benötigt ein flexibles Angebot an ambulanter und kurzzeitiger stationärer Behandlung. Im Förderbereich liegt der Schwerpunkt auf sekundärpräventiven Angeboten (Testverfahren zur Identifizierung von Frühanzeichen einer Krankheit, konkreten Programmen zur Verhaltensänderung wie Raucherentwöhnung, Ernährungsberatung und Gesundheitstraining), jeweils möglichst mit dem Arbeits- und Wohnort und damit der täglichen Lebenswelt eng verbunden.

- Chronisch Kranke: Im dritten Segment findet sich die in den entwickelten Ländern anwachsende, heute etwa 10 bis 15 % der Bevölkerung umfassende Gruppe mit chronischen, nicht heilbaren Krankheiten, die in der Regel lebenslang bestehen bleiben. Diese Gruppe benötigt in erster Linie regelmäßige Krankenbehandlung, verbunden mit Rehabilitation, ergänzt um psychosoziale Begleitung und Beratung. Im Förderbereich sind tertiär-präventive Strategien zur Vermeidung von verschlimmernden Folgen der Ausgangskrankheit und intensiven Hilfen der Krankheitsbewältigung über Gesundheitstraining und Gesundheitsbildung (Patientenschulung und -anleitung) notwendig. Diese Unterstützung soll den informierten und selbstgesteuerten Umgang mit der dauerhaften Krankheit (z.B. Herzkrankheit, bösartige Neubildung, Diabetes, Asthma, Parkinsonkrankheit, Schizophrenie, Epilepsie, Alkoholismus) ermöglichen. Die Einleitung von Selbsthilfeaktivitäten und die Bereitstellung entsprechender Ressourcen am Wohnort oder Arbeitsplatz gehören dazu.

- Schwerstkranke. Im letzten Segment im oberen Teil der Abbildung findet sich die Adressatengruppe mit derart schweren Krankheiten und Beeinträchtigungen, dass eine selbständige Lebensführung nur noch in engen Grenzen möglich ist. Diese Gruppe der chronisch und unheilbar Kranken und Pflegebedürftigen benötigt dauerhafte intensive und teilweise hoch spezialisierte therapeutische, rehabilitative und pflegerische Dienstleistungen und - was bisher oft übersehen wurde - zusätzlich gezielte Angebote der Gesundheitsförderung und Unterstützung, um die vorhandenen Gesundheitspotentiale zu stärken und eine weitere Verschlechterung des Gesundheitszustandes zu vermeiden.

Die Eingriffsstärke der Interventionen aus dem Bereich der Krankheitsbehandlung nimmt in der Regel mit der Krankheitsausprägung erheblich zu, während die der Interventionen aus dem Bereich der Gesundheitsförderung und Krankheitsprävention entsprechend abnimmt. In keinem Segment ist aber nur eine einzige Interventionsform gefragt, sondern immer eine Kombination verschiedener Typen aus beiden Bereichen. In der Praxis bildet sich diese Kombination durch die Zusammenarbeit von Gesundheitsprofessionellen mit biomedizinischer, psychologischer, pädagogischer, und sozialarbeiterischer Kompetenz ab, um eine jeweiligen Gesundheits- und Krankheitsgeschehen angemessene Gestalt von Interventionen zu entwickeln.

Neubewertung des Status „relative Krankheit"

Besonders die chronisch Kranken sind auf die integrierten Interventionen angewiesen. Mit der Neuorientierung gesundheitlicher Dienste auch eine veränderte Sichtweise von Gesundheits- und Krankheitsstadien einhergehen, die oben in Kapitel 3 als Stadien der „relativen" Gesundheit und „relativen" Krankheit bezeichnet wurden. Wenn immer mehr Menschen über längere Phasen ihres Lebenslaufes mit einer oder mehreren chronischen Krankheiten zu tun haben, ist eine sensible Neubewertung der biographischen und gesellschaftlichen Bedeutsamkeit dieses Sachverhaltes notwendig. Die vorherrschende Sicht ist in Frage zu stellen, wonach eine chronische Krankheit eine über das Normalmaß hinausgehende Belastung darstellt, die für den betreffenden Patienten ausschließlich mit dauerhaften Leiden und Einschränkungen verbunden ist. Vielmehr sollten auch die produktiven Aspekte im Umgang mit chronischen Krankheiten beachtet werden:

- Auseinandersetzungen mit Anforderungen und Belastungen im gesamten Lebenslauf sind für jeden Menschen unabdingbar. Ein Mensch mit einer chronischen Krankheit unterscheidet sich hiervon nicht, für ihn kommt allerdings zu den regulären Herausforderungen des alltäglichen Lebens eine zusätzliche Anforderung. Diese aber muss nicht nur aus ungünstigen und negativen Komponenten bestehen, sondern kann auch positive, für die gesamte Lebensgestaltung und Lebensbewältigung nützliche Impulse mit sich bringen.

- Chronisch kranke Menschen sind tagtäglich damit beschäftigt, sich auf die inneren und äußeren Anforderungen des Lebens einzustellen und sich ihren Platz im sozialen Netzwerk zu sichern. Das erfordert eine besonders hohe Sensibilität bei der Beobachtung der sozialen Umwelt, eine bewusste Steuerung des eigenen Verhaltens und eine zusätzliche Stärke für die Selbststeuerung.

- Chronisch kranke Menschen müssen ihr Repertoire an Lebenskompetenzen und Bewältigungsfähigkeiten sorgfältiger und bewusster entwickeln als andere, und hierin liegen nicht nur Nachteile für ihre Persönlichkeitsentwicklung und Gesundheits-Krankheits-Bilanz, sondern auch Vorteile. Chronisch kranke Menschen können angesichts der Tatsache, dass sie sich ständig mit ihrem Leben und möglicherweise lebensgefährlichen Gesundheitsbelastungen auseinander setzen, eine Lebenseinstellung und Kapazität der Lebensgestaltung aufbauen, die sie bereichert. Die Bereicherung besteht darin, mit Krisensituationen gut umzugehen, die notwendigen Möglichkeiten der Intervention bei einer Gesundheitsbelastung zur Verfügung zu haben, die Ausdauer und Geduld aufzubringen, eine gute Organisation der alltäglichen Lebensvollzüge einzuleiten und dabei den eigenen Kräftehaushalt und die sozialen Unterstützungsmöglichkeiten geschickt einzusetzen, die Zeitgestaltung und das Zeitmanagement gut zu beherrschen und insgesamt eine hohe Verantwortung nicht nur für das eigene Leben, sondern auch für das soziale Umfeld zu entwickeln. Die ständige Auseinandersetzung mit einer chronischen Krankheit ist deswegen nicht nur für die betreffende Person von hoher Bedeutung, sondern auch für ihr soziales Umfeld.

- Chronisch kranke Menschen sind in der heutigen kulturellen und gesellschaftlichen Konstellation darauf angewiesen, in ihrem sozialen Umfeld geduldet zu werden. Würden sie als interessante und besonders reife soziale Menschen wahrgenommen werden, wäre ihre Rolle leichter zu bewältigen. Heute werden Menschen mit einer sichtbaren chronischen Krankheit oder Behinderung gesellschaftlich schnell ausgegrenzt und haben Schwierigkeiten, sich im öffentlichen Raum unbefangen zu bewegen. Auch am Arbeitsmarkt häufen sich die Probleme, eine normale Integration zu erreichen. Entsprechend sind chronisch kranke Menschen darauf angewiesen, ihre eigene Stärke und soziale Integrationsfähigkeit demonstrativ sichtbar und zum Beispiel am Arbeitsplatz durch besonders hohen Leistungsstand und Kreativität deutlich zu machen. Meist gelingt das nur, indem das Belastungsprofil der chronischen Krankheit nicht verschwiegen, sondern im Gegenteil offen gezeigt wird, um die soziale Umwelt zum aktiven Nachvollziehen und Mitdenken anzuregen.

- Selbsthilfegruppen und Interessenorganisationen von chronisch kranken Menschen können in diesem Prozess wertvolle Hilfe leisten. Sie können auch auf die Besonderheiten der jeweiligen chronischen Krankheit aufmerksam machen, die sich nach den Handlungs- und Belastungsprofilen bei

Herzkrankheiten, Diabetes, Rheumatismus, Epilepsie, Darmkrankheiten, Multiple Sklerose, Parkinson-Krankheit usw. unterscheidet. Jeweils ergibt sich ein besonderes Profil von Belastungen und von potentiellen Möglichkeiten und Stärken im sozialen und beruflichen Umfeld, das selbstbewusst nach außen transportiert werden muss. Eine entsprechende aktive Lobbyarbeit der verschiedenen Selbsthilfegruppen ist politisch durchaus zu unterstützen, weil hierdurch die Fähigkeit der gesamten Gesellschaft im Umgang mit den immer häufiger werdenden chronischen Krankheiten gestärkt wird.

Für einen positiven und produktiven Umgang mit chronisch kranken Menschen ist es notwendig, schon frühe Impulse in Erziehung und Bildung zu setzen. In Kindergärten und Schulen kann darauf hingewiesen werden, dass Belastungen und Krankheiten zum normalen Lebenslauf dazugehören und jeder Mensch darauf eingerichtet sein muss, mit Rückschlägen der eigenen Handlungsfähigkeit und Gesundheit zu rechnen. Im beruflichen Sektor muss die Bereitschaft gestärkt werden, nicht nur mit Beeinträchtigungen und chronischen Krankheiten bewusst umzugehen, sondern auch die besonderen Stärken zu sehen, die durch die Integration von chronisch kranken Menschen in ein Arbeitsteam entstehen. Über die Massenmedien kann ein realistisches Bild von den Auswirkungen chronischer Krankheiten gezeichnet werden, wobei neben den Leiden und Beeinträchtigungen auch die erwähnten besonderen Herausforderungen für die eigene Lebensgestaltung betont werden können. Chronisch kranke Menschen können als das gezeigt werden, was sie in der Realität häufig sind, nämlich lebendige Repräsentanten für die aktive Auseinandersetzung mit gesundheitsrelevanten Lebensbelastungen und Zeugen dafür, dass auch bei hohen inneren und äußeren Lebensanforderungen ein würdiges und produktives Leben möglich ist.

Konsequenzen für das Versicherungs- und Versorgungssystem

Angesichts der vorherrschenden chronischen Krankheiten sollte auch im Versicherungssystem das Konzept der Integration von Krankheitsprävention, Gesundheitsförderung, Therapie, Rehabilitation und Pflege maßgeblich sein:

- Die Krankenkassen könnten für integrierte Konzepte gewonnen werden, wenn sie größere Möglichkeiten für den Wettbewerb hätten und mit überprüfbaren Angeboten der Krankheitsprävention und Gesundheitsförderung nicht nur im Marketing auf Kundenfang gingen, sondern hiermit eine wirkliche Qualitätsverbesserung ihres Angebotes einleiteten. Chronisch Kranke benötigen psychologische und soziale Unterstützung, brauchen sorgfältige Information und Beratung, Hilfen bei der Sicherung ihrer Autonomie und Lebensqualität sowie Austausch über Erfahrungen, Bedürfnisse und Lebensprobleme. Gesundheitsförderung ist als ein integraler Bestandteil jeder Akutversorgung, Rehabilitation und Pflege zu entwickeln (Ammann und Wipplinger 1998; Badura 1997, S. 32; Rosenbrock, Kühn, Köhler 1994; Schaeffer 1999).

- Als weitere Forderung aus den vorgestellten Überlegungen ergibt sich die Verbindung von Leistungsangeboten verschiedener Versicherungszweige. So sollten zum Beispiel von der Krankenversicherung und der Rentenversicherung gemeinsam finanzierte Pauschalbeträge für die Therapie mit begleitender und anschließender Rehabilitation festgelegt werden, die von solchen Einrichtungen abrufbar sind, die Therapie und Rehabilitation verzahnen. Ähnliches gilt für die übrigen Versicherungszweige. Das heutige Zuständigkeits- und „Kästchen"-Denken der Versicherungszweige blockiert die ohnehin schwach ausgeprägte Bereitschaft der Leistungsanbieter, zu kooperieren und die Angebote überlappend zu verzahnen (Cassel, Knapp und Oberender 1997).

Ähnliches ist auch für das Versorgungssystem zu fordern. Hier geht es vor allem um flexiblere Abstimmungen von Zuständigkeiten und Leistungen:

- Der Arzt für Allgemeinmedizin („Hausarzt") sollte in eine interdisziplinär besetzte Primärstation der Gesundheitsberatung einbezogen werden. Diese Station kann als eine Koordinations- und Verteilerstelle fungieren, in der alle Fäden für die Einordnungsdiagnose und die Begleitung und Betreuung einer Patientenkarriere zusammenlaufen. Außerdem sollten sie eine enge Verbindung zu den Krankenhäusern und den Rehabilitations- und Pflegeeinrichtungen haben und dort regelmäßige Visiten durchführen, um Kontakt zu den ihnen als Tutor anvertrauten Patientinnen und Patienten zu halten.

- Diese Ausrichtung lehnt sich an das amerikanische Konzept des Case-Management (Fall-Management) an. Es umfasst alle Aktivitäten, um für den einzelnen Nutzer (Patienten) das bestmögliche Ausmaß an Versorgungsleistungen zu strukturieren und ihn bei seinem gesamten Krankheitsverlauf fachkundig beratend zu begleiten. Ein Case-Manager, ein Patienten-Fall-Berater, wird gewissermaßen anwaltschaftlich tätig. Er ordnet und steuert das Versorgungsgeschehen aus der Perspektive der objektiven und subjektiven Bedürfnisse und Wünsche des Patienten. Dem einzelnen Nutzer, also dem Patienten oder Klienten mit einer chronischen Krankheit, wird durch den Hausarzt ein Berater, ein „Lotse", zur Verfügung gestellt. Außer Ärzten können auch geschulte Repräsentanten der Krankenkasse diese Funktion übernehmen.

- Die Chancen, mit Hilfe von Case-Management ein höheres Maß an Patientenorientierung zu realisieren und dabei die gesamte Krankenversorgung stärker auf die Bedürfnisse der Nutzer auszurichten, sollten genutzt werden. Folge davon könnte eine strukturelle Stärkung der Rolle von Patientinnen und Patienten im Gesundheitssystem sein, wie sie in Kapitel 4 angesprochenen wurde. Deswegen spielen auch rechtliche Fragen, wie etwa die Möglichkeit von Patienten bei Behandlungsfehlern zu klagen und sich gegen unerwünschte Eingriffe zu wehren, eine große Rolle.

Umfassendes Versorgungsmanagement

Für die erwähnten Umorganisationen ist ein umfassendes Versorgungsmanagement notwendig. Damit sind alle Bemühungen bezeichnet, die die Verzahnungen zwischen den einzelnen Sektoren und Segmenten so gestalten, dass eine bedarfsgerechte Versorgung entsteht, in der Unter- und Überversorgung vermieden werden, ein Beitrag zur Kostenkontrolle geleistet und zugleich den individuellen Wünschen der Nutzer Rechnung getragen wird (Schaeffer 1999, S. 234). Bei diesem „Care-Management" geht es um die Versorgungsgestaltung, die sicherstellen soll, dass strukturell, durch Vorgaben des Gesundheitssystems, jedem Nutzer/Patienten die seiner Gesundheitsproblematik und seinen Wünschen entsprechende Versorgung einschließlich der Pflege zur Verfügung steht.

Sollen solche Impulse des Versorgungsmanagements in das deutsche Gesundheitssystem übertragen werden, sind neue Instanzen und Institutionen einzuführen:

- Denkbar sind insbesondere die schon in mehreren Regionen erprobten regionalen Gesundheitskonferenzen aus Vertretern der Krankenkassen, der Ärzteschaft, des Öffentlichen Gesundheitsdienstes, der Selbsthilfeorganisationen und der Berufsgenossenschaften, möglicherweise ergänzt durch wichtige gemeinnützige Verbände. Die Gesundheitskonferenzen sollten, etwa durch einen kleinen Anteil aus den Einnahmen der Krankenkassen finanziert, einen eigenen Fonds zur Verfügung haben und auf dieser Basis eine politische Steuerungsfunktion übernehmen (Rosenbrock 1998).

- Eine der Aufgaben der Gesundheitskonferenzen könnte es sein, die Voraussetzungen für eine bedarfs- und bedürfnisgerechte Gestaltung der Versorgungsangebote einer Region zu schaffen. Hierfür ist eine genaue Bestandsaufnahme zur Gesundheits- und Krankheitssituation der Bevölkerung wichtig, mit Feststellung der Zahl der Schwer- und Schwerstkranken und ihrem komplexen Versorgungs- und Pflegebedarf, der chronisch Erkrankten in den Spätphasen des Krankheitsverlaufes und der Identifizierung von spezifischen Patientengruppen mit besonderem Versorgungsbedarf, wie etwa Migranten, Menschen aus ungewohnten sozialen Milieus, Obdachlosen, aber auch Kindern und alten Menschen. Ziel der Empfehlungen muss es sein, Impulse für eine schrittweise Umgestaltung des Versorgungssystems der Region zu geben, so dass die besonderen Bedarfsstrukturen der (potentiellen) Nutzer berücksichtigt werden. Sinnvoll wäre auch eine genaue Erfassung der Patientenstruktur und eine Analyse der konkreten Bedürfnisse der Patientinnen und Patienten durch regelmäßige Befragungen (Schaeffer 1999, S. 242).

- Bei diesen Koordinationsaufgaben sollte die Verbindung des Gesundheitssektors mit anderen gesellschaftlichen Infrastrukturbereichen beachtet werden. Wie in den vorangehenden Kapiteln analysiert, liegen wichtige Determinanten der Gesundheit der Bevölkerung nicht allein in der Qualität des

Gesundheitswesens, sondern in der des kulturellen, wirtschaftlichen und sozialen Sektors. Politische Entscheidungen in den gesellschaftlichen Sektoren Bildung, Steuern, Verkehr, Umwelt, Landwirtschaft und Wirtschaft haben oft einen stärkeren Einfluss auf das Gesundheitsverhalten der Bevölkerung als die Entscheidungen im eigentlichen Gesundheitssektor. Entsprechend wichtig ist die Kooperation von staatlichen Stellen mit Unternehmen, Wohlfahrtsverbänden, Privatinitiativen und Selbsthilfeeinrichtungen im Sinne eines guten „Wohlfahrtsmixes".

- Umfassende Strategien der Gesundheitsförderung, wie sie hier gefordert werden, können nur in Kooperation mit einem leistungsfähigen und entsprechend umgestalteten öffentlichen Gesundheitswesens umgesetzt werden. Fehlt eine solche Steuerungs- und Koordinationsinstanz oder ist sie, wie gegenwärtig in Deutschland, politisch zu schwach, dann setzen sich nur die spezifischen Anforderungen des engeren Sektors der Krankheitsversorgung durch, die aber erfahrungsgemäß nur einen kleinen Teil der Faktoren beeinflussen, die für die gesundheitliche Entwicklung der Bevölkerung von Bedeutung sind.

6.2 Aus- und Weiterbildung von Gesundheitsprofessionen

Eine Neuorientierung der Gesundheitspolitik auf Gesundheitsförderung und Krankheitsprävention und die hier geforderten abgestimmten Interventionen sind nur in Zusammenarbeit verschiedener Gesundheitsprofessionen umzusetzen. Je nach dem sozialen und gesundheitlichen Bedarfs- und Bedürfnisprofil einer Adressatengruppe spielen dabei die medizinischen, psychologischen, pädagogischen, beratenden, betreuenden, planenden und pflegerischen Berufe eine Rolle:

- Ärzte und Psychologen als therapeutisch ausgerichtete Berufe bringen ihre Kompetenz bei der Behandlung von körperlichen und psychischen Krankheiten ein.
- Apotheker sind Fachleute für pharmakologische Behandlungen.
- Erzieher und Sozialarbeiter können auf die lange Tradition der Vorbeugung und Unterstützung bei Problemen im Gesundheitsverhalten hinweisen.
- Kommunikationsfachleute werden in steigender Zahl bei der Entwicklung von Programmen der Gesundheitsinformation einbezogen.
- Ernährungs-, Massage-, Bewegungs-, Sprach-, Stress- und Sexualfachleute konzentrieren sich auf bestimmte Dimensionen des Gesundheitsverhaltens und -trainings.
- Humangenetische Berater und andere Experten werden im anwachsendem Sektor der Molekularbiologie wichtig.
- Pflegekräfte besitzen Erfahrungen in der betreuenden und fördernden Arbeit mit Patienten und ihren Angehörigen in schwierigen Lebenslagen.

- Heilpraktiker übernehmen integrative Versorgungsleistungen jenseits der Schulmedizin.
- Gesundheitswissenschaftler entwickeln sich zu Experten der Steuerung, Organisation und Gestaltung von Teilbereichen des Gesundheitssystems.
- Gesundheitsökonomen, Systemgestalter, Statistiker, Sozialepidemiologen, Versorgungs- und Versicherungsfachleute, Gesundheitsmanager, Architekten, Verkehrsfachleute und Wohnungsgestalter greifen in die gesundheitsgerechte Gestaltung der Lebensumwelt ein.

Integrierte Versorgungskonzepte verlangen nach einer professionellen Teamarbeit für alle Bevölkerungsgruppen:

- Für die Adressatengruppe „Gesunde" ist insbesondere die Zusammenarbeit von Ärzten und Psychologen mit Fachleuten der kommunalen Gesundheitspolitik, des öffentlichen Gesundheitsdienstes, schul- und betriebsärztlichen Dienstes, Kindergärten, Familienberatungsstellen, Schulen und freiwilligen Helfern aus Vereinen und Verbänden des Gesundheits- und Sportbereichs sinnvoll, um ein gutes Gesamtkonzept für die Stabilisierung und Optimierung der vorhandenen Gesundheitspotentiale zu entwickeln. Relativ kostengünstige Interventionen der öffentlichen Gesundheitsförderung, beispielsweise Medienkampagnen und Selbsthilfebroschüren für leichte Gesundheitsstörungen, können diese Kooperation absichern und unterstützen. Wie in Kapitel 4 und 5 erwähnt, liegt eine Herausforderung der künftigen Arbeit darin, auch die Bevölkerungsgruppen mit niedrigem Bildungs- und Sozialstatus erfolgreich anzusprechen und auf ihre Bedarfslage einzugehen. Dabei muss möglichst auf Geschlecht, Alter, Familienstand, Wohnort, Berufsstand und privaten Lebensstil eingegangen werden. Die Programme sollten „maßgeschneidert" sein und diejenigen Kommunikationskanäle auswählen, welche die besonders bedürftigen Zielgruppen am besten erreichen (Adler 1994; Keintz, Rimer, Fleisher und Engstrom 1988).
- Für die vorübergehend Erkrankten und die Population mit Risikofaktoren sind Ärzte, Psychologen und Sozialarbeiter mit guter Kenntnis von Selbsthilfeprogrammen erwünscht, weiter Fachleute für generelle und spezielle Prävention, Ernährungs- und Lebensstilberatung, Kurztherapien und Verhaltenstraining. Die wichtigsten Träger dieses Angebotes sind öffentliche Einrichtungen, Schulen, Betriebe und die Praxen von Allgemeinärzten, Psychologen, Ernährungs- und Diätberatern.
- Für die chronisch Kranken und Schwerstkranken sind in der Regel medizinische Interventionen notwendig, ergänzt durch das Angebot psychologischer und sozialpädagogische Fachleute. Auch kurativ, rehabilitativ und pflegerisch orientierte Institutionen der Krankenversorgung können sich nicht allein auf die Krankheitsbearbeitung mit Diagnose und Therapie pathogener Prozesse beschränken, sondern müssen sich intensiv mit der Erhaltung der noch verbliebenen Gesundheit ihrer Klientel befassen.

Ausbildung von Gesundheitsprofessionen

Soll die Sicherung und Stärkung der Gesundheitspotentiale der Bevölkerung zum Leitbild für die Gesundheitspolitik werden, dann müssen die Strukturen der Aus- und Weiterbildung aller Gesundheitsprofessionen reformiert werden. Wie die Darstellung in den vorausgehenden Abschnitten gezeigt hat, werden Gesundheitsfachleute benötigt, die zwar eine Spezialkompetenz besitzen, zugleich aber an einem breiten Konzept von Gesundheit orientiert sind und sich in interdisziplinäre, multiprofessionelle Teams einordnen können.

Durch den historisch gewachsenen Aufbau des Versicherungs- und Versorgungssystems in Deutschland ist den medizinischen Professionen eine vorherrschende Position unter allen Gesundheitsberufen zugefallen. Diese Dominanz ist angesichts der Herausforderungen, vor denen das Gesundheitssystem steht, nicht mehr angemessen und funktional. Bei einer Orientierung an Gesundheitsförderung und der Verzahnung von Prävention, Rehabilitation und Pflege mit Therapie und Kuration ist es vielmehr an der Zeit, die nichtmedizinischen Gesundheitsprofessionen aufzuwerten und zusammen mit den medizinischen in eine arbeitsteilige Teamstruktur einzubeziehen. In Deutschland gibt es etwa 100 anerkannte Gesundheitsfachberufe, wobei die 40 offiziellen Facharztausbildungen nicht mitgerechnet sind. Abbildung 28 zeigt die Größe der einzelnen professionellen Gruppen im Gesundheitssystem.

Abb. 28: Abhängig Beschäftigte und Selbständige im Gesundheitssystem in Deutschland in 1000

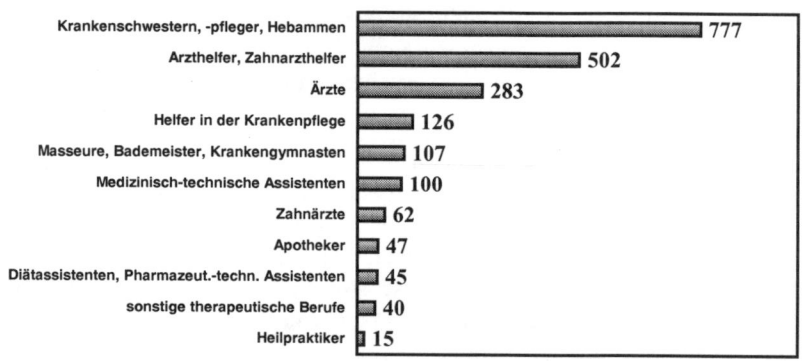

Quelle: Statistisches Bundesamt 1997

Ziel der Ausbildungspolitik für alle Gesundheitsberufe muss es in den nächsten Jahren sein, auf eine multiprofessionelle Zusammenarbeit vorzubereiten, bei der die jeweiligen spezifischen Kompetenzen eingebracht werden und eine Verzahnung der Tätigkeiten mit Orientierung an den Bedürfnissen und Nutzungsinteressen der Patienten erfolgen kann.

- Die Ausbildung ist heute in viele verschiedene Niveaus und Ausrichtungen mit einer breiten Palette von Spezialisierungen zersplittert (Göpel, Hölling und Schmitthals 1998). So werden zum Beispiel die Ausbildungsrichtungen Ergotherapie, Diätassistent, Hebamme, Krankenschwester/Krankenpfleger, Logopäde, Masseur, Rettungsassistent, Orthoptist, medizinisch-technischer Assistent und pharmazeutisch-technischer Assistent meist in Berufsfachschulen angeboten, die in vielen Ländern an Kliniken angegliedert sind. Die Lehrkräfte sind überwiegend nebenberuflich tätig und können nicht auf eine qualifizierte pädagogische Ausbildung zurückgreifen.
- In den einzelnen Bundesländern sind diese Regelungen unterschiedlich, es gibt trotz der bundeseinheitlichen Berufsgesetze und der Ausbildungs- und Prüfungsverordnungen keine übersichtliche Struktur. Es fehlt an gesetzlichen Rahmenregelungen für eine Gesamtgliederung der Berufsfelder und eine wechselseitige Anschlussfähigkeit der Berufe mit Durchlässigkeit zwischen verschiedenen Ausbildungsstufen. Ähnlich gilt für den Hochschulsektor, dass eine Vielzahl von Ausbildungsgängen für Medizin, Psychologie, Pflege, Rehabilitation und Gesundheitswissenschaften ziemlich unkoordiniert nebeneinander steht.

Kurzfristiges Ziel sollte eine abgestimmte, interdisziplinär ausgerichtete Ausbildung sein. Um die interdisziplinäre Denkweise zu unterstützen, sollte für jede Gesundheitsprofession eine gemeinsame, allgemeine gesundheitswissenschaftliche Grundausbildung Voraussetzung sein, die in der ersten Ausbildungsphase pflichtgemäß durchlaufen wird und einer dann folgenden Spezialisierung für bestimmte Bereiche und Qualifikationen vorausgeht. Diese Grundausbildung sollte für die Ärzte und Fachärzte ebenso verbindlich sein wie für Pflegefachleute und Fachberufe aus Prävention, Diagnose- und Behandlungstechnik, Rehabilitation, Gesundheitstechnik und Gesundheitsverwaltung. In die Grundausbildung sollten die Themen eingehen, die in den vorangehenden Kapiteln dieses Buches angesprochen wurden, insbesondere:

- Informationen über die körperlichen, psychischen, sozialen und materiellen Bedingungen von Gesundheit;
- Theorien von Gesundheit und Krankheit;
- Theorien der Krankheitsprävention und Gesundheitsförderung;
- Wissen über Krankheitsrisiken und ihre Folgen;
- Kenntnisse und Modelle zur Verzahnung von Therapie mit Prävention, Rehabilitation und Pflege;
- Kenntnisse und Kompetenzen zur Umsetzung von Strategien der Krankheitsprävention und Gesundheitsförderung;
- Kenntnisse über die Verbindung von professioneller und selbstorganisierter Hilfe und
- Kenntnisse über die Steuerung und Koordination von Gesundheitsleistungen.

Die Basis für eine solche auf einem gemeinsamen, integrierten Lehrplan beruhende Ausbildung sollte im Berufsschulsektor gebildet werden, für den es auch eine einheitlich angelegte Ausbildung für Lehrerinnen und Lehrer geben sollte. Hier sollte die inzwischen kaum noch überschaubare Anzahl unterschiedlicher Ausbildungsgänge mit verschiedenen Voraussetzungen, Inhalte, Zeiten und Abschlüsse überwunden und durch eine aufeinander abgestimmte Ausbildung mit einem Grundcurriculum abgelöst werden. Entsprechend sind auch die rechtlichen und materiellen Rahmenbedingungen neu zu fassen. Insbesondere ist das Berufsbildungsgesetz konsequent auf die Berufe im Gesundheitswesen auszudehnen (Göpel, Hölling und Schmitthals 1998).

Im Hochschulsektor sollten, möglichst korrespondierend mit den Ausbildungsberufen und mit ihnen verzahnt, sowohl an den Fachhochschulen wie an den Universitäten die Studiengänge ebenfalls auf der gemeinsamen Grundausbildung nach dem oben skizzierten Modell aufbauen. Die medizinischen Fakultäten sollten dafür ihre Ausbildung um Angebote aus den Gesundheitswissenschaften erweitern (Göpel, Hölling und Schmitthals 1998). Die Verbindungen zwischen den verschiedenen Professionen und ihre gegenseitigen „Anschlussstellen" sollten in der Ausbildung stark betont werden.

Auch die Fortbildung und Weiterbildung des professionellen Personals in allen Berufsgruppen des Gesundheitssystems sollte in dieser Weise integrativ organisiert sein. Schwerpunkte sollten vor allem im Training der Kooperation mit jeweils anderen Gesundheitsprofessionen liegen. Es sollten anschauliche Beispiele und Modelle von gelungenen integrierten Versorgungsformen mit Abstimmung von ambulanten, teilstationären und stationären Angeboten und Verzahnung zwischen Prävention, Kuration, Rehabilitation und Pflege vorgestellt werden. Auch kann in die Praxis von Modellversuchen mit wissenschaftlicher Begleitung eingeführt werden, um die Kompetenz zu trainieren, die eigene Praxisarbeit selbstkritisch zu überprüfen.

Um den Anreiz für Fort- und Weiterbildung zu erhöhen, sollte die Möglichkeit bestehen, sie mit wissenschaftlich anerkannten Qualifizierungsschritten zu verbinden. So könnten zum Beispiel im Fernstudium mit Präsenzphasen komplette Studiengänge an wissenschaftlichen Hochschulen mit anerkannten Studienabschlüssen angeboten werden, die nebenberuflich absolviert werden. Für wissenschaftlich interessierte Praktiker sollte darüber hinaus der Zugang zu Promotionen an soziologischen, psychologischen, managementorientierten und gesundheitswissenschaftlichen Instituten vereinfacht werden.

Professionalisierung in den Gesundheitsberufen

Das Konzept der „Professionalisierung" wird für alle Gesundheitsberufe immer bedeutsamer. Mit diesem Begriff wird in der Regel ein Prozess der Verberuflichung und gleichzeitiger Verwissenschaftlichung der Tätigkeiten bezeichnet, der auf die Systematisierung des relevanten Fachwissens, dessen Erwerb und die Zugangskontrolle zur Ausübung der Tätigkeiten gerichtet ist. Auch die Herausbildung berufsspezifischer Werte und Verhaltensstandards, also das Berufsethos als eine am Gemeinwohl ausgerichtete Handlungsorientierung und die Kontrolle der Standards der Ausbildung und der verbandsmäßigen Organisation, spielen eine wichtige Rolle.

- Mit dem Prozess der Professionalisierung ist in der Regel eine Zunahme beruflicher Autonomie und eine Steigerung von Berufsprestige und finanziellen Einkommen verbunden. Nicht alle diese Kriterien treffen heute auf die Gesundheitsprofessionen zu. Als halbprofessionalisiert können therapeutische Berufe wie Ergotherapie, Logopädie und Krankengymnastik bezeichnet werden, weil hier noch die professionelle Autonomie fehlt. Als teilprofessionalisiert können die Pflegeberufe gelten. Als Prototyp eines vollprofessionalisierten Berufes kann der Arztberuf angesehen werden (Troschke und Kälble 1999).

- „Professionalisierung bedeutet für die nichtakademischen Gesundheitsberufe die Notwendigkeit der Weiterentwicklung der Struktur der beruflichen Bildung und die Revision und Modernisierung der beruflichen Curricula. Während das Niveau an der Professionalisierung zum Beispiel in der Krankenpflege durch eine akademisch orientierte Professionalisierungsstrategie weiterentwickelt wurde, haben die kleinen Berufe in Pflege, Rehabilitation und Erziehung (Altenpfleger, Heilerziehungspfleger, Erzieher, Haus- und Familienpfleger) die Aktualität und Bedeutung des Themas Professionalisierung für ihr eigenes Handlungsfeld noch kaum erkannt" (Troschke und Kälble 1999, S. 7).

- Weitere Aspekte der Professionalisierung sind die zunehmende Akademisierung von Gesundheitsberufen, etwa in Bereichen der Logopädie und der Ergotherapie, und die Entstehung und Etablierung neuer gesundheitsbezogener Disziplinen, insbesondere Gesundheitswissenschaften und Pflegewissenschaften.

Vor den Hintergrund des derzeitigen Entwicklungsstandes ist davon auszugehen, dass sich schon in den nächsten Jahren zeigen wird, welche der neuen, um Professionalisierung bemühten Berufe genügend Potentiale und Entwicklungsmöglichkeiten besitzen, um sich neben den klassischen Professionen etablieren zu können. Das gilt auch für die Felder Krankheitsprävention und Gesundheitsförderung. Professionalisierungswille und Akademisierung allein werden nicht ausreichen, um die Qualifikationen in den Umverteilungskämpfen im Gesundheitswesen durchzusetzen und gegen das bestehende Machtmonopol der etablierten Professionen zu behaupten:

„Auch wenn in den letzten zehn Jahren insbesondere in der Entwicklung von wissenschaftlichen Theorien zur Erklärung gesundheitsbezogener Verhaltensweisen, im Bereich der Qualitätssicherung von Maßnahmen zur Prävention und Gesundheitsförderung sowie in der beruflichen Qualifizierung große Fortschritte erzielt werden konnten, besteht für die Professionalisierung bzw. die Herausbildung von abgrenzbaren Berufsbildern auf dem Gebiet der

Prävention und Gesundheitsförderung weiterhin ein großer Entwicklungsbedarf" (Troschke und Kälble 1999, S. 9).

Die Spezialausbildung zum „Experten für Krankheitsprävention und Gesundheitsförderung" an Universitäten und Fachhochschulen sollte weiter erprobt werden. Sie wird in Deutschland seit den 1990er Jahren bereits an einigen Standorten mit einer Ausbildung in Medizin- und Gesundheitssoziologie, Gesundheitspsychologie, Gesundheitsmanagement, Gesundheitswissenschaften oder Public Health betrieben (Schnabel, Kolip und Hurrelmann 1997). Nach einem breit einführenden Studienjahr werden unter anderem die Schwerpunkte mit den Ausrichtungen Arbeitswelt, Kommune, Krankenhaus, Gefängnis, Schule und Familie angeboten, oft mit einer Spezialisierung auf präventionspraktische Anwendungsfelder wie Infektionskrankheiten, HIV/Aids, Tumorerkrankungen, Herz-Kreislauf-Krankheiten, psychosoziale und psychiatrische Erkrankungen und Abhängigkeitskrankheiten. Diese Programme sollten weiter ausgebaut und in ihrer Leistungsfähigkeit evaluiert werden.

Einsatzfelder für Fachleute der Krankheitsprävention und Gesundheitsförderung

Als Einsatzbereiche der Expertinnen und Experten für Krankheitsprävention und Gesundheitsförderung kommen in erster Linie Krankenkassen und Berufsgenossenschaften in Frage, weiter kommunale und regionale Organisationen, internationale Agenturen, Verbände und Ministerien, Rentenversicherer mit Bedarf an Fachleuten für Rückfallprophylaxe sowie große bis mittlere Industrieunternehmen. Auch private Forschungsinstitute und wissenschaftliche Universitätsabteilungen nehmen Absolventen mit dieser Spezialisierung auf. Bedarf besteht vor allem an innovativen Planungskonzepten für Gesundheitsförderung, Krankheitsprävention, Gesundheitserziehung und Gesundheitsentwicklung (Blane, Brenner und Wilkinson 1996).

Die Spannbreite der Berufstätigkeiten reicht von der Durchführung konkreter Maßnahmen in der Herz-Kreislauf-, Wirbelsäulen- oder Zahnprophylaxe über die Konzeptentwicklung in Planungsabteilungen von Ministerien oder Versicherungsträgern bis hin zur Durchführung und Evaluation von Gesundheitsförderungsprojekten in wissenschaftlicher Verantwortung. Viele der Experten sind freiberuflich tätig.

Die Spezialausbildung für die Gesundheitsförderung konzentriert sich auf die Themen und Gebiete, die in diesem Buch vorgestellt wurden, besonders auf die Techniken der Entwicklung, Durchführung und Überprüfung von Interventionen, die in den Kapiteln 4 und 5 behandelt wurden. Entsprechend lassen sich im Anschluss an Schnabel, Kolip und Hurrelmann (1997) die folgenden Qualifikationen als besonders wichtig benennen:

- Genaue Kenntnisse der Theorien von Gesundheit, und Krankheit, Krankheitsprävention und Gesundheitsförderung. Weiterhin Kenntnis der Planungstheorien, um das Handeln in der Praxis hierauf abzustellen.

- Kommunikative Kompetenzen, um zur Vorbereitung eines Interventionsprogramms theoretische und praktische Aspekte zu verbinden. Dazu gehören Techniken wie die Durchführung von Befragungsaktionen mit passenden Instrumenten, Kenntnis von Dokumenten- und Organisationsanalysen und Verfahren der teilnehmenden Beobachtung.

- Kompetenzen der Programmplanung, die eine genaue Kenntnis des Gesundheitsproblems voraussetzen, auf das die Intervention gerichtet ist und auch die Fähigkeit verlangen, zu recherchieren, mit welchen Verfahren in vergleichbaren Situationen und Problemlagen schon erfolgreich oder erfolglos eingegriffen wurde.

- Kompetenzen der Programmumsetzung und -evaluation. Zu diesen Kompetenzen zählt, Ziele und Aktivitäten zu definieren, eine problemadäquate Projektorganisation aufzubauen, den Transfer der Projektergebnisse zu gewährleisten und im Zusammenhang damit die Bedingungen dafür zu schaffen, dass die mittels eines Projektes initiierten Neuerungen das Projektende überdauern. Auch die wissenschaftlich abgesicherte Evaluation gehört dazu (Donabedian 1988).

- Kompetenzen intersektoraler und internationaler Kooperation. Sie werden angesichts der Verzahnung der Gesundheitspolitik mit anderen Politikbereichen und der Zunahme von internationalen Verflechtungen immer bedeutsamer.

Im Folgenden werden diese Punkte im Einzelnen erörtert.

Theoretische und methodische Kompetenzen

Krankheitsprävention und Gesundheitsförderung als anwendungsorientierte Interventionsstrategien sind darauf angewiesen, eine wissenschaftlich abgesicherte theoretische Fundierung zu haben. Im Idealfall sollten Theorie, Forschung und Praxis eng zusammenarbeiten (Glanz, Lewis und Rimer 1997).

In Kapitel 2 wurden allgemeine Theorien über Bedingungen von Gesundheit und Krankheit vorgestellt. Sie bilden für die hier zur Diskussion stehenden Interventionsstrategien die allgemeine Orientierung, müssen allerdings jeweils um Einzeltheorien von detailliertem Zuschnitt ergänzt werden, um den konkreten Handlungsfeldern und Problemstellungen gerecht werden zu können, die sich in der Praxis der Planungsarbeit stellen.

Für Interventionsstrategien müssen die allgemeinen Theorien also in konkrete „Planungstheorien" umgesetzt werden. In ihnen geht es um das Warum, Was und Wie einer Intervention. So können beispielsweise aus den allgemeinen wissenschaftlichen Theorien Erkenntnisse abgeleitet werden, warum trotz aller Kenntnis über die Gefahren das Zigarettenrauchen aufrechterhalten wird. Eine ergänzende Planungstheorie muss darüber hinaus spezifizieren, was ein Programmplaner wissen muss, um ein gezieltes Interventionsprogramm für Zigarettenrauchen zu entwickeln und einzuleiten (Rebach und Bruhn 1991). Sie muss auch einen Einblick darin geben, wie eine Interventionshandlung aufgebaut sein soll, damit die richtigen Bezugspersonen oder Organisationen erreicht werden, um auf das Zigarettenrauchen Einfluss zu nehmen. Veränderungsbezogene Planungstheorien steuern dann die sich anschließende Entwicklung von Interventionen und bilden die Basis für eine Evaluation (Allhoff, Flatten und Laaser 1993).

Die Planungs- und Umsetzungstheorien greifen in der Regel auf zwei konkurrierende erkenntnistheoretische und methodische Orientierungen zurück. Sie orientieren sich an den wissenschaftlichen Paradigmen entweder der deduktiven, zielorientierten Planung oder des intuitiven „Muddling Through". Die zielorientierte Planung geht davon aus, dass ein rationaler und schrittweise, ständig zielkontrollierter Umsetzungsprozess möglich ist. Die „Durchwurstel"- Technik behauptet demgegenüber, dass die Umsetzung selten zielgesteuert erfolgt und deshalb flexibel auf aktuelle Gegebenheiten eingehen sollte. Diese Paradigmen geben das systematische Suchmuster vor, nach dem Zusammenhänge zwischen Ereignissen verstanden und erklärt werden. Nachdem die beiden Vorgehensweisen jahrzehntelang gegeneinander ausgespielt worden sind, zeichnet sich in den letzten Jahren in der Planungspraxis immer häufiger die Bereitschaft zur flexiblen Anwendungen und zur Kombination der beiden Verfahren ab. Hierin drückt sich auch ein Lernprozess darüber aus, welches die in empirisch wirkungsvollsten und andauernden Formen einer Intervention sind.

Alle nur rationalistischen und zielorientierten Ansätze, die nach einem festen Planungsrahmen mit Druck und Einschränkung der individuellen Wahlfreiheit arbeiten, wurden in den letzten Jahren zugunsten solcher Strategien zurückgefahren, die auf soziale Flexibilität und eine informierte Entscheidungsfindung setzen (Kipuss 1994). Hierdurch sind die lange Zeit weniger beachteten „weichen" Verfahren der Tradition des flexiblen „Durchwurstelns" deutlich bestärkt worden (Dror 1964; Strauss 1964). Sperry (1993) vermutet, dass im Zukunft für Planungsprozesse ganz allgemein stärker als bisher die Berücksichtigung von subjektiven Werten und Perspektiven des einzelnen Bürgers von Bedeutung wird. Barton (1994) weist darauf hin, dass Modelle auf der Grundlage von Konzepten wie „Zufall" und „Chaos" ein neues Verständnis von nicht-linearer Dynamik und Selbstorganisation von Menschen und Organisationen ermöglichen. Diese Modelle werden an Bedeutung gewinnen, je mehr Wissenschaftler und Praktiker erkennen, dass Gesundheits- und Krankheitsprobleme durch lineare Vorstellungen und Ursache-Wirkungs-Denken nicht zufriedenstellend beschrieben werden können.

Kommunikative Kompetenzen

Erfolgreiche Interventionen vom Typus Gesundheitsförderung und Krankheitsprävention setzen eine gute Zusammenarbeit von Theoretikern und Praktikern voraus. Wegen der Praxisferne vieler Wissenschaftler und der Theorieferne vieler Paktiker gestaltet sich die Zusammenarbeit oft sehr schwierig. Zusammenarbeit und Austausch zwischen Wissenschaftlern und Praktikern ist aber für die Entwicklung von besseren Theorien notwendig, weil theoretische Hypothesen sowohl durch die Erfahrungen in der Realität als auch durch empirische Forschung erprobt, getestet und verändert werden. Umgekehrt sind Interventionsstrategien langfristig nur erfolgreich, wenn sie zumindest in Ansätzen theoretisch abgeleitet, abgesichert und evaluiert werden (Bengel 1993).

Spannungen zwischen Wissenschaftlern und Praktikern entstehen unter anderem durch die unterschiedlichen Arbeitsprofile. Planer und Praktiker der Gesundheitsförderung arbeiten in der Regel direkt in der Gemeinde oder einer Institution, nahe an den Gesundheitsproblemen der Bevölkerung. Oft sind sie voll in das Alltagsleben der Gemeinde oder Organisation integriert. Demgegenüber arbeiten Wissenschaftler theoriegesteuert, sie sind selten Teil der Institution, auf die sich ihre Forschung bezieht. Ein Praxiskontakt wird oft erst hergestellt, wenn die ersten Schritte eines Projektantrags bereits durchlaufen sind und sich eine Finanzierung des Vorhabens abzeichnet. In der Regel besteht bei ihnen nicht in erster Linie ein Interesse an der Lösung eines Praxisproblems, sondern an einer theoretischen Frage, die mit dem Praxisproblem in Zusammenhang steht. In dem meist langen Zeitraum, in dem ein gut angelegtes und abgesichertes Forschungsprojekt geplant, geschrieben, beantragt und bewilligt ist, kann sich die Problemlage vor Ort schon verändert haben. Das gilt auch für die Fertigstellung des Ergebnisberichtes, der oft erst zu einem Zeitpunkt erscheinen kann, zu dem bereits politische Konsequenzen gezogen werden mussten (Altman 1995).

Präventions- und Förderfachleute sollen versuchen, die Kommunikation zu verbessern. So werden in den letzten Jahren Konzepte für die Kooperation von Theorie und Praxis in „Runden Tischen" und Beiräten, oft in Zusammenarbeit mit den erwähnten regionalen Gesundheitskonferenzen, umgesetzt. Hierdurch erleben die Wissenschaftler authentisch die Probleme und Interessen der Zielgruppe und arbeiten schon vorab an alternativen Schlussfolgerungen und Vorschlägen mit praktischer Relevanz. Gesundheitskonferenzen können auch sicherstellen, dass erfolgreiche Bestandteile eines Interventionsvorhabens nicht nach Abschluss der Forschung und dem Abzug des Wissenschaftlerteams aus der Gemeinde oder Organisation in Vergessenheit geraten, sondern fest verankert werden.

Kompetenzen der Programmplanung

Durch Planungs- und Umsetzungsverfahren sowie die kritische Bewertung (Evaluation) von Interventionen kann bessere Zielgenauigkeit erreicht werden. Hierfür haben sich routinierte Planungsmodelle mit pragmatischen Handreichungen (Manualen) bewährt. Durch solche Modelle wird die Zusammenarbeit zwischen Theoretikern und Praktikern erheblich erleichtert, weil ein gemeinsamer begrifflicher und methodischer Bezugsrahmen zur Verfügung steht. Solche Modelle sind in den USA, Großbritannien und Skandinavien schon stark verbreitet (Nutbeam 1998).

Ein geeignetes Planungsmodell ist das „Precede Proceed Model", das Interventionen von einer genauen Analyse der Ausgangssituation eines Gesundheitsproblems abhängig macht und eine Handlungssteuerung nach einem Regelkreismodell vornimmt. Das Modell wurde ursprünglich zur Verbesserung von Strategien der Gesundheitserziehung entwickelt, ist inzwischen aber auf umwelt- und strukturbezogene Bereiche gesundheitsbezogener Interventionen übertragbar (Green und Kreuter 1991). Es wird im oben angesprochenen Sinn trotz seiner Herkunft aus der zielorientierten Planung zunehmend als Hilfe für eine nichtlineare „Muddling Through"-Technik eingesetzt.

Die Grundannahme des Modells ist: So wie der medizinischen Intervention eine Diagnose vorausgeht („precede"), soll es auch bei pädagogischen, psychologischen oder sozialplanerischen Interventionen der Fall sein (Green, Kreuter, Deeds und Partrige 1980). Die Intervention soll dabei in ihrem Zuschnitt so angelegt sein, dass sie von der Diagnose ausgehend deutlich über sie hinausgeht („proceed"), und zwar mit dem eindeutigen Ziel, ungesunde Verhaltensweisen zu verändern.

Abbildung 29 verdeutlicht die Planungssequenzen, die schrittweise aufeinander bezogen sind, und gibt einen Überblick über die Komponenten dieses Planungsmodells. Gegenüber der Originalkonzeption von Green und Kreuter (1991) wurde das Modell vereinfacht und auf die hier verwendete Terminologie umgestellt.

Die Abbildung zeigt auf der linken Seite die Diagnoseschritte, die von einer Analyse der Lebensqualität der Zielbevölkerung (Schritt 1) ausgehen, dann zur Analyse des Gesundheitsstatus weiterführen (Diagnoseschritt 2), auf das Gesundheitsverhalten eingehen (Diagnoseschritt 3), die verschiedenen Rahmenbedingungen und materiellen Umwelt einbeziehen (Diagnoseschritt 4) und die politischen und gesetzlichen Strukturen aufnehmen (Diagnoseschritt 5). Nachdem die Diagnoseschritte erfolgt sind, starten in umgekehrter Reihenfolge die Planungsschritte, die die identische Schrittfolge haben und deshalb eine genaue Verortung jeder einzelnen Interventionsphase ermöglichen.

Abb. 29: Das Precede-Proceed Planungsmodell

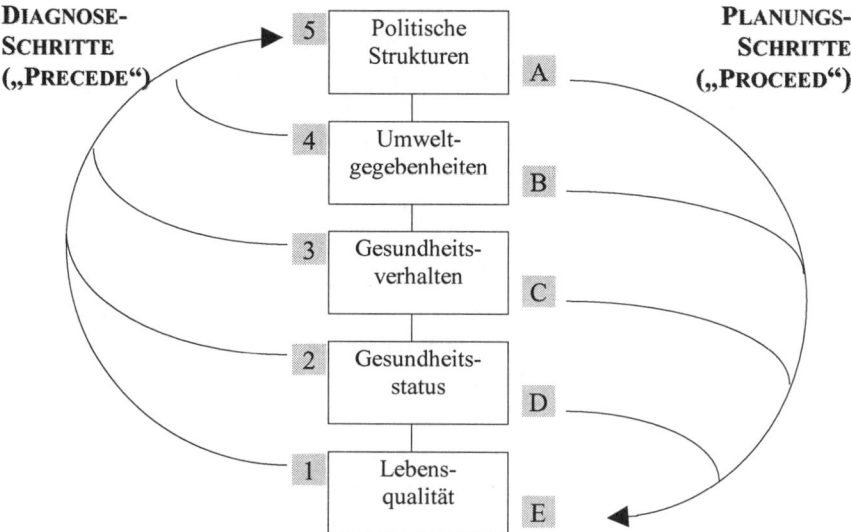

Nach Green und Kreuter 1991, S. 24

Im Einzelnen lassen sich die Schritte anhand eines Beispiels, nämlich der Intervention bei Kindern mit Unfallerlebnissen in der elterlichen Wohnung (Gielen und McDonald 1997) wie folgt charakterisieren:

- Diagnoseschritt 1: Es wird eine „soziale Analyse" der subjektiv empfundenen Lebensqualität der Zielgruppe, hier Kindern mit Unfallerlebnissen, durchgeführt. Es werden umfangreiche Daten gesammelt, um ein möglichst breites Verständnis vom Ausmaß und den Folgen des Problems zu gewinnen. Dazu gehören Beobachtungen, Umfragen, Diskussionsrunden mit betroffenen Eltern und Kindern, Verkehrsfachleuten und Gemeindepolitikern.

- Diagnoseschritt 2: Es wird mit epidemiologischen Verfahren eine Bestandsaufnahme der Gesundheitslage der Zielgruppe „Kinder und Jugendliche" vorgenommen. Dabei werden neue Befragungen und Auswertungen bereits bestehender Datenquellen (Statistiken, staatliche und kommunale Dokumente zur Gesundheitsberichterstattung, Aufzeichnungen medizinischer Unfallstationen und Krankenhäuser) vorgenommen (Baker, O'Neill, Ginsburg und Li 1992)

- Diagnoseschritt 3: Es wird eine Bestandsaufnahme der Verhaltensmuster der Zielgruppe „Kinder mit häuslichen Unfallverletzungen" vorgenommen, die in Zusammenhang mit dem Unfallereignis stehen. Im Projekt von Gielen und McDonald (1997) wurde durch die Befragung von Kinderärzten deutlich, dass der größte Risikofaktor der spontane kindliche Bewegungsdrang ist. Stürze, Verbrennungen und Vergiftungen kommen zustande, weil Treppen nicht mit Sperren gesichert sind, die Heißwassertemperatur in Badezimmern zu hoch eingestellt ist und giftige Reinigungsmittel frei zugänglich sind.

- Diagnoseschritt 4: Es werden die sozialen und materiellen Umweltbedingungen erfasst, die mit Unfällen von Kindern in Zusammenhang stehen. Dabei spielen wirtschaftliche Lage und Bildungsgrad der Eltern, Wissen, Einstellungen und Erwartungen von Eltern und Kindern und die Verankerung im sozialen Netzwerk von Familie und Nachbarschaft ebenso eine Rolle wie die Sicherheitsvorkehrungen in Wohnung und Wohnumfeld.
- Diagnoseschritt 5: Hier geht es um eine Einschätzung der politischen und infrastrukturellen Rahmenbedingungen, die für Unfälle von Kindern eine Rolle spielen. Insbesondere werden die bestehenden gesetzlichen Regeln zur Sicherung von Kindern in privaten Wohnungen und ihre praktische Umsetzung und Überwachung analysiert.

Dieser letzte Diagnoseschritt ist zugleich auch der erste Planungsschritt, denn die bestehenden politischen und gesetzlichen Regelungen werden auf ihre Veränderbarkeit hin abgefragt und die Veränderungen werden vorbereitet. Die Planungsschritte ergeben sich wie folgt:

- Planungsschritt A: Es wird ein Interventionsprogramm entwickelt, das in dem hier gewähltem Beispiel von der Veränderung rechtlicher und politischer Rahmenbedingungen und ihrer öffentlichen Bekanntmachung über eine Presse- und Medienkampagne ausgeht. Auf der Grundlage der vorangegangenen diagnostischen Schritte wird eine Strategie entwickelt, wie die Umweltgegebenheiten und die persönlichen Verhaltensweisen der Zielgruppe „Unfallkinder" beeinflusst werden können.
- Planungsschritt B: Die für das Unfallgeschehen von Kindern relevanten Umweltbedingungen, also die Sicherheitsvorkehrungen in den Haushalten, werden über die Beratung der Eltern verändert. Dazu erfolgt eine Verbesserung der Beratungskompetenzen von Kinderärzten zur Unfallverhütung, womit vor allem Wissen und Kenntnisse von Eltern vermehrt werden sollten, um ihr Sicherheitsbewusstsein zu stärken. Hierzu nehmen niedergelassene Kinderärzte an einem speziellen Training zur Prävention von Verletzungen und deren Folgen teil. Am Kinderkrankenhaus wird ein „Zentrum für Kindersicherheit" eingerichtet, das Eltern gezielt beraten soll, um die Sicherheitsstandards in der Wohnung zu verbessern.
- Planungsschritt C: Das unfallrelevante Verhalten der Kinder wird beeinflusst, zum Beispiel durch das Angebot von Hausbesuchen durch einen Sozialarbeiter mit einer Spezialausbildung, um den Eltern Hilfe und Unterstützung bei der Einführung und Nutzung von Sicherheitsschritten in ihrer Wohnung und der Steuerung des Bewegungs- und Spielverhaltens ihrer Kinder zu geben.

- Planungsschritt D: Die Wirkung des Interventionsprogramms auf die gesundheitliche Lage der Kinder wird abgeschätzt, im Wesentlichen durch einen Vergleich der Ergebnisse von identischen Erhebungen, Befragungen und der Auswertung von Unfallstatistiken und Unfallberichten vor und nach Einführung des Programms.

- Planungsschritt E: Die Wirkung des Interventionsprogramms auf die soziale Befindlichkeit und die Lebensqualität der Familien mit Kindern im angezielten Alter wird abgeschätzt, wiederum durch einen Vorher-Nachher-Vergleich unter Verwendung desselben Erhebungsinstrumentariums wie zu Beginn der Procede-Proceed-Schritte. Zur systematischen Evaluation wurden im „Safe House" Projekt Ärzte und Eltern einer Interventions- und einer Kontrollgruppe zugeordnet, wobei nur die in der Interventionsgruppe in den Genuss der Programms kamen. Es wurden vor Einführung und nach Abschluss der Interventionen Interviews durchgeführt, um Veränderungen von Wissen und Einstellungen zu erfahren. Weiterhin wurden Beobachtungen bei den Hausbesuchen dokumentiert, um Veränderungen in den Sicherheitsmaßnahmen und den Gefahrenquellen im Haushalt festzustellen. Zur Prozessevaluation wurden alle Sprechstunden der Kinderärzte auf Tonband aufgenommen, ebenso wurden die Nutzung des „Zentrums für Kindersicherheit" und die Akzeptanz der Hausbesuche dokumentiert. Zusätzlich wurde die Zufriedenheit der Eltern mit jeder einzelnen Komponente der Intervention erhoben. Die Auswertung der Ergebnisse zeigte für den Gesundheitsstand und die Lebensqualität positive Trends (Gielen und McDonald 1997).

Das Precede-Proceed Planungsmodell ist, wie diese kurze Darstellung gezeigt hat, ein theoriegeleitetes und zugleich praxisnahes Hilfsinstrument zur Umsetzung von Strategien der Prävention und Gesundheitsförderung. Sein systematischer diagnostischer Ansatz zwingt die Planer, eine differenzierte und schrittweise Vorgehensweise einzuschlagen. Der konzeptionelle Rahmen ist zudem theoretisch gut abgesichert und mehrdimensional, nämlich individuums-, verhaltens- und umweltbezogen angelegt. Zugleich sind genügend Variationen möglich, um auf unvorhergesehene Schwierigkeiten flexibel zu reagieren.

Kompetenzen der Programmumsetzung

Während in der wissenschaftlichen Forschung viel Arbeit und Energie auf die Entwicklung von Ideen und Konzepten für Verhaltensänderungen verwendet wird (z.B. gesund und genussreich leben mit wenig Alkohol), bekommt die Entwicklung effektiver Methoden für deren Verbreitung gewöhnlich wenig Aufmerksamkeit (Orlandi, Landers, Weston und Haley 1990). So bleiben viele Ansätze der Gesundheitsförderung erfolglos, weil eine Kluft zwischen Innovationsentwicklung und Planung ihrer Umsetzung besteht. Die Initiatoren von Gesundheitskampagnen sind meist so überzeugt von der Ausstrahlung ihres Konzepts, dass sie von der Annahme ausgehen, die Verbreitung erfolge aus eigener Kraft und quasi automatisch. Es gibt aber zahlreiche Hinweise dafür, dass die anfänglich meist erfolgreiche Umsetzung von effektiven Programmen nicht zu deren Fortdauer führt, weil konkurrierende Ideen und Programme die Aufmerksamkeit auf sich ziehen (Steckler 1992).

Aus diesem Grund ist die Kompetenz der Programmumsetzung und -evaluation zentral wichtig. Sie soll an einem ausgewählten Modell erläutert werden. Oldenburg, Hardcastle und Kok (1997) haben ein „Stufenmodell zur effektiven Verbreitung von Innovationen" vorgestellt. In diesem Modell wird eine Innovation pragmatisch als eine Idee verstanden, die von Individuen oder Organisationen als „neu" wahrgenommen wird. Unter Verbreitung (diffusion) wird der Prozess verstanden, durch den eine Innovation über bestimmte Kanäle im Verlauf der Zeit innerhalb eines sozialen Systems kommuniziert wird (Rogers 1983).

Ein aktuelles Beispiel zur Verbreitung von innovativen Ideen sind die Nichtraucher-Kampagnen in den USA. Bevor politische und gesetzliche Regeln zur Einschränkung des Rauchens in öffentlichen Einrichtungen und Räumen eingeführt werden konnten, wurde über Massenmedien und Bürgerinitiativen eine Veränderung der öffentlichen Meinung erzielt. Der Erfolg war verblüffend und demonstriert die Wirksamkeit dieser Strategie. Ausgangspunkt war eine genaue Analyse von Kommunikationskanälen und Verbreitungskontexten. Es wurde abgeklärt, welche Adressatengruppe auf welchem Kanal, also über welches Medium und in welcher Situation angetroffen und angesprochen werden kann. Hierfür haben Oldenburg, Hardcastle und Kok (1997) folgende Arbeitsschritte definiert:

- *Innovationsentwicklung* schließt alle Aktivitäten von der Entwicklung der Idee bis zu ihrer Entfaltung und Umsetzung ein. Die Entwickler sollen die Zielgruppe ihrer Innovation früh und deutlich identifizieren, um diese bei der Weiterentwicklung von Inhalt, Design, Layout und Präsentation zu berücksichtigen.

- *Weiterleitung* bezeichnet den Wissenstransfer von den Entwicklern der Innovation zu den Zielgruppen, also vom „Ressourcen-System" zum „Anwender-System" (Orlandi, Landers, Weston und Haley 1990). Dazu gehört die Identifikation von Kommunikationskanälen, die am besten dazu geeignet sind, eine bestimmte Zielgruppe zu erreichen und die Innovation dort zu verbreiten.

- *Annahme* bezieht sich auf das Verstehen des Programms durch die Zielgruppe. Dazu sind die Bedürfnisse der Zielgruppe, ihre Werte und Einstellungen, ihre potentielle Reaktion auf die Innovation und vor allem mögliche Hindernisse zur Übernahme der neuen Idee zu erkunden.

- *Implementation* bezeichnet die erste Anwendung des Programms in der Praxis. Das Hauptaugenmerk liegt dabei darauf, die Innovation in das selbstgesteuerte Verhalten der Zielgruppe zu überführen.

- *Aufrechterhalten* bezieht sich auf die weitere Implementation und andauernde Anwendung des Programms in der Praxis. Es geht darum, alle Hindernisse für eine Aufrechterhaltung der Innovation abzubauen und mögliche Gründe für einen Abbruch früh zu erkennen. Dieser Arbeitsschritt geht in die Evaluation über.

Ein Beispiel für die Umsetzung des Innovationsverfahrens ist das australische Programm „Drink Less", das sich an niedergelassene Ärzte richtete (Oldenburg, Hardcastel und Kok 1997, S. 278). Hier ging es darum, die Vertrauenspositionen der Ärzte dafür zu nutzen, Patienten mit Suchtgefährdung von einer Reduktion ihres Alkoholkonsums zu überzeugen (Innovation). Um die besten Kommunikationskanäle für die Verbreitung des Programms zu identifizieren, wurden verschiedene Marketingstrategien (Postsendung, Telefonmarketing, wissenschaftlich gestützte Aufklärung) von geschulten Beratern durchgeführt (Weiterleitung). Dabei wurde den Ärzten die Unterstützung des Programms durch Gesundheitsbehörden und -organisationen erläutert, der Nutzen des Programms wurde betont und eventuelle Schwierigkeiten der Umsetzung (wie Zeitengpässe in der Sprechstunde) wurden angesprochen (Annahme). Es wurde deutlich, wie wichtig für den Erfolg der Innovation das Hinzuziehen der Berater als Verbindungspersonen zwischen Ressourcen-System (Forscher) und Anwender-System (Ärzte) war. Ein anfängliches Training sowohl für die Ärzte als auch für die Patienten war entscheidend für die effektive Implementation der Innovation in die Praxis der Mediziner. Das Aufrechterhalten konnte über dauerhafte wiederholte Kurzfortbildungen erreicht werden.

Kompetenzen der intersektoralen und internationalen Kooperation

Fachleute für Krankheitsprävention und Gesundheitsförderung sind zunehmend darauf angewiesen, mit anderen Infrastrukturbereichen und Wirtschaftszweigen und im internationalen Kontext zusammenzuarbeiten.

Kickbusch (1996) spricht von strategischen Allianzen und Partnerschaften mit drei expandierenden Schlüsselindustrien:

- Medizintechnik und Pharmazie, die über private Agenturen gesundheitliche Dienstleistungen wie etwa Gesundheitsberatung für breite Schichten der Bevölkerung anbieten. Gesundheitsbildung und Gesundheitsförderung werden zu neuen „Produkten" in einem Sektor der „Gesundheitsindustrie", ebenso wie „Lebensstil"-Arzneien zur Steigerung von Vitalität und Spannkraft.
- Medien- und Kommunikationsindustrie, die im Bereich der selbstgesteuerten Gesunderhaltung bereits großen Einfluss hat. Hierunter fallen Informationen und Beratungen, auch durch die öffentlichen Medien Fernsehen und Internet. Der Werbeindustrie kommt dabei eine zentrale Rolle zu.

- Lebensstilindustrie, die sich auf die Herstellung von Nahrungsmitteln, Getränken und leicht verdaulichen Produkten aller Art konzentriert, um einen gesundheitsförderlichen Lebensstil in Arbeit, Sport und Freizeit zu unterstützen. Hierzu gehören auch private Servicebereiche wie etwa Fitness-Studios und Angebote der gesunden Ernährung.

Zum Ausbau der internationalen Kontakte sind Kooperationen vor allem zur Europäischen Union und zur Weltgesundheitsorganisation sinnvoll.

- Die Europäische Union ist für die europäischen Länder zu einer zentralen Institution für die Definition der Gesundheitspolitik geworden (Europäische Kommission 1994). Der Vertrag von Maastricht hat „Gesundheitsförderung" als programmatisches Leitbild für die Harmonisierung der europäischen Gesundheitspolitik festgelegt (Europäische Kommission 1992). In Artikel 129 des Vertrages wird der Aktionsrahmen der Europäischen Union und der Europäischen Kommission für die Gesundheitspolitik abgesteckt. Schwerpunkte liegen in der Bekämpfung von Herz-Kreislauf-Erkrankungen, Krebskrankheiten, Unfällen und Suizid. Als wichtigste Interventionsstrategien werden ausdrücklich Gesundheitsaufklärung, Gesundheitserziehung und Gesundheitsförderung genannt (Diesfeld 1998). In den nächsten Jahren wird sich zeigen, wie stark die Harmonisierungskräfte der Europäischen Gemeinschaft sind und welchen Einfluss das Leitbild der Gesundheitsförderung faktisch auf die Gesundheitspolitik der nationalen Mitgliedsstaaten hat.

- Die Weltgesundheitsorganisation (WHO) als Fachorganisation der Vereinten Nationen sieht sich als internationale Organisation zur Koordinierung und Anregung von Maßnahmen der Gesundheitspolitik (Diesfeld 1998). Die WHO hat in den letzten Jahren mehrere Dokumente vorgelegt, in denen die Bedeutung der Gesundheitsförderung als Paradigma der Gesundheitspolitik thematisiert wurde (World Health Organization 1998, 1999). Sie ist der eigentliche politische Motor und Promotor für eine Weiterentwicklung des Versorgungssystems nach Kriterien, die sich am Programm der Gesundheitsförderung orientieren. Trotz ihrer schwachen machtpolitischen Basis ist die Bedeutung der WHO in den letzten Jahren weiter angewachsen, weil eine zunehmende Internationalisierung von Gesundheitsproblemen zu beobachten ist. Gerade für die Entwicklung der Gesundheitspolitik in Deutschland kann deswegen die Orientierung an diesen Konzepten von großem Gewinn sein.

Literaturverzeichnis

Abelin, T. (1991). Health promotion. In W. W. Holland, R. Detels & G. Knox (Eds.), Oxford text book of public health (222-238). Oxford: Oxford University Press.

Abholz, H. H. (1994). Hausärztliche Versorgung. In M. M. Kochen (Hrsg.), Allgemeinmedizin (45-58). Stuttgart: Hippokrates.

Abholz, H. H., Borgers, D., Karmaus, W. & Korporal, J. (Hrsg.) (1982). Risikofaktorenmedizin. Konzept und Kontroverse. Berlin: de Gruyter.

Abrahams, A., Emmons, B. & Linnan, H. (1997). Health behavior and health education: The past, present, and future. In K. Glanz, F. M. Lewis & B. K. Rimer (Eds.), Health behaviour and health education. Theory, research, and practice (453-478). San Francisco: Jossey-Bass.

Adam, H. & Henke, K. D. (1998). Gesundheitsökonomie. In K. Hurrelmann & U. Laaser (Hrsg.), Handbuch Gesundheitswissenschaften (779-789). Weinheim: Juventa.

Adler, N. E. (1994). Socioeconomic Status and Health: The challenge of the gradient. American Psychologist 49, 15-24.

Ajzen, I. (1991). The theory of planned behavior. Organizational Behavior and Human Decision Process 50, 179-211.

Albee, G. W. (1987). Powerlessness, politics, and prevention. In K. Hurrelmann, F. X. Kaufmann & F. Lösel (Eds.), Social intervention: Potential and constraints (37-52). Berlin: de Gruyter.

Alber, J. (1992). Das Gesundheitswesen der Bundesrepublik Deutschland. Entwicklung, Struktur und Funktionsweise. Frankfurt: Campus.

Alexander F. (1951). Psychosomatische Medizin. Berlin: de Gruyter.

Allhoff, P., Flatten, G. & Laaser, U. (Hrsg.) (1993). Krankheitsfrüherkennung und Prävention. Handbuch der Prävention. Berlin: Springer.

Alter, C. & Hage, J. (1993). Organizations working together. Thousand Oaks: Sage.

Altman, D. G. (1995). Strategies for community health intervention. Psychosomatic Medicine 57, 226-233.

Ammann, G. & Wipplinger, R. (Hrsg.) (1998). Gesundheitsförderung. Tübingen: DGVT.

Andreasen, A. R. (1995). Marketing social change: Changing behavior to promote health, social development, and the environment. San Francisco: Jossey-Bass.

Aneshensel, C. S. (1992). Social stress: Theory and research. Annual Review of Sociology 18, 15-38.

Antonovsky, A. (1987). Unraveling the mystery of health. How people manage stress and stay well. San Francisco: Jossey Bass.

Antonovsky, A. (1979). Health, stress, and coping. San Francisco: Jossey-Bass (deutsche Ausgabe (1997). Salutogenese. Zur Entmystifizierung der Gesundheit. Tübingen: dgvt.

Arnold, M. (1998). Gesundheitssystemforschung. In K. Hurrelmann & U. Laaser (Hrsg.), Handbuch Gesundheitswissenschaften (851-874). Weinheim: Juventa.
Arnold, M. (1995). Solidarität 2000. Stuttgart: Enke.
Backes, G. & Clemens, W. (1998). Lebensphase Alter. Weinheim: Juventa.
Badura, B. (1981). Soziale Unterstützung und chronische Krankheit. Frankfurt: Suhrkamp.
Badura, B. & Feuerstein, G. (1994). Systemgestaltung im Gesundheitswesen: Zur Versorgungskrise der hoch technisierten Medizin und den Möglichkeiten ihrer Bewältigung. Weinheim: Juventa.
Badura, B., Hart, D. & Schellschmidt, H. (1999). Bürgerorientierung des Gesundheitswesens. Baden-Baden: Nomos.
Badura, B. & Pfaff, H. (1996). Stress, ein Modernisierungsrisiko? Mikro- und Makroaspekte soziologischer Belastungsforschung im Übergang zur postindustriellen Zivilisation. Kölner Zeitschrift für Soziologie und Sozialpsychologie 41, 619-643.
Badura, B., Ritter, W &. Münch, E. (1997). Partnerschaftliche Unternehmenskultur und betriebliche Gesundheitspolitik. Gütersloh: Verlag Bertelsmann Stiftung.
Badura, B. & Strodtholz (1998). Soziologische Grundlagen der Gesundheitswissenschaften, In K. Hurrelmann & U. Laaser (Hrsg.), Handbuch Gesundheitswissenschaften (122-138). Weinheim: Juventa
Baker, S. P., O'Neill, B., Ginsburg M. J & Li, G. (1992). The injury fact book. New York: Oxford University Press.
Baker, D. & Illsley, R. (1990). Trends in inequality in health in Europe. International Journal of Health Sciences 2, 89-111.
Baltes, P. B. (Ed.) (1993). Successful aging. Cambridge: Cambridge University Press.
Balz, E. (1995). Gesundheitserziehung im Schulsport. Schorndorf: Hofmann.
Bandura, A. (1986). Social foundations of thought and action. Englewood Cliffs: Prentice Hall.
Bandura, A. (1977). Self efficacy. Toward a unifying theory of behavior change. Psychological Review 84, 191-215.
Barkholz, U. & Homfeldt, H.-G. (1994). Gesundheitsförderung im schulischen Alltag: Entwicklungen, Erfahrungen und Ergebnisse eines Kooperationsprojektes. Weinheim: Juventa.
Barlösius, E. (1999). Soziologie des Essens. Weinheim: Juventa.
Barton, S. (1994). Chaos, self-organization, and psychology. American Psychologist 49, 5-14.
Bauer, K. O. & Kandeis, M. (1998). Burnout und Belastung bei Lehrkräften. In H. G. Rolff, K. O. Bauer, K. Klemm & H. Pfeiffer (Hrsg.), Jahrbuch der Schulentwicklung 10 (201-234). Weinheim: Juventa.
Beck, U. (1986). Risikogesellschaft. Frankfurt: Suhrkamp.
Becker, M. H. (1974). The health belief model and personal health behavior. Slack: Thorefare.
Becker, P. (1995). Seelische Gesundheit und Verhaltenskontrolle. Göttingen: Hogrefe.
Becker, P. (1982). Psychologie der seelischen Gesundheit. Theorien, Modelle, Diagnostik. Göttingen: Hogrefe.

Behrens, J., Braun, B., Morone, J. & Stone, D. (Hrsg.) (1996). Gesundheitssystementwicklung in den USA und Deutschland. Baden-Baden: Nomos
Bengel, J. (1993). Evaluation und Forschung in der Prävention. In A. Allhoff, G. Flatten & U. Laaser (Hrsg.), Krankheitsverhütung und Früherkennung. Handbuch der Prävention (40-48). Berlin: Springer.
Bengel, J, Strittmatter, R. & Willmann, H. (1998). Was erhält Menschen gesund? Köln: Bundeszentrale für gesellschaftliche Aufklärung.
Benninghaus, H. (1987). Substantielle Komplexität der Arbeit als zentrale Dimension der Jobstruktur. Zeitschrift für Soziologie 16, 334-352.
Benzeval, M., Judge, K. & Whitehead, M. (Eds.) (1995). Tackling inequalities in health. London: Kings Fund.
Berg, G. (1998). Migranten. In F. W. Schwartz (Hrsg.), Das Public Health-Buch (550-554). München: Urban & Schwarzenberg.
Berkman, L. F. (1995). The role of social relations in health promotion. Psychosomatic Medicine 57, 245-254.
Berkman, L. F. & Breslow, L. (1983). Health and ways of living: The Alameda County study. New York: Oxford University Press.
Bernhard-Benin, A. C. (1995). Self-management teaching programs and morbidity of paediatric asthma. Journal of Allergy 95, 34-41.
Beske, F., Brecht, J. G. & Reinkemeier, H. M. (Hrsg.) (1993). Das Gesundheitswesen in Deutschland. Köln: Deutscher Ärzte-Verlag.
Birkner, B., Buchner, F. & Wasem, J. (1999). Wirtschaftswissenschaftliche Zugänge zu den Gesundheitswissenschaften. In K. Hurrelmann (Hrsg.), Gesundheitswissenschaften (126-175). Berlin: Springer.
Blättner, B. (1997). Paradigmenwechsel: Von der Gesundheitsaufklärung und -erziehung zur Gesundheitsausbildung und -förderung. In R. Weitkunat, J. Haisch & M. Kessler (Hrsg.), Public Health und Gesundheitspsychologie (119-137). Bern: Huber.
Blane, D., Brenner, E. & Wilkinson, R. G. (1996). Health and social organization. Towards a health policy for the 21st century. London: Routledge.
Blaxter, M. (1990). Health and lifestyles. London: Tavistock.
Blum, K. & Fack-Asmuth, W. G. (1998). Versorgung mit stationären medizinischen Einrichtungen. In K. Hurrelmann & U. Laaser (Hrsg.), Handbuch Gesundheitswissenschaften (559-580). Weinheim: Juventa.
Blumer, H. (1973). Der methodologische Standort des symbolischen Interaktionismus. In Arbeitsgruppe Bielefelder Soziologen (Hrsg.), Interaktion und gesellschaftliche Wirklichkeit (80-146). Reinbek: Rowohlt.
Boback, M. & Marmot, M. (1996). East-west mortality devide and its potential explanation. British Medical Journal 312, 421-425.
Borchert, H. & Collatz, J. (1992). Empirische Analysen zu weiblichen Lebenssituationen und Gesundheit. In L. Brüderl & B. Paetzold (Hrsg.), Frauenleben zwischen Beruf und Familie. Psychosoziale Konsequenzen für Persönlichkeit und Gesundheit (189-209). Weinheim: Juventa.
Botvin, G. J., Eng, A. & Williams, C. L. (1980). Preventing the onset of cigarette smoking through life skills training. Preventive Medicine 9, 135-143.
Botvin, G. J. & Tortu, S. (1990). Preventing adolescent substance abuse through life skills training. In R. H. Price, E. L. Cowen, R. P. Lorion & J. Ramos-McKay (Eds.), 14 ounces of prevention: A casebook for practitioneers (98-110). Washington: Mayfield.

Bowling, A. (1991). Measuring health: A review of quality of life measurement scales. Philadelphia: Open University Press.
Bracht, N. (Ed.) (1990). Health promotion at the community level. Newbury Park: Sage.
Braithwaite, R. L. (1989). Community organization and development for health promotion within an urban black community: A conceptual model. Health Education 2, 56-60.
Brand, H. & Schmacke, N. (1998). Der öffentliche Gesundheitsdienst. In F. W. Schwartz (Hrsg.), Das Public Health Buch (259-268). München: Urban & Schwarzenberg.
Brandenburg, U., Kollmeier, W. & Kuhn, U. (Hrsg.) (1990). Prävention und Gesundheitsförderung im Betrieb. Erfolge - Defizite - künftige Strategien. Bremerhaven: Wirtschaftsverlag.
Bräutigam, W. & Christian, P. (1986). Psychosomatische Medizin. Stuttgart: Thieme.
Bretschneider, M. (Hrsg.) (1995). Gesundheit in der Stadt. Berlin: Deutsches Institut für Urbanistik.
Brößkamp-Stone, U., Kickbusch, I. & Walter, U. (1998). Gesundheitsförderung. In F. W. Schwartz (Hrsg.), Das Public Health-Buch (141-150). München: Urban & Schwarzenberg.
Bronfenbrenner, U. (1981). Die Ökologie der menschlichen Entwicklung. Stuttgart: Klett.
Brown, L. D. & Covey, J. G. (1987). Development organizations and organization development. In R. W. Woodman & W. A. Pasmore (Eds.), Research in organizational change and development (195-204). Greenwich: JAI Press.
Brown, G. W. & Harris, T. (1978). Social origins of depression. London: Tavistock.
Bründel, H. & Hurrelmann, K. (1994). Gewalt macht Schule. Wie gehen wir mit aggressiven Kindern um? München: Droemer-Knaur.
Bründel, H. & Hurrelmann, K. (1996). Einführung in die Kindheitsforschung. Weinheim: Beltz.
Bründel, H. & Hurrelmann, K. (1999). Konkurrenz, Karriere, Kollaps. Männerforschung und der Abschied vom Mythos Mann. Stuttgart: Kohlhammer.
Büchner, J. & Schroer, A. (1996). Effektivität und Effizienz betrieblicher Gesundheitsförderung in den USA. Die Betriebskrankenkasse 3, 139-145.
Bundesvereinigung für Gesundheitserziehung (Hrsg.) (1991). Praxisnahe Evaluation gesundheitsfördernder Maßnahmen. Bonn: BfG.
Burkart, G. (1997). Lebensphasen - Liebesphasen. Opladen: Leske & Buderich.
Butler N. R. & Corner B. B. (Eds.) (1984). Stress and disability in childhood. Bristol: Wright.
Caplan, G. & Grunebaum, H. (1967). Perspectives on primary prevention. A review. Archives in Genetic Psychiatry 17, 331-346.
Cassel, E. J. (1971). The healer's art. Massachusets: MIT-Press.
Cassel, D., Knapp, E. & Oberender, T. (1997). Für Marktsteuerung, gegen Dirigismus im Gesundheitswesen. Wirtschaftsdienst 12, 29-36.
Chapman, L. S. (1998). The role of demand management in health promotion. The Art of Health Promotion 2, 1-8.
Chess, S. & Thomas, A. (1986). Temperament in clinical practice. New York: Guilford Press.

Chisholm, L. & Hurrelmann, K. (1995). Adolescence in modern Europe. Pluralized transition patterns and their implications for personal and social risks. Journal of Adolescence 18, 129-158.
Claßen, E. (1994). Soziale Schicht und koronare Risikofaktoren. In A. Mielck (Hrsg.), Krankheit und soziale Ungleichheit. Sozialepidemiologische Forschungen in Deutschland (227-242). Opladen: Leske & Budrich.
Cochran, M. (1987). Empowering Families: An alternative to the deficit model. In K. Hurrelmann, F. X. Kaufmann & F. Lösel (Eds.), Social intervention: Potential and constraints (105-120). Berlin: de Gruyter.
Cockerham, W. C. (1995). The sociology of medicine. Aldershot: Elgar.
Cohen, L. H. (Ed.) (1988). Life events and psychological functioning. Beverly Hills: Sage.
Cohen, S. & Syme, S. L. (1985). Social support and health. Orlando: Academic Press.
Coleman, J. C. (1988). Social capital in the creation of human capital. American Journal of Sociology 94, 95-120.
Coleman, J. C. (1989). The nature of adolescence. New York: Methuen.
Colland, V. (1993). Learning to cope with asthma: A behavioural self management program for children. Patient Education and Counselling 22, 141-152.
Conell, J. P. (Ed.) (1995). New approaches to evaluating community initiatives: Concepts, methods and contexts. Washington: Aspen Institute.
Cottrell, L. S. (1983). The competent community. In R. Warren and L. Lyon (Eds.), New Perspectives on the American Comunity (52-68). Florence: Dorsey Press.
David, K. & Williams, T. (1987). Health education in schools. London: Harper & Roy.
David, M., Borde, T. & Kentenich, K. (Hrsg.) (1999). Migration und Gesundheit. Frankfurt: Mabuse-Verlag.
De Leeuw, E. (1999). Healthy cities. Health Promotion International 14, 261-269.
Demmer, H. (1993). Entwicklungsperspektiven der betrieblichen Gesundheitsförderung. In J. M. Pelikan, H. Demmer & K. Hurrelmann (Hrsg.), Gesundheitsförderung durch Organisationsentwicklung (112-122). Weinheim: Juventa
Demmer, H. & Bindzius, F. (1996). Gesundheitsförderung in der Arbeitswelt. Prävention 19, 55-57.
Devine, E. (1992). Effects of psychoeducational care for adult surgical patients: A meta analysis of 191 studies. Patient Education and Counseling 19, 129-142.
Diesfeld, (1998). Internationale Gesundheitsprobleme. In K. Hurrelmann & U. Laaser (1998), Handbuch der Gesundheitswissenschaften (Neuausgabe, S. 875-903). Weinheim: Juventa.
Dippelhofer-Stiem, B. (1995). Sozialisation in ökologischer Perspektive. Opladen. Westdeutscher Verlag.
Dohrenwend B. S. & Dohrenwend B. P. (1974). Stressful life events. Their nature and effects. New York: Wiley
Domenighetti, G., Grilli, R. & Liberati, A. (1997). Promoting consumers demand for evidence-based medicine. International Journal of Technology Assessment in Health Care 14, 1-9.

Donabedian, A. (1988). The quality of care. How can it be assessed? Journal of the American Medical Association 12, 1743-1748.
Downie, R. S., Tannahill, C. & Tannahill, A. (1996). Health promotion, models and values. Oxford: Oxford University Press.
Dror, Y. (1964).Muddling through. Science of inertia? Public Administration Review 24, 153-157.
Dubos, R. (1965). Man adapting. New Haven: Yale University Press.
Durkheim, E. (1973). Der Selbstmord. Neuwied: Luchterhand.
Dusenbury, L. & Botvin, G. J. (1990). Competence enhancement and the prevention of adolescent problem behavior. In K. Hurrelmann & F. Lösel (Eds.), Health hazards in adolescence (459-478). Berlin: de Gruyter.
Eickenberg, H. U. & Hurrelmann, K. (1997). Warum fällt die Lebenserwartung von Männern immer stärker hinter die der Frauen zurück? Zeitschrift für Sozialisationsforschung 17, 107-121.
Eiff, W. von (1998). Krankenhaus-Management. In K. Hurrelmann & U. Laaser (Hrsg.), Handbuch der Gesundheitswissenschaften (799-822). Weinheim: Juventa.
Elias, N. (1987). Die Gesellschaft der Individuen. Frankfurt: Suhrkamp.
Elkeles, T. (1998). Arbeitende und Arbeitslose. In F. W. Schwartz (Hrsg.), Das Public Health Buch (516-524). München: Urban & Schwarzenberg.
Elkeles, T., Niehoff, J. U., Rosenbrock, R. & Schneider, F. (Hrsg.) (1991). Prävention und Prophylaxe. Berlin: Edition Sigma.
Eng, E., Briscoe, J. & Cunningham, A. (1990). The effect of participation in state projects on immunization. Social Science and Medicine 30, 1349-1358.
Eng, E. & Parker, E. (1994). Measuring community competence in the Mississippi delta: The interface between program evaluation and empowerment. Health Education Quarterly 21, 199-220.
Engel, G. L. (1979). Die Notwendigkeit eines neuen medizinischen Modells: Herausforderung der Biomedizin. In H. Keupp (Hrsg.), Normalität und Abweichung (63-85). München: Urban & Schwarzenberg.
Engel, U. & Hurrelmann, K. (1998). Was Jugendliche wagen. Eine Längsschnittstudie über Drogenkonsum, Stressreaktionen und Delinquenz im Jugendalter. Weinheim: Juventa.
Engel, U. & Hurrelmann, K. (1989). Psychosoziale Belastung im Jugendalter. Berlin: de Gruyter.
Engelhardt, H. D. (1995). Was Selbsthilfe leistet. Ökonomische Wirkungen und sozialpolitische Bewertung. Freiburg: Lambertus.
Ettema, J. S., Brown, J. & Luepker, R. V. (1983). Knowledge gap effects in a health information campaign. Public Opinion Quarterly 47, 516-527.
Ettema, J. S. & Kline, F. G. (1977). Deficits, differences and ceilings: Contingent conditions for understanding the knowledge gap. Communication Research 4, 179-202
Europäische Kommission (1994). Mitteilung der Kommission und Vorschlag für einen Beschluss des Europäischen Parlaments und des Rates über ein Aktionsprogramm der Gemeinschaft zur Gesundheitsförderung, Aufklärung, Erziehung und Ausbildung. Brüssel: EK.
Europäische Kommission (1992). Maastricht Vertrag. Amtsblatt der Europäischen Gemeinschaften.

Evans, R. G., Barer, M. L. & Marmor, T. R. (Eds.) (1994). Why are some people healthy and others not? The determinants of health of population. Berlin: de Gruyter.

Faltermaier, T. (1994). Gesundheitsbewusstsein und Gesundheitshandeln. Über den Umgang mit Gesundheit im Alltag. Weinheim: Beltz.

Faust, B. C. (1794). Gesundheits-Katechismus zum Gebrauche in den Schulen und beim häuslichen Unterrichte. Bückeburg: Kummer.

Fehr, R., Kobusch, A. B. & Wichmann, H. E. (1998). Umwelt und Gesundheit. In K. Hurrelmann & U. Laaser (Hrsg.), Handbuch Gesundheitswissenschaften (467-496). Weinheim: Juventa.

Fechner, B. (1999). Gesundheitsförderung in der Schule. Bielefeld: Forschungsbericht

Ferber, C. von (1975). Soziologie für Mediziner. Berlin: Springer.

Ferber, C. von (1971). Gesundheit und Gesellschaft. Stuttgart: Kohlhammer.

Fetterman, D., Kaftarian, S. & Wandersman, A. (Eds.) (1996). Empowerment evaluation. Thousand Oaks: Sage.

Filipp, S.-H. (1991). Kritische Lebensereignisse. München: Urban & Schwarzenberg.

Finnegan, J. R. & Viswanath, K. (1997). Communication theory and health behavior change: The media studies framework. In K. Glanz, F. M. Lewis & B. K. Rimer (Eds.), Health behaviour and health education (313-341). San Francisco: Jossey-Bass.

Flick, U. (Hrsg.) (1998). Gesundheitsvorstellungen. Weinheim: Juventa.

Florin, P. & Wandersman, A. (1990). An introduction to citizen participation, voluntary organizations, and community development. American Journal of Community Psychology 18, 41-54.

Foucault, M. (1981). Die Geburt der Klinik. München: Hanser.

Fox, J. (Ed.) (1989). Health inequalities in European countries. Aldershot: Gower.

Franke, A. (1993). Die Unschärfe des Begriffs Gesundheit und seine sozialpolitischen Auswirkungen. In A. Franke & M. Broda (Hrsg.), Psychosomatische Gesundheit. Versuch einer Abkehr vom Pathogenesekonzept (15-34). Tübingen: DGVT.

Franke, A. & Borda, M. (Hrsg.) (1993). Psychosomatische Gesundheit. Tübingen: dgvt.

Franzkowiak, P. (1986). Risikoverhalten und Gesundheitsbewusstsein bei Jugendlichen. Berlin: Springer.

Fredin, E., Monnett, T. H. & Kosicki, G. M. (1994). Knowledge gaps, social locators, and media schemata. Journalism Quarterly 71, 176-190.

Freidson, E. (1979). Professional dominance. Chicago: Aldine Press.

Freitag, M. (1998). Was ist eine gesunde Schule? Einflüsse des Schulklimas auf Schüler- und Lehrergesundheit. Weinheim: Juventa.

Freitag, M. & Hurrelmann, H. (Hrsg.) (1999). Illegale Alltagsdrogen. Weinheim: Juventa.

Freudenberg, N. (1995). Strengthening individual and community capacity to prevent disease and promote health. Health Education Quarterly 22, 290-306.

Friczewski, S., Maschewsky, W., Naschold, F., Wotschak, P., Wotschak, W. (1987). Herz-Kreislaufkrankheiten und industrielle Arbeitsplätze. Frankfurt: Campus.

Friedman, M. & Rosenman, R. H. (1975). Der A-Typ und der B-Typ. Reinbeck: Rowohlt.

Froland, C., Pancoast, D. L., Chapman, N. K. & Kimboko, T. (1981). Helping networks and human services. London: Routledge.

Garmezy, N. & Rutter, M. (Eds.) (1983). Stress, coping and development in children. New York: de Gruyter.

Gerber, U., Troschke, J. von & Stünzner, W. V. (1993): Präventive Strukturen auf Gemeindeebene. Prävention 16, 106-108.

Gerber, W. D., Basler, H. D. & Tewes, U. (Hrsg.) (1994). Medizinische Psychologie. München: Urban & Schwarzenberg.

Gerhardt, U. (1991). Gesellschaft und Gesundheit. Frankfurt: Suhrkamp.

Gerhardt, U. (1981). Der Krankheitsbegriff im Symbolischen Interaktionismus. In H.K. Deppe, U. Gerhardt & P. Novak (Hrsg.). Medizinische Soziologie (11-53). Jahrbuch 1. Frankfurt: Campus.

Geyer, S. (1999). Macht Unglück krank? Weinheim: Juventa.

Gielen, A. C. & McDonald, E. M. (1997). The procede-proceed planning model. In K. Glanz, F. M. Lewis & B. K. Rimer (Eds.), Health behaviour and health education (359-383). San Francisco: Jossey-Bass.

Girschner, W. (1990). Theorie sozialer Organisationen. Weinheim: Juventa.

Glanz, K., Lewis, F. M. & Rimer, B. K. (Eds.) (1997). Health behavior and health education. Theory, research and practice. San Francisco: Jossey-Bass.

Glanz, K. & Yang, H. (1996). Communicating about risk of infectious diseases. Journal of the American Medical Association 75, 253-256.

Goffman, E. (1972). Asyle. Über die soziale Situation psychiatrischer Patienten und anderer Insassen. Frankfurt: Suhrkamp.

Gold, M. R., Siegel, J. E., Russell, L. B. & Weinstein, M. C. (Eds.) (1996). Cost-effectiveness in health and medicine. New York: Oxford University Press.

Goodman, R. M., Steckler, A. & Kegler, M. C. (1997). Mobilizing organizations for health enhancement: Theories of organizational change. In K. Glanz, F. M. Lewis & B. K. Rimer (Eds.), Health behaviour and health education (287-312). San Francisco: Jossey-Bass.

Göpel, E., Hölling, G. und Schmitthals, F. (1998). Kultureller Wandel und Veränderungen gesundheitsbezogener Berufsbilder. Bielefeld: IZHD

Gostomzyk, J. G. (1997). Die Zukunft des öffentlichen Gesundheitsdienstes. In R. Weitkunat, J. Haisch & M. Kessler (Hrsg.), Public Health und Gesundheitspsychologie (468-485). Bern: Huber.

Gottstein, A., Schlossmann, A. & Teleky, L. (Hrsg.) (1925). Handbuch der sozialen Hygiene und Gesundheitsfürsorge. Berlin: Springer.

Green, L. W. & Kreuter, M. W. (1991). Health promotion planning. An educational and environmental approach. Mountain View: Mayfield.

Green, L. W., Kreuter, M. W., Deeds, S. G. & Partridge, K. B. (1980). Health education planning. A diagnostic approach. Mountain View: Mayfield.

Green, L. W., Richard, L. & Potvin, L. (1996). Ecological foundations of health promotion. American Journal of Health Promotion 10, 270-281.

Greiner, B. & Ducki, A. (1991). Gesundheit als Prozess. Verhaltenstherapie und psychosoziale Praxis 3, 305-320.

Griefahn, B. (1998). Arbeitswelt und Gesundheit. In K. Hurrelmann & U. Laaser (Hrsg.), Handbuch Gesundheitswissenschaften (443-466). Weinheim: Juventa.

Grossmann, R. & Scala, K. (1994). Gesundheit durch Projekte fördern. Ein Konzept zur Gesundheitsförderung durch Organisationsentwicklung und Projektmanagement. Weinheim: Juventa.

Grunow, D. (1998). Selbsthilfe. In K. Hurrelmann & U. Laaser (Hrsg.), Handbuch Gesundheitswissenschaften (638-705). Weinheim: Juventa.

Güntert, B. J. (1996). Das Krankenhaus der Zukunft. Haus der stationären Gesundheitsversorgung oder Gesundheitszentrum? Österreichische Krankenhauszeitung 37, 35-40.

Gutzwiller, F. & Jeanneret, O. (Hrsg.) (1996). Sozial- und Präventivmedizin, Public Health. Bern: Huber.

Haag, H. (1971). Die amerikanische Gesundheitserziehung. Schorndorf: Hofmann.

Habermas, J. (1981). Theorie des kommunikativen Handelns (2 Bände). Handlungsrationalität und gesellschaftliche Rationalisierung. Frankfurt: Suhrkamp.

Hacker, W., Rosenbrock, R. & Siegrist, J. (1996). Gesundheitsförderung in der Arbeitswelt. Alte und neue Herausforderungen für Public Health. Das Gesundheitswesen 58, 152-154.

Haddix, A. C., Teutsch, S. M., Shaffer, P. A. & Dunet, D. O. (Eds.) (1996). Prevention effectiveness. A guide to decision analysis and economic evaluation. New York: Oxford University Press.

Hagemann-White, C. (1984). Sozialisation: weiblich-männlich? Opladen: Leske & Budrich.

Hahn, K. (1924). Pädagogik des Erlebens. Berlin: Duncker und Humblodt.

Haisch, J. & Zeitler, H.P. (Hrsg.) (1991). Gesundheitspsychologie. Heidelberg: Asanger.

Hajek, G. (1999). Protestantische Arbeitsethik und Herzkrankheiten. Münster: Papst.

Härtel, U. (1997). Medizinsoziologie und Public Health. In R. Weitkunat, J. Haisch & M. Kessler (Hrsg.), Public Health und Gesundheitspsychologie (41-55). Bern: Huber.

Häußerman, H. & Siebel, W. (1996). Soziologie des Wohnens. Weinheim: Juventa.

Hartmann, F. (1986). Krank oder bedingt gesund? Mensch, Medizin, Gesellschaft 11, 170-179.

Hartmann, S. A. L. & Traue, H. C. (1997). Betriebliche Gesundheitsförderung in Deutschland. Das Gesundheitswesen 59, 504-511.

Haug, C. V. (1991). Gesundheitsbildung im Wandel. Bad Heilbrunn: Klinkhardt.

Haug, M. & Lavin, B. (1983). Consumerism in medicine: Challenging physicianes authority. Thousand Oaks: Sage.

Hazard, B. P. (Hrsg.) (1997). Humanökologische Perspektiven in der Gesundheitsförderung. Opladen: Westdeutscher Verlag.

Heaney, C. A. & Israel, B. A. (1997). Social networks and social support. In K. Glanz, F. M. Lewis & B. K. Rimer (Eds.), Health behaviour and health education. Theory, research, and Practice (179-205). San Francisco: Jossey-Bass.

Heinz, W. (1995). Arbeit, Beruf und Lebenslauf. Weinheim: Juventa.

Heitmeyer, W. (1997). Was treibt die Gesellschaft auseinander ? Frankfurt: Suhrkamp.

Helfferich, C. (1994). Jugend, Körper und Geschlecht. Die Suche nach sexueller Identität. Opladen: Leske & Budrich.

Hellmeier, W., Brand, H., Laaser, U. & Hort, A. (1998). Epidemiologische Verfahren in den Gesundheitswissenschaften. In K. Hurrelmann & U. Laaser (Hrsg.), Handbuch der Gesundheitswissenschaften (559-580). Weinheim: Juventa.

Henke, K.-D. (1997). Die Zukunft der Gesundheitssicherung. Jahrbücher für Nationalökonomie und Statistik 216, 478-497.

Hentig, H. v. (1985). Die Menschen stärken, die Sachen klären. Ein Plädoyer für die Wiederherstellung der Aufklärung. Stuttgart: Klett.

Herder-Dornreich, P. (1994). Ökonomische Theorie des Gesundheitswesens: Problemgeschichte, Problembereiche, theoretische Grundlagen. Baden-Baden: Nomos.

Herzlich, C. (1991). Soziale Repräsentation von Gesundheit und Krankheit und ihre Dynamik im sozialen Feld. In U. Flick (Hrsg.), Alltagswissen über Gesundheit und Krankheit (293-302). Heidelberg: Asanger.

Hesse, S. (1993). Suchtprävention in der Schule. Opladen: Leske & Budrich.

Hesse, S. & Hurrelmann, K. (1991). Gesundheitserziehung in der Schule. Prävention 14, 50-57.

Hilgartner, S. & Bosk, C. L. (1988). The rise and fall of social problems: Public arenas model. American Journal of Sociology 94, 53-77.

Höpflinger, F. (1997). Bevölkerungssoziologie. Weinheim: Juventa.

Hoepner-Stamos (1999). Chronische Erkrankungen im Jugendalter. Psychosoziale Folgen schwerer und leichter Beeinträchtigungen. Weinheim: Juventa.

Holland, W. W., Detels, R. & Knox, G. (Eds.) (1986). Oxford textbook of public health. Oxford: Oxford University Press.

Holler-Nowitzki, B. (1994). Psychosomatische Beschwerden im Jugendalter. Weinheim: Juventa.

Homfeldt, H. G. (Hrsg.) (1988). Erziehung und Gesundheit. Weinheim: Juventa.

Hörmann, G. (1986). Perspektiven der Gesundheitserziehung. Pädagogische Rundschau 40, 465-486.

Horn, K. (1987). Gesundheitserziehung. Grenzen individueller Problemlösungsstrategien. In A. Venth (Hrsg.), Gesundheit und Krankheit als Bildungsproblem (146-177). Bad Heilbrunn: Klinkhardt.

Horn, K., Beier, C. & Wolf, M. (1983). Krankheit, Konflikt und soziale Kontrolle. Eine empirische Untersuchung subjektiver Sinnstrukturen. Opladen: Westdeutscher Verlag.

Hornung, R. & Gutscher, H. (1994). Gesundheitspsychologie. Die sozialpsychologische Perspektive. In P. Schwenkmezger & L. R. Schmidt (Hrsg.), Gesundheitspsychologie (133-145). Göttingen: Hogrefe.

House, J. S. & Kahn, R. L. (1985). Measures and concepts of social support. In S. Cohen & L. Syme (Eds.), Social support and health (310-325). Orlando: Academic Press.
Hurrelmann, K. (1989). Human development and health. New York: Springer.
Hurrelmann, K. (Ed.) (1994). International handbook of adolescence. Westport: Greenwood Publishers.
Hurrelmann, K. (1997). Lebensphase Jugend (5. Auflage). Weinheim: Juventa.
Hurrelmann. K. (1998). Einführung in die Sozialisationstheorie (6. Auflage). Weinheim: Beltz.
Hurrelmann, K. & Bründel, H. (1997). Drogengebrauch - Drogenmissbrauch. Darmstadt: Wissenschaftliche Buchgesellschaft.
Hurrelmann, K., Kaufmann, F. X. & Lösel, F. (Eds.) (1987). Social intervention: Potential and constraints. Berlin: de Gruyter.
Hurrelmann, K. & Laaser, U. (Eds.) (1996). International handbook of public health. Westport: Greenwood Publishers.
Hurrelmann, K & Laaser, U. (Hrsg.) (1998). Handbuch Gesundheitswissenschaften. Weinheim: Juventa.
Hurrelmann, K., Leppin, A. & Nordlohne E. (1995). Promoting health in schools: The German example. Health Promotion International 10, 121-131.
Hurrelmann, K. & Ulich, D. (Hrsg.) (1999). Handbuch der Sozialisationsforschung (5. Auflage). Weinheim: Beltz.
Huster, E. U. (1998). Gesundheit und soziale Ungleichheit in Europa. Veränderungen der Rahmenbedingungen für kommunales Gesundheitshandeln. Das Gesundheitswesen 60, 607-613.
Idler, E. (1992). Self-assessed health and mortality: A review of studies. In S. Maes, H. Leventhal & M. Johnson (Eds.), International review of health psychology (33-165). New York: Wiley.
Illich, I. (1977). Die Nemesis der Medizin. Reinbek: Rowohlt.
Inglehard, R. (1995). Kultureller Umbruch. Wertewandel in der westlichen Gesellschaft. Frankfurt: Campus.
Israel, B. A. (1985). Social networks and social support: Implications for natural helper and community level interventions. Health Education Quarterly 12, 65-80.
Israel, B. A. (1995). Evaluation of health education programs. Current assessment and future directions. Health Education Quarterly 22, 364-389.
Iyengar, S. & Kinder, D. R. (1987). News that matters. Chicago: University of Chicago Press.
Jacob, W. & Schipperges, H. (Hrsg.) (1981). Kann man Gesundheit lernen? Stuttgart: Klett.
Jäger, H. (1999). Stärkung der Patientenposition. Eine neue Herausforderung im Gesundheitswesen. Das Gesundheitswesen 61, 269-273.
Jahoda, M., Lazarsfeld, P. F. & Zeisel, H. (1933). Die Arbeitslosen von Marienthal. (Neuausgabe 1975). Frankfurt: Suhrkamp.
Janz, N. K. (1996). Evaluation of 37 Aids prevention projects. Health Evaluation Quarterly 23, 80-97.
Janz, N. K. & Becker, M. H. (1984). The health belief model: A decade later. Health Education Quarterly 11, 1-47.
Jaspers, K. (1986). Der Arzt im technischen Zeitalter. München: Piper.

Jefferey, R. W. (1997). Risikoverhalten und Gesundheit. Individuelle und populationsbezogene Perspektive. In R. Weitkunat, J. Haisch & M. Kessler (Hrsg.), Public Health und Gesundheitspsychologie (126-144). Bern: Huber.
Jenkins, R. (1994). Principles of prevention. In E. S. Payke & R. Jenkins (Eds.), Prevention in psychiatry (11-24). London: Gaskell.
Jerusalem, M. & Mittag, W. (1994). Gesundheitserziehung für Schule und Unterricht. Zeitschrift für Pädagogik 40, 851-869.
Jessor, R. & Jessor, L .S. (1977). Problem behavior and psychosocial development. New York: Academic Press.
Jones, L .J. (1994). The social context of health and health work. London: Macmillan Press.
Kahn R. L. & Antonucci T. C. (1980). Convoys over the life course: Attachment, roles and social support. In P. B. Baltes & O. Brim (Eds.), Life span development and behavior (255-267). New York: Academic Press.
Kaplan, S. H., Greenfield, S. & Ware, J. E., (1989). Assessing the effects of physician-patient interactions on the outcomes of chronic disease. Medical Care 27, 110- S. 127.
Kar, S. B., Colman, W., Bertolli, J. & Berkanovic, E. (1988). Indicators of individual and community action for health promotion. Health Promotion 3, 59-65.
Karasek, R. A. & Theorell, T. (1990). Healthy work. Stress, productivity and the reconstruction of working life. New York: Basic Books
Karoff, M. (1998). Herz-Kreislauf-Erkrankungen. In F. W. Schwartz (Hrsg.), Das Public Health-Buch (430-438). München: Urban & Schwarzenberg.
Karstedt, S. (1999). Der urbane Raum als Zentrum sozialer Prozesse. In W. Ludwig-Mayerhofer (Hrsg.), Soziale Ungleichheit, Kriminalität und Kriminalisierung (52-63). Opladen: Leske und Budrich.
Katschnig, H. (Ed) (1981). Sozialer Stress und psychische Erkrankung. München: Urban und Schwarzenberg.
Katz, A. H. (1993). Self-help in America: A social movement perspective. New York: Twayne.
Kaufmann, F.X. (1980). Elemente einer soziologischen Theorie sozialpolitischer Intervention. In F.X. Kaufmann (Hrsg.), Staatliche Sozialpolitik und Familie (49-86). München: Oldenbourg.
Kaufmann, F. X., Herlth, A. & Strohmeier, K. P. (1980). Sozialpolitik und familiale Sozialisation. Zur Wirkungsweise öffentlicher Sozialleistungen. Stuttgart: Kohlhammer.
Keintz, M., Rimer, B., Fleisher, L. & Engstrom, P. F. (1988). Educating older adults about their increased cancer risk. Gerontologist 28, 487-490.
Kessler, R. C. & McLeod, J. D. (1985). Social support and mental health in community samples. In S. Cohen & S. L. Syme (Eds.), Social support and health (190-205). New York: Academic Press.
Keupp, H. & Röhrle, B. (Hrsg.) (1987). Soziale Netzwerke. Frankfurt: Campus.
Kickbusch, I. (1996). Zehn Jahre nach Ottawa. Herausforderungen für die Zukunft. Prävention 19, 35-36.
Kieselbach, T. & Wacker, A. (Hrsg.) (1991). Bewältigung von Arbeitslosigkeit im sozialen Kontext. Weinheim: Deutscher Studienverlag.
Kipuss, D. (1994). Account for the use of behaviour technologies in social psychology. American Psychologist 49, 165-172.

Klein, T. (1996). Mortalität in Deutschland: Aktuelle Entwicklungen und soziale Unterschiede. In W. Zapf, J. Schupp & R. Habich (Hrsg.), Lebenslagen im Wandel. (366-377). Frankfurt: Campus.
Klein T. (1993). Soziale Determinanten der Lebenserwartung. Kölner Zeitschrift für Soziologie und Sozialpsychologie 45, 712-730.
Kleinman, A. (1980). Patients and healers in the context of culture. Berkeley: University of California Press.
Klein-Lange, M. (1998). Krankenversorgung. In F. W. Schwartz (Hrsg.), Das Public Health Buch (214-244). München: Urban & Schwarzenberg.
Klesse, R., Sonntag, U., Brinkmann, M. & Maschewsky-Schneider, U. (1992). Gesundheitshandeln von Frauen. Leben zwischen Selbst-Losigkeit und Selbst-Bewusstsein. Frankfurt: Campus.
Klocke, A. & Hurrelmann, K. (Hrsg.) (1998). Armut bei Kindern und Jugendlichen. Wiesbaden: Westdeutscher Verlag.
Klocke, A. & Hurrelmann, K. (1995). Armut und Gesundheit. Zeitschrift für das Gesundheitswissenschaften, 2. Beiheft, 138-151.
Klotter, C. (Hrsg.) (1997). Prävention im Gesundheitswesen. Göttingen: Hogrefe.
Kohli, M. (1985). Die Institutionalisierung des Lebenslaufs. Kölner Zeitschrift für Soziologie und Sozialpsychologie 37, 1-29.
Kohn, M. L. & Schooler, C. (Eds.) (1983). Work and personality. Norwood: Ablex.
Kolbe, C. J. (1985). Why school health education? An empirical point of view. Health Education 16, 116-120.
Kolip, P. (1997). Geschlecht und Gesundheit im Jugendalter. Die Konstruktion von Geschlechtlichkeit über somatische Kulturen. Opladen: Leske & Budrich.
Kolip, P. (1998). Familie und Gesundheit. In K. Hurrelmann & U. Laaser (Hrsg.), Handbuch Gesundheitswissenschaften (497-518). Weinheim: Juventa.
Kolip, W., Hurrelmann, K. & Schnabel, P.-E. (Hrsg.) (1995). Jugend und Gesundheit. Interventionsfelder und Präventionsbereiche. Weinheim: Juventa.
Konferenz der Kultusminister der Länder (KMK) (1992). Zur Situation der Gesundheitserziehung in der Schule. Wiesbaden: KMK.
Kornhauser, K. (1965). Mental health of the industrial worker. New York: Wiley.
Kosicki, G. M. (1993). Problems and opportunities in agenda-setting research. Journal of Communication 43, 100-127.
Kotler, P. & Roberto, E. L. (1989). Social marketing. Strategies for changing public behavior. New York: Free Press.
Kranich, C. & Böcken, J. (Hrsg.). (1997). Patientenrechte und Patientenunterstützung in Europa. Baden-Baden: Nomos.
Krämer, A. & Stock, C. (Hrsg.) (1996). HIV-Ausbreitung und Prävention. Weinheim: Juventa.
Krämer, W. (1989). Die Krankheit des Gesundheitswesens. Frankfurt: Fischer.
Kreienbrock, L. & Schach, S. (1995). Epidemiologische Methoden. Jena: Gustav Fischer Verlag.

Kreuter, H., Klaes, L., Hoffmeister, H. & Laaser, U. (1995). Prävention von Herz-Kreislaufkrankheiten, Ergebnisse und Konsequenzen der Deutschen Herz-Kreislauf-Präventionsstudie. Weinheim: Juventa.

Kühn, H. (1993). Healthismus. Eine Analyse der Präventionspolitik und Gesundheitsförderung in den U.S.A. Berlin: Sigma.

Künzel-Böhmer, J., Bühringer, G. & Janik-Konecny, T. (1993). Expertise zur Primärprävention des Substanzmissbrauchs. Baden-Baden: Nomos.

Laaser, U. & Hurrelmann, K. (1998). Prävention und Gesundheitsförderung. In K. Hurrelmann & U. Laaser (Hrsg.), Handbuch Gesundheitswissenschaften (222-238) Weinheim: Juventa.

Laaser, U. & Lemke-Goliasch, P. (1994). Gesundheitsförderung in der Großstadt. Weinheim: Juventa.

Laaser, U., Sassen, G., Murza, G. & Sabo, R. (Hrsg.) (1987). Prävention und Gesundheitserziehung. Berlin: Springer.

Labisch, A. & Woelk, W. (1998). Geschichte der Gesundheitswissenschaften. In K. Hurrelmann & U. Laaser (Hrsg.), Handbuch Gesundheitswissenschaften (49-90). Weinheim: Juventa.

Lacey, L. (1995). Referral adherence in an inner city breast and cervical cancer screening program. Cancer 72, 950-955.

Labonte, R. (1994). Health promotion and empowerment: Reflections on professional practice. Health Education Quarterly, 21(2), 253-268.

Lalonde, M. A. (1974). A new perspective on the health of Canadians: A working document. Toronto: Health and Welfare Canada.

Laslett, P. (1995). Das dritte Alter. Historische Soziologie des Alterns. Weinheim: Juventa.

Lazarus, R. S. (1991). Emotion and adaptation. New York: Oxford University Press.

Lazarus, R. S. & Folkman, S. (1984). Stress, appraisal, and coping. New York: Springer.

Leenerts, M. H., Koehler, J. A. & Neil, R. M. (1996). Nursing care models increase care quality while reducing costs. Journal of the Association of Nurses 7, 37-49.

Lefebvre, R. C. & Rochlin, L. (1997).Social Marketing. In K. Glanz, F. M. Lewis & B. K. Rimer (Eds.), Health behaviour and health education. Theory, research, and Practice (384-402). San Francisco: Jossey-Bass.

Leidl, R (1998). Der Effizienz auf der Spur. Eine Einführung in die ökonomische Evaluation. In F. W. Schwartz (Hrsg.), Das Public Health Buch (346-369). München: Urban & Schwarzenberg.

Lenhardt, U. (1997). Betriebliche Gesundheitsförderung unter veränderten gesetzlichen Rahmenbedingungen. Zeitschrift für Gesundheitswissenschaften 5, 273-278.

Leppin, A. (1995). Gesundheitsförderung in der Schule. In P. Kolip, K. Hurrelmann & P. E. Schnabel (Hrsg.). Jugend und Gesundheit (235-250). Weinheim: Juventa.

Leppin, A., Hurrelmann, K. & Freitag, M. (1994). Schulische Gesundheitsförderung im Kontext von Klassenklima und sozialem Rückhalt durch die Lehrer. Zeitschrift für Pädagogik 40, 894-913.

Levi, L. (Ed.) (1975). Society, stress and disease. Vol. 2. New York: Oxford University Press.

Levinson, W., Stiles, W. B., Invi, T. S. & Engle, R. (1994). Physician frustration in communicating with patients. Medical Care, 4, 285-295.
Lippit, G. L., Langseth, P. and Mossop, J. (1985). Implementing organizational change: A practical guide to managing change efforts. San Francisco: Jossey-Bass.
Lob-Corzilius, H. & Petermann, F. (Hrsg.) (1997). Asthma-Schulung - Wirksamkeit bei Kindern und Jugendlichen. Weinheim: Psychologie Verlagsunion.
Lohaus, A. (1993). Gesundheitsförderung und Krankheitsprävention im Kindes- und Jugendalter. Göttingen: Hogrefe.
Luhmann, N. (1984). Soziale Systeme. Frankfurt: Suhrkamp.
Lynch, W. (1997). Consumer focused or system focused ? American Journal of Health Promotion 12, 82-86.
MacCubbins, H. I., Sussman, M. B. & Patterson, J. M. (Eds.) (1984). Social stress and the family. Review 6. New York: Hawort.
Macran, S., Clarke, L. & Joshi, H. (1996). Women's health. Dimensions and differentials. Social Science and Medicine 42, 1203-1216.
Mansel, J. & Hurrelmann, K. (1991). Alltagsstress bei Jugendlichen. München: Juventa.
Marks, G. Richardson, J. L., Graham, J. W. & Levine, A. (1986). Role of health locus of control beliefs and expectations of treatment efficacy in adjustment to cancer. Journal of Personality and Social Psychology 51, 443-450.
Marlatt, G. A. & Gordon, J. R. (Eds.) (1985). Relapse prevention. New York: Guilford Press.
Marmot, M., Boback, M. & Davey-Smith, G. (1995). Explanations for social inequalities in health. In B. C. Amick, S. Levine, A. R. Tarlov & D. Chapman Walsh (Eds.), Society and health (172-210). London: Oxford University Press.
Maschewsky-Schneider, U. (1997). Frauen sind anders krank. Weinheim: Juventa.
Maschewsky-Schneider, U. (Hrsg.) (1996). Frauen - das kranke Geschlecht? Mythos und Wirklichkeit. Opladen: Leske & Budrich.
Maschewsky-Schneider, U., Babitsch, B. & Ducki, A. (1998). Geschlecht und Gesundheit. In K. Hurrelmann & U. Laaser (Hrsg.), Handbuch Gesundheitswissenschaften (357-370). Weinheim: Juventa.
Maturana, H. R. (1985). Erkennen. Die Organisation und Verkörperung von Wirksamkeit. Braunschweig: Vieweg.
Mayer, K. U. & Baltes, T. B. (Hrsg.) (1996). Die Berliner Altersstudie. Berlin: Akademieverlag.
Mayntz, R. (1995). Politische Steuerung. Aufstieg, Niedergang und Transformation einer Theorie. Politische Vierteljahresschriften, Sonderheft 26, 148-168.
McGinnis, J. M. & Foege, W. H. (1993). Actual causes of death in the United States. Journal of the American Medical Association, 270(18), 2207-2212
McKeown, T. (1982). Die Bedeutung der Medizin. Frankfurt: Suhrkamp.
McLeroy, K.R., Bibeau, D., Steckler, A. & Glanz, K. (1988). An ecological perspective on health promotion programs. Health Education Quarterly 15, 351-377.
Mechanic, D. (1984). Medical sociology. New York: The Free Press.

Mechanic, D. (1999). Issues in health promotion. Social Science and Medicine 48, 711-718.
Mielck, A. (Hrsg.) (1994). Krankheit und soziale Ungleichheit. Sozialepidemiologische Forschungen in Deutschland. Opladen: Leske & Budrich.
Mielck, A. & Helmert, U. (1998). Soziale Ungleichheit und Gesundheit. In K. Hurrelmann & U. Laaser (Hrsg.), Handbuch Gesundheitswissenschaften (519-537). Weinheim: Juventa.
Minkler, M. (1992). Community organizing among the elderly poor in the U.S.: A case study. International Journal of Health Services 22, 203-316.
Minkler, M. & Wallerstein (1997). Improving health through community organization and community building. In K. Glanz, F. M. Lewis & B. K. Rimer (Eds.), Health behaviour and health education (241-269). San Francisco: Jossey-Bass.
Mishler, E. G. (1984). The discourse of medicine. Norwood: Ablex.
Modeste, N. N. (1996). Dictionary of public health promotion and education: Thousand Oaks: Sage.
Moos, R. H. (1979). Social-ecological perspectives on health. In G. C. Stone, F. Cohen & N. E. Adler (Eds.), Health psychology: A Handbook (315-328). San Francisco: Jossey-Bass.
MRFIT Research Group (1982). Multiple risk factor intervention trial. Journal of the American Medical Association 248, 1465-1477.
Murza, G. & Hurrelmann, K. (1996). Regionale Gesundheitsberichterstattung. Weinheim: Juventa.
Murza, G. & Laaser, U. (Hrsg.) (1990). Hab ein Herz für Dein Herz - Der Betrieb als Interventionsort für Prävention und gesundheitsfördernde Maßnahmen. Bielefeld: IDIS.
Navarro, V. (1986). Crisis, health and medicine. A social critique. New York: Prodist.
Nefiodov, L. A. (1997). Der sechste Kondratief. Wege zur Produktivität und Vollbeschäftigung im Zeitalter der Information. St. Augustin: Rhein-Sieg-Verlag.
Nestmann, F. (1988). Alltägliche Helfer. Berlin: de Gruyter.
Nestmann, R. & Hurrelmann, K. (Eds.) (1994). Social networks and social support in childhood and adolescence. Berlin: de Gruyter
Neubauer, G. & Hurrelmann, K. (Eds.) (1996). Individualization in childhood and adolescence. Berlin: de Gruyter.
Neumann, L. F. & Schaper,K. (1998). Die Sozialordnung der Bundesrepublik Deutschland. Frankfurt: Campus.
Nitsch, J. R. (Hrsg.) (1981). Stress. Theorien, Untersuchungen, Maßnahmen. Bern: Huber.
Noack, R. H. (1996). Salutogenese und Systemintervention als Schlüsselkonzepte von Gesundheitsförderung und Public Health. Prävention 19, 37-39.
Noll, H. H. (Hrsg.) (1997). Sozialberichterstattung in Deutschland. Weinheim: Juventa.
Nordlohne E. (1992). Die Kosten jugendlicher Problembewältigung. Alkohol-, Zigaretten- und Arzneimittelkonsum im Jugendalter. Weinheim: Juventa.
Nutbeam, D. (1998). Evaluating health promotion - progress, problems and solutions. Health Promotion International 13, 27-44.

Oldenburg, B., Hardcastel, D: M. & Kok, G. (1997). Diffusion of innovations. In K. Glanz, F. M. Lewis & B. K. Rimer (Eds.), Health behaviour and health education (270-286). San Francisco: Jossey-Bass.

Olk, T. (1998). Formwandel des Helfens. Berlin: de Gruyter.

Omran, A. R. (1979). Changing patterns of health and disease during the process of national development. In G. L. Albrecht & P. C. Higgins (Eds.), Health, illness, and medicine (215-235. New York: Rand McNally.

Oppolzer A. (1986). Wenn du arm bist, musst Du früher sterben. Arbeits- und Lebensbedingungen als Krankheitsfaktoren. Hamburg: VSA.

Orlandi, M. A., Landers, C., Weston, R. & Haley, N. (1990). Diffusion of health promotion innovations. In K. Glanz, F. M. Lewis & B. K. Rimer (Eds.), Health behavior and health education (215-235). San Francisco: Jossey-Bass.

Palentien, C. (1998). Kinder und Jugendliche. In F. W. Schwartz (Hrsg.), Das Public Health-Buch (298-504) . München: Urban & Schwarzenberg.

Parsons, T. (1951). The social system. Glencoe: The Free Press.

Parsons, T. (1981). Sozialstruktur und Persönlichkeit. Frankfurt: Fachbuchhandlung für Psychologie.

Paulus, P. (Hrsg.) (1992). Prävention und Gesundheitsförderung. Köln: Deutscher Ärzte-Verlag.

Pasick, R. J. (1997). Socioeconomic and cultural factors in the development and use of theories. In K. Glanz, F. M Lewis. & B. K. Rimer (Eds.), Health behavior and health education. Theory, research and practice (425-439). San Francisco: Jossey-Bass

Pearlin, L. (1987). The stress process and strategies of intervention. In K. Hurrelmann, F. X. Kaufmann & F. Lösel (Eds.), Social intervention. Potential and constraints (53-72). Berlin: de Gruyter.

Pearlin, L. I. & Schooler, C. (1978). The structure of coping. Journal of Health and Social Behavior 19, 2-21.

Pelikan, J. M., Demmer, H. & Hurrelmann, K. (Hrsg.) (1993). Gesundheitsförderung durch Organisationsentwicklung. Weinheim: Juventa.

Pelikan, J. M. & Halbmayer, E. (1999). Gesundheitswissenschaftliche Grundlagen zur Strategie des gesundheitsfördernden Krankenhauses. In J. M. Pelikan & S. Wolff (Hrsg.), Das gesundheitsfördernde Krankenhaus (13-36). Weinheim: Juventa.

Pelikan, J. M. & Wolff, S. (Hrsg.) (1999). Das gesundheitsfördernde Krankenhaus. Konzepte und Beispiele zur Entwicklung einer lernenden Organisation. Weinheim: Juventa.

Petermann, F. (Hrsg.) (1998). Lehrbuch der klinischen Kinderpsychologie. Göttingen: Hogrefe.

Petermann, F., Noecker, M. & Bode, U. (1987). Psychologie chronischer Krankheiten im Kindes- und Jugendalter. München: Urban & Schwarzenberg.

Petermann, F. & Warschburger, P. (1997). Compliance. In R. Weitkunat, J. Haisch & M. Kessler (Hrsg.), Public Health und Gesundheitspsychologie (371-389). Bern: Huber.

Pfaff, H. (1989). Stressbewältigung und soziale Unterstützung. Weinheim: Deutscher Studien Verlag.

Pflanz, M. (1973). Allgemeine Epidemiologie. Stuttgart: Thieme.

Porras, J. I. and Robertson, P. J. (1987). Organization development theory; typology and evaluation. In R.W. Woodman & W.A. Pasmore (Eds.), Research in organizational change and development (115-130). Greenwich: JAI Press.
Priebe, B., Israel, G. & Hurrelmann, K. (Hrsg.) (1993). Gesunde Schule: Gesundheitserziehung - Gesundheitsförderung - Schulentwicklung. Weinheim: Beltz.
Plimpton, S. & Root, J. (1994). Materials and strategies that work in low literacy health communication. Public Health Reports 109, 86-92.
Prochaska, J. O. & Di Clemente, C. C. (1989). Stages of change in the modification of problem behaviours. Progress in behaviour modification 28, 183-218.
Prochaska, J. O., Redding, C. A. & Evers, K. E. (1997). The transtheoretical model and stages of change. In K. Glanz, F. M. Lewis & B. K. Rimer (Eds.), Health behaviour and health education (60-84). San Francisco: Jossey-Bass.
Putnam, R. (1995). Bowling alone. America's declining social capital. Journal of Democracy 6, 65-78.
Rappaport, J. (1984). Studies in empowerment: Introduction to the issue. Prevention in Human Services 3, 1-7.
Rebach, H. M. & Bruhn, J. G. (Eds.) (1991). Handbook of clinical sociology. New York: Plenum.
Reeder, L. G. (1972). The patient-client as a consumer: Some observations on the changing professional-client relationship. Journal of Health and Social Behavior, 13, 406-412.
Reibnitz, C. von & Litz, D. (1999). Konsumentensouveränität und Partizipation im Gesundheitswesen. Recht und Politik im Gesundheitswesen 5, 22-29.
Reiser, S. J. (1993). The era of the patient. Journal of the American Medical Association 26, 1012-1017.
Renn, H. (1987). Prävention. Organisatorische und evaluative Aspekte. In K. P. Kisker (Hrsg.), Abhängigkeit und Sucht (53-79). Berlin: Springer
Röhrle, B. (1994). Soziale Netzwerke und soziale Unterstützung. Weinheim: Beltz.
Rogers, E. M. (1983). Diffusion of innovations. New York: Free Press.
Rosenbrock, R. (1996). Prävention, Gesundheitsförderung und Gesundheitspolitik. Prävention 18, 40-42.
Rosenbrock, R. (1998). Gesundheitspolitik. In K. Hurrelmann & U. Laaser (Hrsg.), Handbuch der Gesundheitswissenschaften (707-752). Weinheim: Juventa.
Rosenbrock, R. (1993). Betriebliche Gesundheitspolitik und Organisationsentwicklung. In J. M. Pelikan, H. Demmer & K. Hurrelmann (Hrsg.), Gesundheitsförderung durch Organisationsentwicklung (123-140). Weinheim: Juventa.
Rosenbrock, R., Kühn, H. & Köhler, B. (Hrsg.) (1994). Präventionspolitik. Gesellschaftliche Strategien der Gesundheitssicherung. Berlin: Sigma.
Rosenman, R. (1975). Coronary heart disease in the Western Collaborative Group Study. Journal of the American Medical Association 33, 872-877.
Rosenstock, I. M. (1974). Historical origins of the health belief model. Health Education Monographs 2, 328-335.

Roter, D. L. & Hall, J. A. (1997). Patient-provider communication. In K. Glanz, F. M. Lewis & B. K. Rimer (Eds.), Health behaviour and health education (206-226). San Francisco: Jossey-Bass.

Roter, D. L. & Hall, J. A. (1992). Doctors talking to patients - patients talking to doctors: Improving communication in medical visits. Westport: Auburn House.

Rutter, M., Giller, H. & Hagell, A. (1998). Anti-social behavior by young people. New York: Cambridge University Press.

Ryll, A. (1998). Versorgung mit ambulanten medizinischen Einrichtungen. In K. Hurrelmann & U. Laaser (Hrsg.), Handbuch Gesundheitswissenschaften (539-558). Weinheim: Juventa.

Sachverständigenrat für die Konzertierte Aktion im Gesundheitswesen (1995). Gesundheitsversorgung und Krankenversicherung 2000. Baden-Baden: Nomos.

Sachverständigenrat für die Konzertierte Aktion im Gesundheitswesen (1996). Gesundheitswesen in Deutschland. Baden-Baden: Nomos.

Sallis, J. F. & Owen, N. (1997). Ecological models. In K. Glanz, F. M. Lewis & B. K. Rimer (Eds.), Health behaviour and health education (403-424). San Francisco: Jossey-Bass.

Schaefer, H. & Blohmke, M. (1977). Herzkrank durch psychosozialen Stress. Heidelberg: Hüthing.

Schaeffer, D. (1995). Prävention und Gesundheitsförderung chronisch Kranker als Aufgabe kurativer Institutionen. Das Gesundheitswesen 57, 145-150.

Schaeffer, D. (1999). Care-Management. Pflegewissenschaftliche Überlegungen zu einem aktuellen Thema. Zeitschrift für Gesundheitswissenschaften 7, 233-251.

Schaeffer, D., Moers, M. & Rosenbrock, R. (Hrsg.) (1994). Public Health und Pflege. Zwei neue gesundheitswissenschaftliche Disziplinen. Berlin: Edition Sigma.

Schaeffer, D., Moers, M., Steppe, H. & Meleis, A. (Hrsg.) (1997). Pflegetheorien. Beispiele aus den USA. Bern: Huber.

Schmacke, N. (1997). Ärzte oder Wunderheiler. Die Macht der Medizin und der Mythos des Heilens. Westdeutscher Verlag: Opladen.

Schnabel, P.-E. (1988). Krankheit und Sozialisation. Vergesellschaftung als pathogener Prozess. Opladen: Westdeutscher Verlag.

Schnabel, P. E. & Hurrelmann, K. (1999). Sozialwissenschaftliche Analyse von Gesundheitsproblemen. In K. Hurrelmann (Hrsg.), Gesundheitswissenschaften (99-124). Berlin: Springer.

Schnabel, P. E., Kolip, P. & Hurrelmann, K. (1997). Gesundheitsförderung und Primärprävention. In I. Klotter (Hrsg.), Prävention im Gesundheitswesen (61-81). Göttingen: Hogrefe.

Schneider, A. (1998). Gesundheit lehren und lernen. Dissertation. Universität Bielefeld.

Scholtz, W., Lob-Corzillus, T., Gebert, N. (1996). Kosten-Nutzen-Untersuchungen bei ambulanten Schulungsmaßnahmen für asthmakranke Kinder und ihre Familien. Pneumologie 50, 538-543.

Schulenberg, J., Maggs, J. & Hurrelmann, K. (Eds.) (1997). Health risks and developmental transitions during adolescence. New York: Cambridge University Press.

Schwartz, F. W. (Hrsg.) (1998). Das Public Health-Buch (430-438). München: Urban & Schwarzenberg.
Schwartz, F. W. & Busse, R. (1998). Denken in Zusammenhängen: Gesundheitssystemforschung. In F. W. Schwartz (Hrsg.), Das Public Health Buch (385-411). München: Urban & Schwarzenberg.
Schwartz, F. W., Kickbusch, I. & Wismar, W. (1998). Gesundheitspolitik. In F. W. Schwartz (Hrsg.), Das Public Health Buch (172-188). München: Urban & Schwarzenberg.
Schwartz, F. W., Badura, B., Brecht, J. G., Hofmann, W., Jöckel, K.-H. & Trojan, A. (Hrsg.) (1991). Public Health. Texte zum Stand und Perspektiven der Forschung. Berlin: Springer.
Schwartz, F. W., Walter U., Robra, D. P. & Schmidt, T (1998). Prävention. In F. W. Schwartz (Hrsg.), Das Public Health Buch (151-170). München: Urban & Schwarzenberg.
Schwarzer, R. & Leppin, A. (1989). Sozialer Rückhalt und Gesundheit. Göttingen: Hogrefe.
Schwarzer, R. (1990). Gesundheitspsychologie. Ein Lehrbuch. Göttingen: Hogrefe.
Schwarzer, R. (1992). Psychologie des Gesundheitsverhaltens. Göttingen: Hogrefe.
Seedhouse, D. (1986). Health: The foundations for achievement. Chichester: Wiley.
Seligman, M. E. P. (1986). Erlernte Hilflosigkeit. München: Psychologie Verlags Union.
Seiffge-Krenke, I. (1994). Gesundheitspsychologie des Jugendalters. Göttingen: Hogrefe.
Seiffge-Krenke, I. (1998). Adolescent's health. A developmental perspective. London: Erlbaum.
Selye, H. (1984). Stress - Mein Leben. Frankfurt: Fischer.
Settertobulte, W., Palentien, C. & Hurrelmann, K. (Hrsg.) (1995). Gesundheitsversorgung für Kinder und Jugendliche. Heidelberg: Asanger.
Shinghi, P. & Mody. B. (1976). The communication effects gap: A field experiment on television. Indian Communication Research 3, 171-190.
Siegrist, J. (1995). Medizinische Soziologie. München: Urban und Schwarzenberg.
Siegrist, J. (1996). Soziale Krisen und Gesundheit. Göttingen: Hogrefe.
Slesina, W., Beuels, F.-R., Sochert, R. (1998). Betriebliche Gesundheitsförderung. Entwicklung und Evaluation von Gesundheitszirkeln zur Prävention arbeitsbedingter Erkrankungen. Weinheim: Juventa.
Sokols, J. (1997). Ecological health promotion. In K. Glanz, F. M. Lewis & B. K. Rimer (Eds.), Health behaviour and health education (479-499). San Francisco: Jossey-Bass.
Sperry, R. W. (1993). The impact and promise of the cognitive revolution. American Psychologist 48, 878-885.
Sroka, K (1997). Herzkrank: Ein menschliches Konzept der Herzkrankheit. Zürich: Rasch & Röhrig.
Steckler, A. (1992). Measuring the diffusion of innovative health promotion programs. American Journal of Health Promotion 6, 214-224.

Steinkamp, G. (1993). Soziale Ungleichheit, Erkrankungsrisiko und Lebenserwartung. Kritik der sozialepidemiologischen Ungleichheitsforschung. Sozial- und Präventivmedizin 38, 111-122.
Steinkamp, G. (1999). Soziale Ungleichheit in Mortalität. In W. Schlicht & H. H. Dickhaut (Hrsg.), Gesundheit für alle. Fiktion oder Realität (101-155). Stuttgart: Thieme.
Stock, C. & Sachser, N. (1998). Humanbiologische Grundlagen der Gesundheitswissenschaften. In K. Hurrelmann & U. Laaser (Hrsg.), Handbuch Gesundheitswissenschaften (175-197). Weinheim: Juventa.
Stokols, D. (1992). Establishing and maintaining healthy environments: Toward a social ecology of health promotion. American Psychologist 47, 6-22.
Stokols, D. (1996). Translating social ecological theory into guidelines for community health promotion. American Journal of Health Promotion 10, 282-297.
Strauss, A. L. (1964). The hospital and its negotiated order. In E. Freidson (Ed.), The hospital in modern society (147-67). New York: Free Press.
Strauss, A. L. (1978). Qualitative analysis for social scientists. Cambridge: Cambridge University Press.
Strecher, V. J., Kreuter, M. W. & Kobrin, S. C. (1995). Do cigarette smokers have unrealistic perceptions of their heart attack, cancer and stroke risks? Journal of Behavioral Medicine 18, 45-54.
Strecher, V. J. & Rosenstock, I. M. (1997). The health belief model. In K. Glanz, F. M. Lewis & B. K. Rimer (Eds.), Health behaviour and health education (41-59). San Francisco: Jossey-Bass.
Sussman, M. B. & Steinmetz, S. K. (Eds.) (1987). Handbook of marriage and the family. New York: Plenum Press.
Taylor, S. E. (1992). Optimism, coping, psychological distress, and high-risk sexual behavior among men at risk for acquired immunodeficiency syndrome (AIDS). Journal of Personality and Social psychology 63, 460-473.
Theorell, T. (1995). Arbeit und Gesundheit. Neue Herausforderungen an die Public Health-Forschung und Praxis. Das Gesundheitswesen 57, 130-134.
Thoits, P. A., (1986). Social support as coping assistance. Journal of Consulting and Clinical Psychology 54, 416-423.
Thompson, S. C. & Spacapan, S. (1991). Perceptions of control in vulnerable populations. Journal of Social Issues 47, 1-21.
Townsend, P., Davidson, N. & Whitehead, M. (Eds.) (1988). Inequalities in health: The black report and the health devide. London: Pinguin Books.
Treibel, A. (1999). Migration in modernen Gesellschaften. Weinheim: Juventa.
Triandis, H. C. (1994). Culture and social behavior. New York: McGraw Hill.
Troschke, J. von (1991). Voraussetzungen und Perspektiven für die Forschung zur Gesundheitsförderung. Prävention 14, 14-17.
Troschke, J. von (1995). Gibt es einen Paradigmenwechsel in der Prävention? Prävention 18, 3-6.
Troschke, J. von & Kälble, K. (1999. Professionalisierung auf dem Gebiet der Gesundheitserziehung, -aufklärung und –beratung. Prävention 22, 6-9.
Udris, I., Kraft, U. & Muheim, M. (1992). Ressourcen der Salutogenese. In H. Schröder & K. Reschke (Hrsg.), Psychosoziale Prävention und Gesundheitsförderung (85-103). Regenburg: Roderer.

Uexküll, T. v. (1981). Handbuch der psychosomatischen Medizin. München: Urban & Schwarzenberg.
Uexküll, T. von & Wesiack, W. (1991). Theorie der Humanmedizin. Grundlagen ärztlichen Denkens und Handelns. München: Urban & Schwarzenberg.
Ulich, D. (1991). Zur Relevanz verhaltenstheoretischer Lernkonzepte. In K. Hurrelmann & D Ulich (Hrsg.), Handbuch der Sozialisationsforschung (57-75). Weinheim: Beltz.
Venth, A. (1987). Gesundheit und Krankheit als Bildungsproblem. Bad Heilbrunn: Klinkhardt.
Verbrugge, L. M. (1979). Marital status and health. Journal of Marriage and the Family 41, 267-286.
Verbrugge, L. (1985). Sex differentials in health. Public Health Reports 97, 417-437.
Verbrugge, L. M. (1989). The twain meet. Empirical explanations of sex differences in health and mortality. Journal of Health and Social Behaviour 30, 282-304.
Vogt (1998). Psychologische Grundlagen der Gesundheitswissenschaften. In K. Hurrelmann & U. Laaser (Hrsg.), Handbuch der Gesundheitswissenschaften (117-144). Weinheim: Juventa.
Waller, H. (1991). Sozialmedizin. Stuttgart: Kohlhammer.
Waller, H. (1995). Gesundheitswissenschaft. Stuttgart: Kohlhammer.
Walter, C. (1997). Community building practice. In M. Minkler (Ed.), Community organizing and community building to improve health (15-38). New Brunswick: Rutgers University Press.
Walter, U., Schwartz, F. W. & Seitler, A. (1997). Krankheitsphysiologie des Alters. Konsequenzen für Präventionskonzepte. Zeitschrift für Gerontologie und Geriatrie 30, 10-17.
Weber, I., Abel, M., Altenhofen, M., Bächer, L., Berghof, B., Bergmann, K. E., Flatten, G., Klein, D., Micheelis, W. & Müller P. J. (1990). Dringliche Gesundheitsprobleme der Bevölkerung in der Bundesrepublik Deutschland. Zahlen, Fakten, Perspektiven. Baden-Baden: Nomos.
Weinstein, N. D. (1984). Why it won't happen to me: Perceptions of risk factors and susceptibility. Health Psychology 3, 431-457.
Weitkunat, R., Haisch, J. & Kessler, M. (Hrsg.) (1997). Public Health und Gesundheitspsychologie. Bern: Huber.
Weizsäcker, V. v. (1947). Der Gestaltkreispunkt. Theorie der Einheit von Wahrnehmen und Bewegen. Stuttgart: Klett.
Werner, E. & Smith, R. (1982). Vulnerable but invincible: A longitudinal study of resilient children and youth. New York: McGraw-Hill.
Weßler, H. (1995). Mediale Gesundheitskommunikation. Prävention 18, 59-62.
Wilkinson, R. G. (1996). Unhealthy societies. London: Routledge.
Wigal J. K., Creer, T. L. & Kotses, H. (1990). A critique of 19 self-management programs for childhood asthma. Pediatric Asthma, Allergy and Immunology 4, 17-39.
Wolff, S. (1999). Organisationswissenschaftliche Grundlagen: Das Krankenhaus als Organisation. In J. M. Pelikan & S. Wolff (Hrsg.), Das gesundheitsfördernde Krankenhaus. Konzepte und Beispiele zur Entwicklung einer lernenden Organisation (51-66). Weinheim: Juventa.
World Health Organization (WHO) (1946). Constitution. Genf.

World Health Organization (WHO) (1986). Ottawa Charta for Health Promotion. Canadian Journal of Public Health 77, 425-430.
World Health Organization (1998): Glossar Gesundheitsförderung. Gamburg: Verlag für Gesundheitsförderung.
World Health Organization (WHO) Europe (1997). Atlas of mortality in Europe. Copenhagen: WHO EURO.
World Health Organization (WHO) Europe (1999). Health 21. Copenhagen: WHO EURO.
Yach, D. (1998). Telecommunications for health - new opportunities for action. Health Promotion International 13, 339-347.
Zimmerman, M. A. (1990). Taking aim on empowerment research: On the distinction between individual and psychological conceptions. American Journal of Community Psychology 18, 169-177.